高职高专"十二五"规划教材
21世纪高职高专能力本位型系列规划教材·物流管理系列

物流运输实务

(第2版)

主　编　黄　河
参　编　陈红霞
审　阅　石权海　陈长城　于达涛
　　　　梁钟平　齐美志

内 容 简 介

本书以运输作业流程为主线，集"教、学、做"于一体化，共设置公路货物运输、水路货物运输、铁路货物运输、航空货物运输、集装箱货物运输、货物联合运输以及特种货物运输七个项目的实务内容，每个项目由相互联系的工作任务组成。本书内容简洁，图表丰富，条理性和可读性强。每个项目后均附有运输基础工作岗位及职责，实用性和针对性强。

本书可用作高职高专物流管理及相关专业的教材，也可用作各类运输企业、物流企业基层人员上岗培训和自学的参考书。

图书在版编目(CIP)数据

物流运输实务/黄河主编. —2版. —北京：北京大学出版社，2015.8
（21世纪高职高专能力本位型系列规划教材·物流管理系列）
ISBN 978-7-301-26165-1

Ⅰ.①物… Ⅱ.①黄… Ⅲ.①物流—货物运输—高等职业教育—教材 Ⅳ.①F252

中国版本图书馆CIP数据核字（2015）第185092号

书　名	物流运输实务（第2版）
著作责任者	黄　河　主编
策划编辑	蔡华兵
责任编辑	陈颖颖
标准书号	ISBN 978-7-301-26165-1
出版发行	北京大学出版社
地　　址	北京市海淀区成府路205号　100871
网　　址	http://www.pup.cn　新浪微博：@北京大学出版社
电子信箱	pup_6@163.com
电　　话	邮购部 62752015　发行部 62750672　编辑部 62750667
印刷者	三河市北燕印装有限公司
经销者	新华书店
	787毫米×1092毫米　16开本　17.25印张　402千字
	2015年8月第1版　2019年1月第3次印刷
定　　价	38.00元

未经许可，不得以任何方式复制或抄袭本书之部分或全部内容。
版权所有，侵权必究
举报电话：010-62752024　电子信箱：fd@pup.pku.edu.cn
图书如有印装质量问题，请与出版部联系，电话：010-62756370

第 2 版前言

现代物流是社会经济活动的重要组成部分，是企业提升核心竞争力的重要手段。运输管理是以最少的时间和费用完成物品的运输任务。物流运输的规模和现代化程度是反映一个国家经济发展的重要标志之一。由于物流运输的系统化取得了巨大的经济效益，所以人们称其为"第三利润源泉"。我国社会经济持续、稳定的发展，对物流运输的现代化提出了更加紧迫的要求。但要实现运输现代化，首先要实现运输管理和技术的现代化，需要培养一大批具有物流运输基础理论知识和实际操作能力的专门人才。

教育部 16 号文强调"以服务为宗旨，以就业为导向，走产学结合发展道路，为社会主义现代化建设培养千百万高素质技能型专门人才"，要"加强职业院校学生实践能力和职业技能的培养"，就必须"加强教材建设，与行业企业共同开发紧密结合生产实际的实用教材"。为了尽快地培养出物流运输业需要的人才，就必须要有密切结合实践的物流运输方面的实用教材。

关于本课程

"物流运输管理"是物流管理专业、运输管理专业的核心课，也是相关专业的基础课。本课程的功能在于培养学生具有运输经营能力、物流运输调度和组织能力等多种岗位职业能力，达到本专业学生应具备的岗位职业能力要求；并培养学生分析问题与解决问题的能力、职业道德素养及可持续发展能力，为学生顺利就业打下坚实的基础。

在职业能力培养上，本课程应根据岗位技能群的先后逻辑关系来安排教学内容，并符合高职高专学生理论认知和技能培养的规律；坚持以"就业为导向"的精神，突出职业引导性，真正体现"能力本位"。此外，与本课程相配套的教材必须依据教育部对高等职业教育的指示精神，坚持"理论够用，技能过硬，实践为主"的原则，以适应现代项目化教学的需要。

关于本书

本书的前版自 2012 年出版以来，市场反应良好。本书是在前版的基础上，结合近年来物流运输行业发展的实际、读者的反馈意见及课堂教学情况变化进行修改，精简了部分理论内容，并进行除旧更新，使得内容脉络更加明晰，实务性更加突出。

本书全面分析和总结了我国物流运输业发展的现状，并吸收了国内外先进的运输管理理念、技术和管理思想，按运输项目编排工作任务，以任务驱动的作业流程为主线，集"教、学、做"于一体，致力于职业能力的培养。本书主要特点归纳如下：

(1) 实用性好。以货物运输基础岗位的实际工作需要为出发点，从规范运输从业人员的职业行为，使其业务工作科学化、合理化和标准化的角度，编排教学项目和教学任务。

(2) 针对性好。每个项目后都附有针对不同运输方式的基础工作岗位及职责，使学生清楚未来的就业岗位及岗位要求，真正做到学以致用。

(3) 实践性好。每个任务均以小组为单位，由学生扮演不同的角色，履行各自的岗位职责，相互配合完成运输作业任务；每个项目后附有测评表，考查学生在专业知识、专业技能和专业素养方面的综合表现。

推荐阅读资料

(1) 汽车货物运输规则(交通部令1999年第5号)。
(2) 国内水路货物运输规则(中华人民共和国交通部令2000年第9号)。
(3) 铁道部关于修订发布《铁路货物运输管理规则》的通知(铁运[2000]90号)。
(4) 关于修改《中国民用航空货物国内运输规则》的决定(民航总局令第50号)。
(5) 中国民用航空货物国际运输规则(民航总局令第91号)。

本书编写队伍

本书由江苏海事职业技术学院黄河担任主编,负责全书的整体策划、项目和任务设计及统稿;其他参编和审阅人员有江苏海事职业技术学院陈红霞、江苏宇鑫物流有限公司石权海、南京通海集装箱运输公司陈长城、上海铁路局于达涛、东方航空江苏有限公司梁钟平、江苏新华图书配送中心齐美志。本书具体分工为:黄河编写项目一、项目二、项目三、项目五、项目六和项目七;陈红霞编写项目四,并负责全书的校对;石权海审阅项目一、项目七;陈长城审阅项目二、项目五;于达涛审阅项目三;梁钟平审阅项目四,齐美志审阅项目六。在此对以上参与编写、审阅的同志深表谢意!

另外,本书在编写过程中汲取了一些同类书的优点,在此向相关作者表示感谢!

由于现代物流业发展迅速,运输生产的新知识、新技术和新方法不断涌现,加之国内项目化教学尚不成熟,所以,本书不足之处在所难免,恳请广大读者批评指正。您的宝贵意见请反馈到电子信箱 sywat716@126.com。

编 者
2015 年 2 月

目　　录

项目一　公路货物运输...1

　　任务一　认知公路货运系统..1
　　任务二　组织公路整车货运..14
　　任务三　组织公路零担货运..21
　　任务四　计算公路货运运费..28
　　练习与思考..33
　　汽车货运理货员基础岗位...35
　　其他公路货运基础岗位..37

项目二　水路货物运输...40

　　任务一　认知水路货运系统..40
　　任务二　组织内河货物运输..50
　　任务三　组织海洋货物运输..57
　　任务四　计算水路货运运费..66
　　练习与思考..73
　　水路货运基础岗位...75

项目三　铁路货物运输...79

　　任务一　认知铁路货运系统..79
　　任务二　组织国内铁路货运..85
　　任务三　组织国际铁路联运..94
　　任务四　计算铁路货运运费..102
　　练习与思考..113
　　铁路货运基础岗位...116

项目四　航空货物运输...120

　　任务一　认知航空货运系统..121
　　任务二　组织航空货物运输..127
　　任务三　组织航空快递业务..135
　　任务四　计算航空货运运费..141
　　练习与思考..151
　　航空货运基础岗位...154

项目五　集装箱货物运输..164

　　任务一　认知集装箱运输系统...165

任务二　组织集装箱出口货运业务 175
　　任务三　组织集装箱进口货运业务 182
　　任务四　计算集装箱海运运费 188
　　练习与思考 196
　　集装箱运输基础岗位 197

项目六　货物联合运输 203

　　任务一　认知货物联运系统 204
　　任务二　组织国内货物联运 208
　　任务三　组织国际多式联运 213
　　任务四　计算多式联运费用 222
　　练习与思考 225
　　联合运输基础岗位 226

项目七　特种货物运输 229

　　任务一　认知特种货物运输系统 229
　　任务二　组织危险货物运输 236
　　任务三　组织超限货物运输 248
　　任务四　组织鲜活易腐货物运输 256
　　练习与思考 262
　　特种货运基础岗位 263

参考文献 267

项目一

公路货物运输

GONGLU HUOWU YUNSHU

【学习目标】

知识目标	技能目标
(1) 识记公路等级、货车类型、场站及货物分类。 (2) 理解公路整车、公路零担及甩挂运的含义。 (3) 描述公路整车及公路零担货物运输业务流程。 (4) 识记公路货物运输单证栏目构成及填制规范。	(1) 能够通过多种方式受理公路货运业务。 (2) 能根据货运要求选择运输方式和车辆。 (3) 能填写、审核各种公路货物运输单证。 (4) 会查验、计量、包装及配载监装货物。 (5) 会计算公路货运运费,开具货运发票。

任务一 认知公路货运系统

【知识要点】

公路货物运输是指利用一定的载运工具(汽车、拖拉机、畜力车、人力车等)沿公路实现货物空间位移的过程,主要指汽车运输。

公路货运系统的组成如图1.1所示。

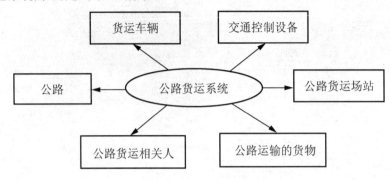

图 1.1　公路货运系统

一、公路

公路是连接城市、乡村和工矿之间，主要供汽车行驶的道路，其分类如图1.2所示。

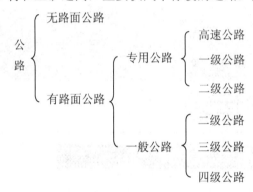

图 1.2　公路分类

1．公路构造

公路由路基、路面、桥梁、涵洞、隧道、防护工程、排水设施与设备以及山区特殊构造物等基本部分组成，此外还需设置交通标志、安全设施、服务设施及绿化等。

2．公路等级

依据交通量、使用任务和性质主要分为5个等级，见表1-1。

表 1-1　公路等级及主要技术指标

公路等级	主要技术指标
高速公路	一般为四车道以上，日均交通量(折合成小客车)为25 000辆以上。汽车分向、分车道高速行驶，全部控制出入。它主要用于连接政治、经济、文化上重要的城市和地区，是国家公路干线网中的骨架
一级公路	一般为四车道，日均交通量(折合成小客车)为10 000～25 000辆，汽车分道行驶，部分控制出入。它主要连接重要政治、经济中心，通往重点工矿区，是国家的干线公路
二级公路	专用二级公路日均交通量(折合中型载重汽车)为5 000～10 000辆，汽车分道行驶；一般二级公路日均交通量(折合中型载重汽车)为2 000～5 000辆。它是连接政治、经济中心或大工矿区等地的干线公路，或运输繁忙的城郊公路

续表

公路等级	主要技术指标
三级公路	一般为二车道,日均交通量(折合中型载重汽车)为2 000辆以下,为沟通县及县以上城镇的公路
四级公路	一般为一或二车道,日均交通量(折合中型载重汽车)为200辆以下,为沟通县、乡(镇)、村等的公路

我国又将公路按其行政等级及使用性质划分为国道、省道、县道、乡道和专用公路5个等级,实行分级管理。一般把国道和省道称为干线,县道和乡道称为支线。

二、货运车辆

公路货运车辆分类如图1.3所示。

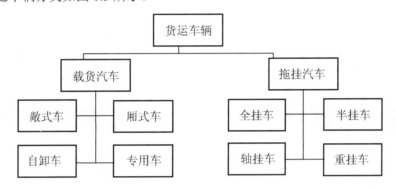

图1.3 公路车辆分类

汽车的类型很多,其中与物流运输相关的主要有图1.4所示的几类。

1. 载货汽车

载货汽车指专门用于公路货物运送的汽车,又称载重汽车。

1) 按照公路运行时厂定最大总质量(GA)划分

载货汽车按该标准可分为微型货车($GA \leqslant 1.8t$)、轻型货车($1.8t < GA \leqslant 6.0t$)、中型货车($6.0t \leqslant GA < 14t$)、重型货车($GA > 14t$)4种,分别如图1.4(a)、图1.4(b)、图1.4(c)和图1.4(d)所示。

其中,中型货车和重型货车核发大型货车号牌(俗称黄牌);微型货车和轻型货车核发小型货车号牌(俗称蓝牌)。

2) 按车身形式划分

(1) 厢式货车。车身全密封,具有防雨、防尘、防损坏、防污染、防丢失和便于管理等特点,如图1.4(e)所示。

(2) 敞式货车。顶部敞开,可装载高低不等货物,如图1.4(f)所示。

2. 自卸车

自卸车即车厢配有自动倾卸装置的汽车,又称为翻斗车、工程车,由汽车底盘、液压举升机构、取力装置和货厢组成。装载车厢能自动倾翻一定角度进行卸料,大大节省卸料时间和劳动力,缩短运输周期,提高生产效率,降低运输成本,如图1.4(g)所示。

自卸车依公路运行时厂定最大总质量(GA)划分为轻型自卸车($GA \leqslant 6.0t$)、中型自卸车(6.0t

<GA≤14t)、重型自卸车(GA>14t)以及矿用自卸车[如图 1.4(h)所示]。

3. 专用车

我国对专用汽车定义为:"装置有专用设备,具备专用功能,用于承担专门运输任务或专项作业的汽车和汽车列车。"国产专用汽车可分为厢式汽车、罐式汽车、仓栅式汽车、起重举升汽车以及特种结构汽车等。

(1) 厢式汽车。厢式汽车指具有独立的封闭结构的车厢或与驾驶室联成一体的整体式封闭结构车厢,装有专用设施,用于载运人员、货物或承担专门作业的专用汽车和列车,如冷藏车、邮政车等。

(2) 罐式汽车。罐式汽车指装置有罐状容器,并且通常带有工作泵,用于运输液体、气体、粉状物质,以及完成特定作业任务的专用汽车和挂车,如油罐车、沥青运输车、液化气罐车等,如图 1.4(i)所示。

(a) 微型货车

(b) 轻型货车

(c) 中型货车

(d) 重型货车

(e) 厢式货车

(f) 敞式货车

(g) 后倾式自卸车

(h) 矿用自卸车

图 1.4　货运汽车

(i) 罐式汽车

(j) 栅栏式汽车

(k) 平头式牵引车

(l) 长头式牵引车

(m) 全挂车

(n) 半挂车

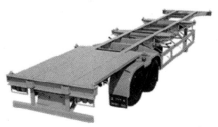
(o) 轴挂车

(p) 重载挂车

图 1.4　货运汽车(续图)

(3) 仓栅式汽车。仓栅式汽车指装备有仓笼式或栅栏式结构车厢，仓笼或栅栏内按一定的距离安装有格栅，如畜禽运输车、散装饮料运输车等，如图 1.4(j)所示。

(4) 起重举升汽车。起重举升汽车指装置有起重设备或可升降的作业台(斗)的专用车。

(5) 特种结构汽车。特种结构汽车指具有某种特殊结构如桁架型结构、平板结构等，完成某种特定任务的专用汽车和专用挂车，如清扫汽车和清碍车等。

4．拖挂汽车

拖挂汽车由牵引车和挂车配合，共同完成运输作业。

1) 牵引车

牵引车也称拖车、车头，一般不设载货车厢，专门用于拖挂或牵引挂车。牵引车按其司机室的形式可分为"平头式"和"长头式"两种。

(1) 平头式牵引车。优点是驾驶室短，视线好；轴距和车身短，转弯半径小。缺点是发动机直接布置在司机座位下面，司机受到机器振动影响，舒适感较差。其如图1.4(k)所示。

(2) 长头式(又叫凸头式)牵引车。发动机和前轮布置在司机室的前面，司机舒适感较好，撞车时司机较为安全，开启发动机罩修理发动机较为方便。主要缺点是司机室较长，因而整个车身长，回转半径较大，如图1.4(l)所示。由于各国对公路、桥梁和涵洞的尺寸有严格的规定，车身短的平头式牵引车应用日益增加。

2) 挂车

挂车本身无动力装置，而是通过杆式或架势拖挂装置，由牵引车或其他车辆牵引，即必须与拖车组合在一起才能成为一个完整的运输工具。

(1) 全挂车。需要有牵引车进行拖带，独立承载，如图1.4(m)所示。

(2) 半挂车。需与主车共同承载，依靠主车牵引行驶。半挂车依公路运行时厂定最大总质量(GA)划分为轻型半挂车(GA≤7.1t)、中型半挂车(7.1t<GA≤19.5t)、重型半挂车(19.5<GA≤34t)、超重型半挂车(GA>34t)，如图1.4(n)所示。

(3) 轴挂车。一种单轴车辆，专门用于运送长度较大的货物，如图1.4(o)所示。

(4) 重挂车。大载重量的挂车，可以是全挂，也可以是半挂，专门运送沉重的货物，其最大载重量可达到200~300t，如图1.4(p)所示。

三、交通控制设备

交通控制设备有交通标志、路面标线和路标、交通信号3类，其主要功能是对车辆、驾驶员和行人起限制、警告和引导作用。

1. 交通标志

公路交通标志是用图形符号和文字传递特定信息，用以管理交通、指示行车方向以保证道路畅通与行车安全的设施，如图1.5所示。它适用于公路、城市道路以及一切专用公路，具有法令的性质，车辆、行人都必须遵守。公路交通标志分为主标志和辅助标志两大类。

主标志中有警告标志、禁令标志、指示标志和指路标志4种。

(1) 警告标志。警告车辆、行人注意危险地点的标志。

(2) 禁令标志。禁止或限制车辆、行人交通行为的标志。

(3) 指示标志。指示车辆、行人行进的标志。

(4) 指路标志。传递道路方向、地点、距离信息的标志。

辅助标志是附设在主标志之下，起辅助说明作用的标志，分表示时间、车辆种类、区域或距离、警告、禁令理由等类型。

2. 路面标线和路标

路面标线是指用漆类物质或用混领土预制板或磁瓦等介质，将交通的警告、禁令、指示和指路标志以画线、符号、文字等，喷刷或嵌在路面或路边的建筑物上的一种交通安全控制设施，如图1.6所示。它配合标志牌对交通做有效管制，指引车辆分道行驶，达到安全和畅通的目的。

图 1.5　交通标志　　　　　　　　图 1.6　路面标线

路标为沿道路中线或车道边线或防撞墙埋设的反光标志物。车辆夜间行驶时在车灯照射下,路标的发光作用勾画出行车道或车道的轮廓,为驾驶员提供行驶导向。

3. 交通信号

交通信号是一种用于在时间上给相互冲突的交通流分配通行权,使各个方向和车道上的车辆,安全而有序地通过交叉路口的交通控制设备,如图 1.7 所示。

交通信号分为指挥灯信号、人行横道灯信号、交通指挥棒信号和手势信号。

图 1.7　交通信号

四、公路货运场站

公路货运场站包括公路货运站和停车场,如图 1.8 所示。

1. 公路货运站

公路货运站是专门办理货物运输业务的汽车站,一般设在公路货物集散点。货运站可分为集运站(或集送站)、分装站和中继站等几类。

1) 货运站的任务与职能

货运站的主要工作是组织货源、受理托运、理货、编制货车运行作业计划,以及车辆的调度、检查、加油、维修等。汽车货运站的职能包括几个方面：一是调查并组织货源，签订有关运输合同；二是组织日常的货运业务工作；三是做好运行管理工作。运行管理的核心是做好货运车辆的管理，保证各线路车辆正常运行。

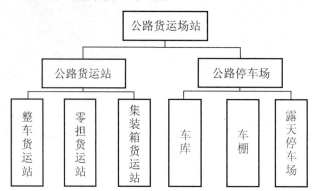

图1.8　公路货运场站

2）汽车货运站按运输方式分类

(1) 整车货运站。它主要经办大批货物运输，有的货运站也兼营小批货物运输。

(2) 零担货运站。它是专门办理零担货物运输业务，进行零担货物作业、中转换装、仓储保管的营业场所。

(3) 集装箱货运站。它主要承担集装箱的中转运输任务，因此又称集装箱中转站。

3）汽车货运站的分级

(1) 零担站的站级划分：根据零担年货物吞吐量，将零担站划分为一、二、三级。年货物吞吐量在6万吨以上者为一级站；2万吨及以上，但不足6万吨者为二级站；2万吨以下者为三级站。

(2) 集装箱货运站的站级划分：根据年运输量、地理位置和交通条件不同，集装箱货运站可分为四级。年运输量是指计划年度内通过货运站运输的集装箱量总称。一级站年运输量为3万标准箱以上；二级站年运输量为1.6万～3万标准箱；三级站年运输量为0.8万～1.6万标准箱；四级站年运输量为0.4万～0.8万标准箱的国际集装箱中转站。

2．公路停车场

公路停车场是指停放与保管运输车辆的场所，部分停车场还具有车辆维修或加油等功能。停车场(库)分为车库(包括暖式车库和冷式车库)、车棚和露天停车场。

露天停车场设备简单，保管质量差，但这类停车场采用甚为普遍，尤其广泛用在专业运输单位。

五、公路运输货物

货物品种繁多，根据运输、装卸等要求的不同，常用的分类方法有以下4种。

1．按运输条件分类

(1) 普通货物。普通货物指对车辆结构和运输组织无特殊要求的货物。普通货物分为3等，见表1-2。

表 1-2 普通货物分类

等级	序号	货类	货物名称
一等货物	1	砂	砂子
	2	石	片石、渣石、寸石、石硝、粒石、卵石等
	3	非金属矿石	各种非金属矿石
	4	土	各种土、垃圾
	5	渣	炉渣、炉灰、水渣、各种灰烬、碎砖瓦等
二等货物	1	粮食及加工品	各种粮食(稻、麦、各种杂粮、薯类)及其加工品
	2	棉花、麻	皮棉、籽棉、絮棉、旧棉、棉胎、木棉、各种麻类
	3	油料作物	花生、芝麻、油菜籽、蓖麻子及其他油料作物
	4	烟叶	烤烟、土烟等
	5	植物的种子、草、藤、树条	树、草、菜、花的种子、干花、牧草、谷草、稻草、芦苇、树条、树根、木柴、藤等
	6	肥料、农药	化肥、粪肥、土杂肥、农药(具有危险货物性质的除外)等
	7	糖	各种食用糖(包括饴糖、糖稀)
	8	酱菜、调料	腌菜、酱菜、酱油、醋、酱、花椒、茴香、生姜、芥末、腐乳、味精及其他调味品
	9	土产杂品	土产品、各种杂品
	10	皮毛、塑料	生皮张、生熟毛皮、鬃毛绒及其加工品、塑料及其制品
	11	日用百货、一般纺织品	各种日用小百货、一般纺织品、针织品
	12	药材	普通中药材
	13	纸、纸浆	普通纸及纸制品、各种纸浆
	14	文化体育用品	文具、教学用具、体育用品
	15	印刷品	报刊、图书及其他印刷品
	16	木材	圆木、方木、板料、成材、杂木棍等
	17	橡胶、可塑材料及制品	生橡胶、人造橡胶、再生胶及制品、电木制品、其他可塑原料及制品
	18	水泥及其制品	袋装水泥、水泥制品、预制水泥构件等
	19	钢铁、有色金属及其制品	钢材(管、丝、线、绳、板、皮条)生铁、毛坯、铸铁件、有色金属材料、大、小五金制品配件、小型农机具等
	20	矿物性建筑材料	普通砖、瓦、缸砖、水泥瓦、乱石、块石、级配石、条石、水磨石、白云石、蜡石、萤石及一般石制品、滑石粉、石灰膏、电石灰、矾石灰、石膏、石棉、白垩粉、陶土管、石灰石、生石灰
	21	金属矿石	各种金属矿石
	22	煤	原煤、块煤、可燃性片岩等
	23	焦炭	焦炭、焦炭末、石油焦、沥青、焦木炭等
	24	原煤加工品	煤球、煤砖、蜂窝煤等
	25	盐	原盐及加工精盐
	26	泥、灰	泥土、淤泥、煤泥、青灰、粉煤灰等
	27	废品及散碎品	废钢铁、废纸、破碎布、碎玻璃、废靴鞋、废纸袋等
	28	空包装容器	篓、坛罐、桶、瓶、箱、筐、袋、包、箱皮、盒等
	29	其他	未列入表的其他货物

续表

等级	序号	货类	货物名称
三等货物	1	蜂	蜜蜂、蜡虫
	2	蚕、茧	蚕、蚕子、蚕蛹、蚕茧
	3	观赏用花、木	观赏用普通长青树木、花草、树苗
	4	蔬菜、瓜果	鲜蔬菜、鲜菌类、鲜水果、甘蔗、瓜类
	5	植物油	各种食用、工业、医药用植物油
	6	蛋、乳	蛋、乳及其制品
	7	肉脂及制品	鲜、腌、酱肉类，油脂及制品
	8	水产品	干鲜鱼、虾、蟹、贝、海带
	9	干菜、干果	干菜、干果、子仁及各种果脯
	10	橡胶制品	轮胎、橡胶管、橡胶布类及其制品
	11	颜料、染料	颜料、染料及助剂与其制品
	12	食用香精、树胶、木蜡	食用香精、糖精、樟脑油、芳香油、木榴油、木蜡、橡蜡(橡油皮油)、树胶等
	13	化妆品	护肤、美容、卫生、头发用品等各种化妆品
	14	木材加工品	毛板、企口板、胶合板、刨花板、装饰板、纤维板、木构件等。
	15	家具	竹、藤、钢、木家具
	16	交电器材	普通医疗器械、无线电广播设备、电线电缆、电灯用品、蓄电池(未装酸液)、各种电子元件、电子或电动玩具
	17	毛、丝、棉、麻、呢绒、化纤、皮革制品	毛、线、棉、麻、呢绒、化纤、皮革制品、鞋帽、服装
	18	烟、酒、饮料、茶	各种卷烟、各类瓶罐装的酒、汽水、果汁、食品、罐头、炼乳、植物油精(薄荷油、桉叶油)、茶叶及其制品
	19	糖果、糕点	糖果、果酱(桶装)、水果粉、蜜饯、面包、饼干、糕点
	20	淀粉	各种淀粉及其制品
	21	冰及冰制品	天然冰、机制冰、冰淇淋、冰棍
	22	中西药品、医疗器具	西药、中药(丸、散、膏、丹成药)及医疗器具
	23	贵重纸张	卷烟纸、玻璃纸、过滤纸、晒图纸、描图纸、绘图纸、蜡纸、复写纸、复印纸
	24	文娱用品	乐器、唱片、幻灯片、录音带、录像带、光盘(碟片)及其他演出用具及道具
	25	美术工艺品	刺绣、蜡或塑料制品、美术制品、骨角制品、漆器、草编、竹编、藤编等各种美术工艺品
	26	陶瓷、玻璃及其制品	瓷器、陶器、玻璃及其制品
	27	机器及设备	各种机器及设备
	28	车辆	组成的自行车、摩托车、轻骑、小型拖拉机
	29	污染品	炭黑、铅粉、锰粉、乌烟(墨黑、松烟)涂料及其他污染人体的货物、角、蹄甲、牲骨、死禽兽
	30	粉尘品	散装水泥、石粉、耐火粉
	31	装饰石料	大理石、花岗岩、汉白玉
	32	带釉建设用品	玻璃瓦、琉璃瓦、其他带釉建设用品、耐火砖、耐酸砖、瓷砖瓦

注：未列入表中的其他货物，除参照同类货物分等外，均列入二等货物。

(2) 特种货物。特种货物指在运输过程中需要特殊结构的车辆或需要采取特殊措施运送的货物。特种货物分为4类，见表1-3。

表1-3 特种货物分类

类别	分类概念	种类档次或序号	种类货物范围或名称
大型特型笨重物件	货物长度6m及6m以上；货物高度2.7m及以上；单件货物重量4t以上	一级	(1) 长度大于6m(含6m)小于10m； (2) 宽度大于2.5m(含2.5m)小于3m； (3) 重量大于4t(含4t)小于8t
		二级	(1) 长度大于10m(含10m)小于14m； (2) 宽度大于3m(含3m)小于3.5m； (3) 高度大于2.7m(含2.7m)小于3m； (4) 重量大于8t(含8t)小于20t
		三级	(1) 长度大于14m(含14m)小于20m； (2) 宽度大于3.5m(含3.5m)小于4.5m； (3) 高度大于3m(含3m)小于3.8m； (4) 重量大于20t(含20t)小于100t
		四级	(1) 长度大于20m(含20m)小于30m； (2) 宽度大于4.5m(含4.5m)小于5.5m； (3) 高度大于3.8m(含3.8m)小于4.4m； (4) 重量大于100t(含100t)小于200t
		五级	(1) 长度大于30m(含30m)小于40m； (2) 宽度大于5.5m(含5.5m)小于6m； (3) 高度大于4.4m(含4.4m)小于5m； (4) 重量大于200t(含200t)小于300t
		六级	(1) 长度在40m以上者； (2) 宽度在6m以上者； (3) 高度在5m以上者； (4) 重量在300t以上者
危险货物类	具有爆炸、易燃、毒害等危险特性，在储运、生产、使用中，容易造成人身伤亡、财产损毁或环境污染而需要特别防护的物品		GB 6499—2005《危险货物分类和品名编号》按危险货物具有的危险性或最主要的危险性分为9个类别。第1类 爆炸品，第2类 气体，第3类 易燃液体，第4类 易燃固体、易于自燃的物质、遇水放出易燃气体的物质，第5类 氧化性物质，第6类 毒性物质和感染性物质，第7类 放射性物质，第8类 腐蚀性物质，第9类 杂项 危险物质和物品
贵重货物类	价格昂贵，运输责任重大的货物	1	货币及有价证券：货币、国库券、邮票等
		2	贵重金属及稀有金属：贵重金属为金、银、钡、白金等及其制品；稀有金属钴、钛等及其制品
		3	珍贵艺术品：古玩字画、象牙、珊瑚、珍珠、玛瑙、水晶宝石、钻石、翡翠、琥珀、猫眼、玉及其制品、景泰蓝制品、各种雕刻工艺品、仿古艺术制品和壁毯刺绣艺术品等
		4	贵重药材和药品：鹿茸、麝香、犀角、高丽参、西洋参、冬虫草、羚羊角、田三七、银耳、天麻、蛤蟆油、牛黄、熊胎、鹿胎、豹胎、海马、海龙、藏红花、猴枣、马宝及以其为主要原料的制品和贵重西药

续表

类别	分类概念	种类档次或序号	种类货物范围或名称
贵重货物类	价格昂贵，运输责任重大的货物	5	贵重毛皮：水獭皮、海龙皮、貂皮、灰鼠皮等及其制品
		6	高档服装：用高级面料、制作精细、价格较高的服装
		7	珍贵食品：海参、干贝、鱼肚、鱼翅、燕窝、鱼唇、鱼皮、鲍鱼、猴头、发菜等
		8	高级精密机械及仪表：显微镜、电子计算机、高级摄影机、摄像机、显像管、复印机及其精密仪器仪表
		9	高级光学玻璃及其制品：照相机、放大机、显微镜等镜头片、各种科学试验用的光学玻璃仪器和镜片
		10	高档电器：电视机、电冰箱、录放音机、音响组合机、录像机、空调机、照相机、手表等
鲜活货物类	货物价值高、运输时间性强、责任大的鲜活货物	1	各种活牲畜、活禽、活鱼、鱼苗
		2	供观赏的野生动物：虎、豹、狮、熊、熊猫、狼、象、蛇、蟒、孔雀、天鹅等
		3	供观赏的水生动物：海马、海豹、金鱼、鳄鱼、热带鱼等
		4	名贵花木：盆景及各种名贵花木

2. 按装卸条件分类

(1) 件装货物。它指按件重或体积装运的货物。

(2) 散装货物。它也叫堆积货物，采用输送、铲抓、倾卸等方法装卸，如煤炭、砂石等。

(3) 罐装货物。一般是指无包装的液体货物。随着装卸技术的发展，许多粉末和小颗粒状的货物，如水泥、粮食等也采用罐装运输。

3. 按托运货物的批量分类

(1) 零担货物。一批托运货物重量 3t 及以下为零担货物，其中，单件体积一般不小于 $0.01m^3$，不大于 $1.5m^3$；单件重量不超过 200kg，货物长、宽、高分别不超过 3.5m、1.5m 和 1.3m。托运货物 3t 以上，但按零担货物受理，也认定是零担货物。

(2) 整批货物。一批托运货物计费重量 3t 以上或虽然不足 3t，但其性质、体积、形状需要一辆汽车运输的为整批货物。

4. 按货物的品名(种)分类

目前，道路运输货物分为 17 类 21 种，即煤炭及制品，石油天然气及制品，金属矿石，钢铁，矿建材料，水泥，木材，非金属矿石，化肥及农药，盐，粮食，机械、设备和电器，化工原料及制品，有色金属，轻工、医药产品，农林牧渔业产品，其他货类。

六、公路货运相关人

1. 货主

货主即货物的所有者，可能是托运人(或委托人)，也可能是收货人，有时托运人和收货人是同一主体，有时是非同一主体。

2. 代理人/经纪人

在公路运输中协调托运人、收货人和承运人间的运输安排并获得代理费的中间商。

3. 承运人

受托运人或收货人的委托，完成委托人委托的公路货物运输任务，同时获得运输收入的经营人。

4. 站场经营人

它是指在公路货运站、场范围内从事货物仓储、堆存、包装、搬运装卸等业务的经营者。

【任务安排】

(1) 预习相关知识要点。
(2) 上网搜集车辆、公路、货运场站相关图片及资料。
(3) 以小组为单位，制作有关公路货运系统的PPT，并练习讲演。

【任务实施】

随机指定小组上台讲演，并接受同学和教师的提问与评价。
(1) 公路。讲解公路的组成及各部分功能；公路等级的划分依据和标准。
(2) 公路货运车辆。图片展示，讲解公路货运车辆的分类、特点与功能。
(3) 交通控制设备。讲解交通标志、路面标线和交通信号的含义与作用。
(4) 公路货运场站。讲解公路货运站类型与功能以及停车场类别与作用。
(5) 公路运输货物。讲解公路运输货物的分类、分级以及与运输的关系。
(6) 货运相关人。分别扮演不同的公路货运相关人，简述各自岗位职责。

【任务评价】

对完成任务情况进行测评。

学习测评表

	组别/姓名		班级		学号	
	测评地点		日期			
	项目名称		公路货物运输			
	任务名称		认知公路货运系统			
	测评项目	优秀级评价标准	分值	本组评价30%	他组评价30%	教师评价40%
专业知识	准备工作	资料、道具准备齐全	5			
	随机提问	概念清楚，回答准确	10			
专业能力	公路	正确描述公路组成与等级划分	10			
	公路车辆	讲清货运车辆分类与功能	10			
	公路货运站	说明公路货运站分类与职能	10			

续表

测评项目		优秀级评价标准	分值	本组评价30%	他组评价30%	教师评价40%
专业能力	公路停车场	分清停车场的类型与功能	10			
	公路交通设施设备	正确区分道路交通标志、路面标线与交通信号	10			
	公路运输货物	正确识别货物分类与等级	10			
	公路货运相关人	熟悉收发货人、承运人及货运代理人的职责与工作流程	10			
专业素养	活动过程	表达能力	5			
		沟通能力	5			
		合作精神	5			
合　　计			100			

任务二　组织公路整车货运

【知识要点】

一、整车货运

1. 整车货运的含义

托运人一次托运货物在 3t(含 3t)以上，或虽不足 3t，但其性质、体积、形状需要一辆 3t 以上车辆进行公路运输的，称为整车货运。

以下货物必须按整车运输处理：一是鲜活货物，如冻肉、冻鱼、鲜鱼，活的牛、羊、猪、兔、蜜蜂等；二是需要专门运输的货物，如石油、烧碱等危险货物，粮食、粉剂的散装货物等；三是不能与其他货物拼装运输的危险品；四是易于污染其他货物的不洁货物，如炭黑、皮毛、垃圾等；五是不易于计数的散装货物，如煤、焦炭、矿石、矿砂等。

为明确运输责任，整车货运通常是一车一张货票、一个发货人。

2. 整车货运的受理方法

对于货主的长期整车货运要求，承托双方应签订长期的货运合同或运输协议，且每一次提货时都要办理提货手续。

对于短期的、临时的整车货物，主要有以下几种托运、受理方法：

(1) 登门受理。由运输部门派人员去客户单位办理承托手续。

(2) 下产地受理。在农副产品上市时，运输部门下产地联系运输事宜。

(3) 现场受理。在召开物资分配、订货、展销、交流会议期间，运输部门在会议现场设立临时托运或服务点，现场办理托运业务。

(4) 驻点受理。对生产量较大、调拨集中、对口供应的单位，以及货物集散的车站、码头、港口、矿山、油田、基建工地等单位，运输部门可设点或巡回办理托运业务。

(5) 异地受理。企业单位在外地的整车货物，运输部门根据具体情况，可向本地运输部门办理托运、要车手续。

(6) 电话、传真、信函、网上托运。经运输部门认可，本地或外地的货主单位可用电话、传真、信函、网上托运等方式，由运输部门的业务人员受理登记，代填托运单。

(7) 站台受理。货物托运单位派人直接到运输部门办理托运业务。

3．整车货运的组织

(1) 发送站务工作。受理托运(货物包装、确定重量、办理单据)、组织装车、核算制票等。

(2) 途中站务工作。途中货物交接、途中货物整理或换装等。

(3) 到达站务工作。货运票据交接、货物卸车、保管和交付等。

二、甩挂货运

1．甩挂货物运输的概念

甩挂运输(Drop and Pull Transport)是指带有动力的机动车将随车拖带的承载装置，包括半挂车、全挂车甚至货车底盘上的货箱甩留在目的地后，再拖带其他装满货物的装置返回原地，或者驶向新的地点。这种一辆带有动力的主车，连续拖带两个以上承载装置的运输方式被称为甩挂运输。

2．牵引车拖带挂车的方式

(1) 半拖挂方式。半拖挂方式是用牵引车来拖带装载了货物或集装箱的挂车，如图1.9(a)所示。这类车型货物或集装箱的重量由牵引车和挂车的车轴共同分担，故轴压力小；另外，由于后车轴承受了部分货物或集装箱的重量，故能得到较大的驱动力；这种拖挂车的全长较短，便于倒车和转向，安全可靠；挂车前端的底部装有支腿，便于甩挂运输。

(2) 全拖挂方式。全拖挂方式是通过牵引杆架与挂车连接，牵引车本身可作为普通载重货车使用，如图1.9(b)所示。挂车也可用支腿单独支承，全挂车是仅次于半拖挂车的一种常用的拖带方式，操作比半拖挂车困难。

(3) 双联拖挂方式。双联拖挂方式是半拖挂方式牵引车后面再加上一个全挂车，如图1.9(c)所示。实际上是牵引车拖带两节底盘车。这种拖挂方式在高速行进中，后面一节挂车会摆动前进，后退时操作性能不好，故目前应用不广。

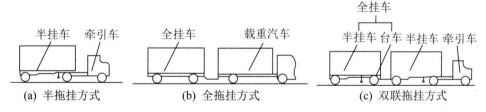

图1.9　牵引车拖带挂车的方式

3．甩挂货物运输组织形式

(1) 两点甩挂。汽车列车往复于两装卸作业点之间，根据货流情况或装卸能力的不同，可组织"一线两点，一端甩挂"(即装甩挂不甩或卸甩挂不甩)和"一线两点，两端甩挂"两种形式的作业。这种形式广泛用于集装箱甩挂作业，如图1.10所示。

(2) 循环甩挂。在闭合循环回路的各装卸点上，配备一定数量的周转集装箱或挂车，汽车列车每到达一个装卸点后甩下所带集装箱或挂车，装卸工人集中力量完成主车的装卸作业，然后装(挂)上事先准备好的集装箱或挂车继续行驶，如图1.11所示。

(3) 驼背(滚装)甩挂。在多式联运各运输工具的连接点，由牵引车将载有集装箱的底盘车或挂车直接开上铁路平板车或轮船上，停妥摘挂后离去。集装箱底盘车或挂车由铁路车辆或船舶载运至前方换装点，再由到达地的牵引车，开上船、挂上集装箱底盘车或挂车，直接运往目的地，如图1.12所示。

图1.10 两点甩挂

4．甩挂货物运输组织条件

（1）货量大。实行甩挂运输的首要条件是要有双向匹配且充足的货量。所有运输线路中的班车基本满足双向满载的配比要求。

（2）网点广。建立全国或区域性的连锁经营网点，统一管理，统一运作，实行标准化、信息化管理，并且根据行政区域划分和地理分布情况，建立科学的路线设计数学模型及现代化的集

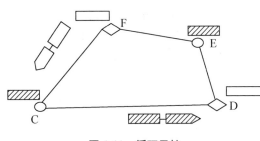

图1.11 循环甩挂

散中心，在总体网络布局上形成了合理、高效的贯穿节点的班车线路，从而形成有利于甩挂车辆的多点卸挂，多点交接，还可保证甩挂往返运输时有充足的货源作支持的运营网络格局。

图1.12 驼背甩挂

（3）车况好。改善车辆装备，车辆装备厢式化；扶持集装箱运输车辆发展。

（4）信息化。运用先进的电子商务平台作为技术手段，进行车货匹配交易；对所有的班线运输车辆采用GPS(Global Positioning System，全球定位系统)定位，对车辆运营的情况进行全程监控，加强车辆的管理。

（5）标准化。通过运用制定生产过程中各个作业环节的标准化管理指标手段，保证在物流生产过程中的各个环节都具备完善的作业标准，使得控制层和执行层之间的信息沟通顺畅、指令操作严谨，实现各个环节都能按既定的标准来生产运营，为实行甩挂运输时，各环节能快速准确地完成货物的交接，有效地避免货损货差，提供坚实的作业基础。

（6）政策优。对甩挂运输的管理政策是制约甩挂运输大力发展的最主要因素，例如过去对挂车不合理的养路费、交强险，烦琐的年检以及不合理的报废年限规定等严重制约了甩挂运输的发展。因此，地方政府应结合当地现实情况，采取积极优惠的政策，支持公路甩挂运输的发展。

【任务安排】

（1）角色安排：发货人1人、货运受理员1人、调度员1人、理货员1人(监装、监卸)、押运员1人、收货人1人。

(2) 资料准备：全国公路交通图、托运单、配装单、货物交接单、调度令登记簿、货物标签等。

(3) 器具准备：磅秤、叉车、货车、货物等。

(4) 货运内容：由教师布置或由学生查询货运信息网自行设计。

(5) 任务执行：以小组为单位，按流程以不同的角色模拟组织整车货运业务。

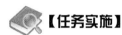【任务实施】

公路整车货物运输流程如图1.13所示。

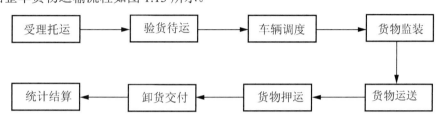

图1.13 公路整车货运流程

一、受理托运

1. 填写运单

发货人(或委托人)填写整车货物托运单，并在托运单上加盖与托运人名称相符的印章，见表1-4。

表1-4 ××省汽车货物托运单

托运人(单位)：		经办人：		电话：		地址：		运单编号：		
发货人		地址		电话		装货地点			厂休日	
收货人		地址		电话		卸货地点			厂休日	
付款人		地址		电话		约定起运时间	月/日	约定到达时间	月/日	需要车种
货物名称规格	包装形式	件数	体积(长×宽×高)/cm³	件重/kg	计费重量/t	保险、保价价格	货物等级	计费项目		
								项目	里程	单价	金额
								运费			
								装卸费			
								单程空驶费			
								保价费			
合计										
托运记载事项		付款人银行账号			承运人记载事项			承运人银行账号		
注意事项	1. 货物名称应填写具体品名，如货物品名过多，不能在运单内逐一填写，须另附物品清单 2. 保险或保价货物，在相应价格栏中填写货物声明价格						托运人签章 年 月 日		承运人签章 年 月 日	

2．审核运单

货运受理员审核托运单主要内容如下：
(1) 审核货物的详细情况(名称、体积、重量、运输要求)以及根据具体情况确定是否受理。
(2) 检查有关运输凭证。
(3) 审批有无特殊运输要求。

3．检查货物及包装

发货人应根据托运货物的质量、性质、运距、道路、气候等条件，按照运输工作的需要做好包装工作。车站人员对发货人托运的货物，应认真检查其包装质量，发现货物包装不符合要求，应督促发货人按有关规定改变包装，并在每件货物包装物外表明显处贴上货物运输指示标签，然后再行承运。

4．计交运费

受理员在审核运单后确定计费里程和运杂费。托运单认定后，应编定托运单号，然后告知调度、运务部门，并将计算通知交付给货主。

发货人办理货物托运时，应按规定向车站缴纳运杂费，并领取承运凭证——货票。始发站(货运受理员)在货物托运单和货票上加盖承运日期之时起即算承运。

二、验货待运

理货员检查托运单上货物是否已处于待运状态；货物数量准确与否；发运日期有无变更；装卸场地的机械设备、通行能力是否完好。

三、车辆调度

调度员在接收到出货信息后，安排适宜车辆到出货地点装运货物。

1．登记调度命令

调度员在了解详情后，认真填写《调度命令登记簿》，见表1-5。

表1-5 调度命令登记簿

月 日	发出时刻	命令			接受命令人姓名	阅读时刻(签名)	调度员姓名
		号码	受令及抄知所处	内容			

2．发布调度命令

调度员在填写调度令后，先通过电话(手机)联系落实，后补充纸质调度令，以备存档。

3．交付调度命令

调度员在向司机发布调度令时，如果司机不在，应发给所属车队班组负责转达，并且认真执行确认和回执制度。

司机接受调度安排后，在整个完成任务过程中翔实填写《车辆使用登记表》，见表1-6。

表1-6　车辆使用登记表

车辆号码：　　　　　　　　　　　　　　　　　　　　　　　　　司机姓名：

发车时间	出发地点	发前里程数	发前油表读数	事　由	返回后里程数	返回后油表读数	证明人签名

四、货物监装

车辆到达装货地点后，司机和理货员会同发货人对货物的包装、数量和重量等进行清点和核实，核对无误后进行装车。

(1) 监装员根据托运单填写的内容与发货人联系并确定交货办法(一般是散货根据体积换算标准确定装载量，件杂货以件计算)。

(2) 货物装车前，监装员检查货物包装有无破损、渗漏、污染等情况。如果发现不适合装车的情况，应及时和发货人商议。如果发货人自愿承担由此引起的货损，则应在运单上批注和加盖印章，以明确其责任。

(3) 装车完毕后，应检查货位，检查有无错装或漏装。装车后，要与发货人核对实际装车件数，确认无误后，填写好《交运货物清单》(见表1-7)，办理交接签收手续。

表1-7　交运货物清单

起运地点：　　　　　　　　　　　　　　　　　　　　　　　　　运单号码：

编号	货物名称及规格	包装形式	件数	新旧程度	体积(长×宽×高)	重量	保险、保价情况

托运人签字：　　　　　　　　承运人签字：　　　　　　　年　　月　　日

五、货物运送

驾驶员要及时做好货运途中的行车检查，既要保持好货物完好无损、无漏失，又要保持车辆技术状况良好。

在货物起运前后如遇特殊原因托运方或承运方需要变更运输时，应及时由承运或托运双方协商处理，填制《汽车运输变更申请书》(见表1-8)，所发生变更费用，按有关规定处理。

表 1-8 汽车运输变更申请书

		原运单号码	
		受理变更序号	

提出日期：　　　年　　月　　日　　时

变更事项及原运单记载事项	
托运人记事及特约事项	
承运人记事及特约事项	
申请变更人名称：　　　　经办人：　　　　电话：　　　　地址：	

六、货物押运

对某些性质特殊的货物，如活鱼、家畜以及贵重货物等，需派押运员在运输过程中予以特殊照料与防护，以保证货物完好无损。

七、卸货交付

货物到达收货地点，驾驶员与收货人办理交付手续并交付货物。收货人应凭有效单证提(收)货物，无故拒提(收)货物，应赔偿承运人因此造成的损失。货物交付时，发现货损货差，由承运人与收货人共同编制货运事故记录，交接双方在货物事故记录上签字确认。

八、统计结算

运输结算，对外是对货主(托运人)进行运杂费结算，收取应收未收的运杂费；对内是对驾驶员完成运输任务应得的工资(包括基本工资和附加工资)收入进行定期结算。

运输统计是对已完成的运输任务，依据车队路单及运输货票进行有关运输工作指标统计，生成统计报表，供运输管理和决策使用。

【任务评价】

对完成任务情况进行测评。

学习测评表

组别/姓名			班级		学号	
测评地点			日期			
项目名称		公路货物运输				
任务名称		组织公路整车货运				
测评项目		优秀级评价标准	分值	本组评价30%	他组评价30%	教师评价40%
专业知识	准备工作	资料、道具准备齐全	5			
	随机提问	概念清楚，回答准确	10			
专业能力	填写与审核运单	运单各项目填写具体、清楚、准确，无违规托运和受理现象	10			

续表

测评项目		优秀级评价标准	分值	本组评价30%	他组评价30%	教师评价40%
专业能力	托运受理	认真检查货物、包装、数量，发运日期核对准确	10			
	运杂费计算和计收	运杂费收取项目齐全、准确，计算方法和结果正确适宜	10			
	车辆调度	调度命令填写准确，与现场情况吻合，无错漏	10			
	货物监装	装车方法正确，无漏装、错装	10			
	运输计算与统计	正确结算货主运杂费和驾驶员工资；能进行运输统计工作	10			
	货物交付	货物交付手续正确，无错发	10			
专业素养	活动过程	工作态度	5			
		沟通能力	5			
		合作精神	5			
合　　计			100			

任务三　组织公路零担货运

【知识要点】

一、公路零担货物

《汽车货物运输规则》(交通部令 1999 年第 5 号)规定：托运人一次托运的货物，其重量不足 3t 者为零担货物。按件托运的零担货物，单件体积一般不得小于 0.01 m^3(单件重量超过 10kg 的除外)、不得大于 1.5 m^3；单件重量不得超过 200kg；货物长度、宽度、高度分别不得超过 3.5m、1.5m 和 1.3m。不符合要求的，不能按零担货物托运、承运。

各类危险货物，易破损、易污染和鲜活货物等，一般不能作为零担货物办理托运。

二、零担货物运输开展

1. 设立零担货运站

汽车零担货运站集零担货物的收集、整理、仓储、编组、装运、中转、分发、交付等环节于一体，实现零担货物运输各个环节间的衔接与贯通。它一方面起着为社会集结和疏散货物的作用，另一方面为运载工具包揽运输业务，是建立在运载工具和货物之间的纽带。

汽车零担货运站设有与货流量相适应的储货仓库、装卸机具和商务、理货、装卸人员。汽车零担货运站分为普通零担货运站、中转联运站、危险品零担货运站等。根据零担站年工作量，即零担站年货物吞吐量，可将零担货运站划分为一、二、三级。

2. 建立零担货物仓库

由于零担货物具有品种繁多、小批量、批次多、价高贵重、时间紧迫、到站分散的特点，这就决定了多数零担货物不可能在业务受理后即行装车，也不可能在货物运达卸车后即行交付，而是有一个"集零为整""化整为零"的过程，同时有些货物还需要中转，必须在货运站短期堆存保管，所以必须根据吞吐量的大小，建设一定面积的零担货物仓库。

3. 开辟零担货运网络

零担货运网络是指由若干站点和运行线路组成的具有循回功能的运输系统，是开办和发展零担货运的基础。零担货运线路一般以城市为中心，以铁路、水路的重点站港为枢纽，通往周围集散货物的乡镇。这些中心或枢纽是零担货运网络的基本组成部分。车辆班线的开辟应以适应货流需要、尽量减少中转环节为原则，并在对货源货流调查的基础上确定和制定车辆运行方案。

4. 配备零担货运车辆

零担货车主要以厢式专用车为主，以适应品种多、批量小、质量轻、体积小的货物装运要求，减少货物途中受损和灭失。这是开办和发展零担货运的保证。

5. 组织零担货物联运

联运是指通过两种以上不同运输方式或虽属同种运输方式但须经中转换装的接力运输。由于零担货物运距长短不一，车船不可能每个地区都到达或各线路都经过，所以必须与铁路、水路、航空办好联运，这样才能满足托运人多方面需要。

汽车运输企业在承办公路零担货运或其与铁路、水路、航空等运输方式实行零担货物联运时，通常实行起点站受托、一次托运、一次计费、中转站换装、到达站交付的运输办法和全程运输责任制。为便于零担货物的托运，汽车运输企业一般为托运者提供电话托运、信函电报托运、上门装货、送货到家、代办包装等多种服务形式。

三、零担货运组织形式

1. 固定式零担车

固定式零担车是指定线路、定班期、定车辆、定时间（"四定运输"）的一种零担车，通常又称汽车零担货运班车(零担班车)。这种方式优点是便于管理，便于固定货主，便于有计划地调配货源。零担班车一般是以营运范围内零担货物流量、流向以及货主的实际要求为基础组织运行。运输车辆主要以厢式专用车为主，固定式零担班车运行方式主要有以下两种：

1) 直达零担班车

直达零担班车是指在起运站将多个发货人的同一达到站且可以配载的零担货物装在同一车内，直接送达目的地的一种零担班车，如图1.14所示。其优点是适于季节性商品和贵重商品的调运，有利于加快商品周转，保障市场供应，减少资金占用。

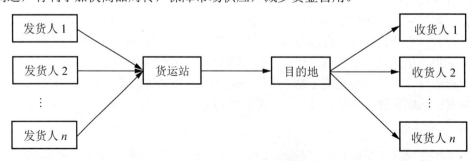

图1.14 直达零担班车货运组织图

2) 中转零担班车

中转零担班车是指在起运站将多个发货人托运的同一线路但不同到达站且允许配装的零担货物,装在同一车内运至规定中转站,卸后复装,重新组织成新的零担班车运往目的地的一种零担班车,如图 1.15 所示。

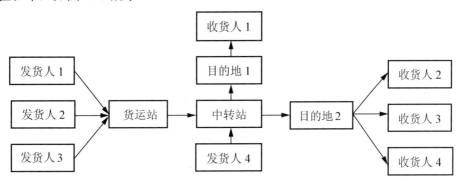

图 1.15 中转零担班车货运组织图

2. 非固定式零担车

非固定式零担车是指按照零担货物流向的具体情况,根据实际需要,临时组织而成的零担车,通常在新开辟线路或季节性零担货物线路上使用。它主要是在农村、山区的短途区间,采用现场组货,集零为整,一车多主,根据需要,灵活运送的不定期组运方法。这种方式的优点是适应农贸集市、行商走贩、小商户临时货源调配等的需要。

公路零担运输要在运输组织上做调整,降低运输成本,逐步减少中转整零车,发展直达整零车。同时,它可将运输组织条件适当降低,能装一站、不装两站,能装两站、不装三站。主管部门要继续取消办理零担业务量小的车站,将办理零担业务车站的辐射范围扩大,以利于集中货源。零担运输单位要大力推广计算机管理,提高现代化管理水平,建立全国零担货物运输网络平台,实现信息共享,随时优化运输方案。

【任务安排】

(1) 角色安排:托运人 1 人、受理员 2 人(审核运单 1 人、检查货物包装 1 人)、验货司磅员 1 人、库管员 2 人(扣、贴标签 1 人、入库保管 1 人)、理货员 2 人(配货装车、到站卸货各 1 人)、司机(送货员)1 人、收货人 1 人。

(2) 资料准备:全国公路交通图、托运单、配装单、货物标签、零担货物交接单等。

(3) 器具设备:磅秤、叉车、零担货车、货物等。

(4) 任务执行:教师布置(或学生自己设计)零担货运内容,学生按流程以不同的角色模拟组织公路零担货运业务。

【任务实施】

公路零担货物运输的作业流程如图 1.16 所示。

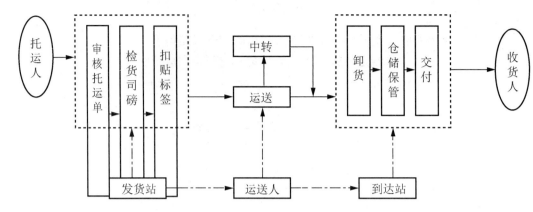

图 1.16 公路零担货运流程

一、受理托运

1. 填写托运单

办理零担货物运输,由托运人填写《公路零担货运托运单》,见表 1-9;需要通过中转换装的,填写《联运零担货物托运单》。

表 1-9 公路汽车零担货物托运单

托运日期 _____年___月___日
起运站_____ 到达站_____
托运单位(人)_____ 详细地址_____ 电话_____
收货单位(人)_____ 详细地址_____ 电话_____

货物名称	包 装	件 数	实际重量	计费重量	托运人注意事项
					1. 托运单填写一式两份; 2. 托运货物必须完好,捆扎牢固; 3. 不得捏报货物名,否则在运输过程中发生的一切损失,均由托运人负责赔偿; 4. 托运货物不得夹带易燃危险等物品; 5. 黑粗线以上各栏,由托运人详细填写
发货人 记载事项			起运站 记载事项		

进货仓位_____ 仓库管理验收员_____ 发运日期_____
到站交付日_____ 托运人(签章)_____

2. 托运单审核

运单审核员对托运人填写的托运单必须认真审核,确认无误后方可承运。

二、检货司磅

1. 核对运单

受理员核对货物品名、件数、包装标志,是否与托运单相符。逐件清点件数,防止发生差错。

2. 检查货物包装

一看：包装是否符合相关规定要求，有无破损、异迹；二听：有无异声；三闻：有无不正常的气味；四摇：包装内的衬垫是否充实，货物在包装内是否晃动。

3. 过磅量方

受理员通过过磅或量方来确定托运货物的重量，作为核算运费和发生事故后正确处理赔偿费用的重要依据。

4. 扣、贴标签、标志

认真详细填写零担标签的各栏，在每件货物的两端或正侧两面明显处各扣（贴）一张。

三、仓库保管

1. 验收入库

库管员认真核对运单与货物，照单验收入库。货物必须按流向堆码在指定的货位上。一批货物不要堆放两处，库内要做到层次分明、留有通道、互不搭肩、标签向外、箭头向上。

2. 仓库保管

库管员要经常检查仓库四周，清除安全隐患，保持仓库内外整洁。货物在仓库待运期间，要经常进行检视核对，以票对货、票票不漏。

四、开票收费

1. 运费的计算

零担货物托运收货后，根据司磅人员和仓库保管人员签字的零担货物托运单进行运费计算，并填写零担运输货票，见表 1-10。

表 1-10　公路汽车零担运输货票

编号：									年　　月　　日	
起点站		中转站		到达站			里程		备注	
托运人				详细地点						
收货人				详细地点						
货　名	包装	件数	体积(m³)			实际质量	计费质量	每百千克运价	合　计	
			长	宽	高					
										托运人签章
合　计										
车站：			填票人：			复核人：			经办人：	

2. 营收审核与报缴

营收人员每日工作完毕，必须将当天开出货票核联中的营收进款累计数与所收的现金、支票金额进行核对，还应根据零担货物单填制运营业收入日报，向主管公司或主管部门报缴。

五、配载装车

1. 货物配载

(1) 整理单据。理货员整理各种随货同行单据(包括提货联、随货联、托运单、零担货票及其他附送单据),按中转、直达分开。

(2) 编制货物交接清单。根据车辆核定吨位、车厢容积和起运货物的重量、理化性质、长度、大小、形状等合理配载,编制货物交接清单,见表1-11。

表1-11 公路汽车零担货物交接及结算清单

车属单位:_____　　　　　　　　编号:___　字第___号
车号:_____　吨位:_____　　年　月　日

原票记录			中转记录		票号	收货单位或收货人	品名	包装	承运路段				备注
原票起站	到达站	里程	中转站	到达站					件数	里程	计费质量	运费	
合　计													

附件	零担货票	发票	证明	上列货物已于　　月　　日经点件验收所随带附件。收讫无误			
				中转站:	到达站:	(盖章) 月 日	

填发站:_____　　　填单人:_____　　　驾驶员盖章:

2. 装车组织

(1) 备货。库管员接到《公路汽车零担货物交接及结算清单》后,应逐批核对货物台账、货位、货物品名、到站,点清件数,检查包装标志、票签或贴票。

(2) 交代装车任务。货物装车前,库管员要将待装货物按货位、按批量向承运车辆的随车理货员和装车工人交代货物品名、件数、性能及装车次序、装载要求、防护要领等。

(3) 监装。实行装车时,可采用"点筹对装法",由库管员发筹,随车理货员或驾驶员收筹,按筹点数核对。零担货物配运员与随车理货员(或驾驶员)根据零担货物配运计划监装,并以随货同行的托运单及附件为凭证按批点交。

3. 站车交接

起运站与承运车辆依据《公路汽车零担货物交接及结算清单》办理交接手续。按交接清单有关栏目,在监装时逐批点交,逐批接收。交接完毕后,由随车理货员或驾驶员在交接清单上签收。

六、车辆运行

行车途中,驾驶员(或随车理货员)应经常检查车辆装载情况,如发现异常情况,应及时处理或报就近车站协助处理。凡按规定停靠的中途站,车辆必须进站,并由中途站值班人员在行车路单上签证。

七、货物中转

需要中转的货物需以中转零担班车的形式运到规定的中转站进行中转，要由中转站值班人员在行车路单上签证。中转作业可采取坐车、过车、落地等方法进行。随车理货员或驾驶员协助中转站理货员共同完成零担货物中转作业。

八、到站卸货

1. 查单

零担班车到站后，车站货运人员应向随车理货员或驾驶员索阅货物交接清单以及随附的有关单证，两者要注意核对。如有不符，应在交接清单上注明不符情况。

2. 验货

检查车门、车窗及敞车的篷布覆盖、绳索捆扎有无松动、漏雨等情况。货物短缺、破损、受潮、污染和腐坏时，由到达站会同驾驶员(或随车理货员)验货，复磅签章后，填写商务事故记录单，按商务事故处理程序办理。

3. 卸货

按流向卸入仓库货位。

九、货物交付

1. 到货通知

零担到货卸货整理验收完毕后，到达本站的货物，一方面，应登入《零担货物到货登记表》，并迅速以"到货布告"形式和《到货通知单》或电话发出通知，催促收货人提货；另一方面，将通知的方式和日期记入到货登记簿内备查。逾期提取的按有关规定办理。对预约"送货上门"的货物，则由送货人按件点交完毕后，及时在提货单上加盖"货物交讫"，应立即组织送货上门。

2. 交货

收货人凭货票的提货联或到货通知单提取货物，库管员必须认真审核单据和提货人的有效证件，并由收货人在提货单上签字。零担货物交付时，应认真核对货物品名、件数和票签号码。如货件较多，要取货后集中点交，以免差错。货物交付完毕，收回提货单。

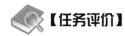

【任务评价】

对完成任务情况进行测评。

学习测评表

组别/姓名		班级		学号	
测评地点			日期		
项目名称	公路货物运输				
任务名称	组织公路零担货运				

续表

测评项目		优秀级评价标准	分值	本组评价30%	他组评价30%	教师评价40%
专业知识	准备工作	资料、道具准备齐全	5			
	随机提问	概念清楚，回答准确	10			
专业能力	填写托运单	托运单填写具体、清楚、准确	10			
	受理托运	准确审核运单、检查包装、估重量方、拴贴标签、收取运杂费	10			
	货物中转	中转方法恰当，交接准确	10			
	配载装车	充分利用车辆的吨位和容积，准确履行装车原则	10			
	变更处理	熟悉运输变更和解除的原则，处理方法正确	10			
	到站卸货及异常处理	认真核对单证及货物，对异常情况处理措施得当	10			
	货物交付	货物交付手续正确，无错发	10			
专业素养	活动过程	工作态度	5			
		沟通能力	5			
		合作精神	5			
合计			100			

任务四　计算公路货运运费

【知识要点】

一、运价要素

1．基本运价

(1) 整批货物基本运价，指1t整批普通货物在等级公路上运输的每吨千米运价(运价单位：元/吨·千米)。

(2) 零担货物基本运价，指零担普通货物在等级公路上运输的每千克千米运价(运价单位：元/千克·千米)。

(3) 集装箱基本运价，指各类标准集装箱重箱在等级公路上运输的每箱千米运价(运价单位：元/箱·千米)。

(4) 包车运输(运价单位：元/吨·小时)。

2．货物等级运价

1) 普通货物运价

实行分等计价，以一等货物为基础，二等货物加成15%，三等货物加成30%。

2) 特种货物运价

(1) 长大笨重货物运价。一级长大笨重货物在整批货物基本运价基础上加成40%～60%，二级长大笨重货物在整批货物基本运价的基础上加成60%～80%。

(2) 危险货物运价。一级危险货物在整批(零担)货物基本运价基础上加成 60%~80%，二级危险货物在整批(零担)货物基本运价的基础上加成 40%~60%。

(3) 鲜活货物运价。鲜活货物运价在整批(零担)货物基本运价基础上加成 40%~60%。

(4) 贵重货物运价。贵重货物运价在整批(零担)货物基本运价基础上加成 40%~60%。

(5) 快运货物运价。快运货物运价按计价类别在相应运价基础上加成 40%。

3. 吨、箱次费

(1) 吨次费。对短途整批货物运输在计算运费的同时，按货物重量加收吨次费。

(2) 箱次费。计算汽车集装箱运输运费时，加收箱次费。箱次费按不同箱型分别确定。

二、计费重量

(1) 整批货物运输以吨为单位，吨以下计至 100kg，尾数不足 100kg 的，四舍五入。装运整批轻泡货物的高度、长度、宽度，以不超过有关道路交通安全规定为限度，按车辆标记吨位计算重量。

(2) 零担货物运输以千克为单位，起码计费重量为 1kg。重量在 1kg 以上，尾数不足 1kg 的，四舍五入。零担运输轻泡货物以货物包装最长、最宽、最高部位尺寸计算体积，按每立方米折合 333kg 计算重量。

三、计费里程

(1) 货物运输的计费里程按装货地点至卸货地点的实际载货的营运里程计算；营运里程以省、自治区、直辖市交通部门核定的营运里程为准，未经核定的里程，由承、托双方商定。

(2) 同一运输区间有两条(含两条)以上营运路线可供行驶时，应按最短的路线计算计费里程或按承、托双方商定的路线计算计费里程。

(3) 拼装分卸货物，其计费里程为从第一装货地点起至最后一个卸货地点止的载重里程。

(4) 出入境汽车货物运输的境内计费里程以交通主管部门核定的里程为准；境外里程按毗邻国(地区)交通主管部门或有权认定部门核定的里程为准。未核定里程的，由承、托双方协商或按车辆实际运行里程计算。

(5) 因自然灾害造成道路中断，车辆需绕道而驶的，按实际行驶里程计算。

(6) 城市市区里程按当地交通主管部门确定的市区平均营运里程计算；当地交通主管部门未确定的，由承、托双方协商确定。

四、包车货运计费时间

计时包车货运计费时间以小时为单位。起码计费时间为 4h；使用时间超过 4h，按实际包用时间计算。整日包车，每日按 8h 计算；使用时间超过 8h，按实际使用时间计算。时间尾数不足半小时舍去，达到半小时进整为 1h。

五、其他费用

调车费、延滞费、装货(箱)落空损失费、道路阻塞停运费、车辆处置费、劳务费、过路过桥费、运输变更手续费等。

六、计费公式

(1) 整车货物运费＝吨次费×计费重量＋整车货物运价×计费重量×运输里程＋其他费用。
(2) 零担货物运费＝零担货物运价×计费重量×运输里程＋其他费用。
(3) 重(空)集装箱运费＝重(空)箱运价×计费箱数×计费里程＋箱次费×计费箱数＋货物运输其他费用。
(4) 包车运费＝包车运价×包车车辆吨位×计费时间＋其他费用。

七、收款办法

(1) 预收费用。指托运人在货物运输之前将运杂费预付给承运人,在结算时多退少补。
(2) 现金结算。指按每次实际发生的运杂费总额向托运人收取现金。
(3) 托收结算。指承运人先垫付运杂费,定期凭运单回执汇总所有费用总额,通过银行向托运人托收运费。

【任务安排】

(1) 角色安排：信息员 1 人、计费员 1 人、财务人员 2 人。
(2) 资料准备：全国公路里程表、货物分类表、汽车货物运价表、托运单等。
(3) 器具准备：计算机、计算器、货运发票等。
(4) 任务执行：教师布置(或学生自己设计)公路整车、零担或集装箱货运内容,学生按流程完成运费计算及填制货票任务。

【任务实施】

公路货运运费计算流程如图 1.17 所示。

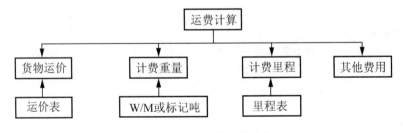

图 1.17　公路运费计算流程

一、确定货物基本运价

1. 查找基本运价

计费员根据发货人所托运的货物种类、运输方式、起讫地点等,查询该公司《汽车货物基本运价表》(样表见表 1-12),查得整车、零担或集装箱货物的基本运价。

表 1-12 深圳至全国各地城市公路整车、零担货运运价表

区划	地点	整车				零担 1t 以上或(5m³ 以上)晚上发车			
			46m³	56m³					
		时间/h	车/元	车/元	车程/km	地点	重货(千克/元)	轻货(米³/元)	时间/h
华东区	上海	72	8 500	9 500	2 009	上海	0.80	180	72
	南京	72	8 500	9 500	1 990	南京	0.80	180	72
	杭州	72	8 000	9 000	2 430	杭州	0.70	170	72
	宁波	72	8 000	9 000	1 700	宁波	0.75	180	72
	温州	72	8 000	9 000	1 700	温州	0.75	180	72
华中区	武汉	48	5 000	6 000	1 540	武汉	0.60	160	48
	南昌	48	4 300	4 800	1 189	南昌	0.55	150	48
	长沙	48	4 300	4 800	1 070	长沙	0.55	150	48
华南区	福州	48	4 500	5 000	1 200	福州	0.55	150	48
	厦门	48	4 500	5 000	1 070	厦门	0.50	150	48
	汕头	24	2 500	3 500	58	汕头	0.45	130	24
	湛江	24	2 500	3 500	163	湛江	0.50	140	24
	南宁	48	3 600	4 100	1 105	南宁	0.50	150	48
	北海	24	3 800	4 300	897	北海	0.45	150	24
	海口	48	3 800	4 300	渡海	海口	0.50	150	48
西南区	重庆	120	9 500	10 000	2 521	重庆	0.95	190	120
	成都	120	9 500	10 000	2 904	成都	1.00	200	120
	贵阳	108	8 500	9 000	1 605	贵阳	0.80	180	108
	昆明	108	8 500	9 000	1 895	昆明	0.80	180	108
西北区	西安	120	9 500	10 000	2 514	西安	0.90	190	120
	兰州	130	10 500	12 000	3 391	兰州	1.20	260	130
	乌鲁木齐	192	16 000	21 000	4 890	乌鲁木齐	2.40	350	192
华北区	哈尔滨	144	12 500	13 500	4 326	哈尔滨	2.00	280	144
	长春	135	12 000	13 000	4 058	长春	1.80	260	135
	沈阳	132	11 000	13 000	3 540	沈阳	1.30	230	132
	大连	132	11 000	13 000	3 820	大连	1.20	220	132
	太原	120	8 500	9 500	2 688	太原	0.90	190	120
	青岛	96	8 500	9 500	2 797	青岛	0.90	180	96
	北京	84	9 500	11 000	2 850	北京	0.90	180	84
	天津	96	9 500	11 000	2 800	天津	0.90	180	96
	石家庄	84	8 000	9 000	2 560	石家庄	0.80	180	84
	郑州	72	6 500	7 500	2 130	郑州	0.70	170	72

注：以上价格可随市场价做适当调整，货多从优。如货物要搬到客户指定的楼层，则搬运费由收货人核实为准。零担重货按千克计算，轻货按立方米计算，免费上门接货。

2．确定货物等级

计费员根据发货人所托运的货物类别，若是普通货物，查询《普通货物分类》(表 1-2)，确定普通货物的等级和相应的加成率；若是特种货物，查询《特种货物分类》(表 1-3)，确定

长大笨重货物、危险货物、鲜活易腐货物及贵重货物的等级和相应的加成率。

二、确定计费重量

(1) 一般货物，无论是整批货物还是零担货物，计费重量均按毛重计算。轻泡货物以货物包装最长、最宽、最高部位尺寸计算体积，按每立方米折合 333kg 计算重量。

(2) 包车运输按车辆的标记吨位计算。

(3) 散装货物，如砖、瓦、砂、石、土、矿石、木材等，按体积由各省、自治区、直辖市统一规定重量换算标准计算重量。

(4) 集装箱货物按箱计算。

三、确定计费里程

根据托运货物的起讫地点，查询交通部和各省、自治区、直辖市交通行政主管部门核定、颁发的《营运里程图》，查询相关的公路里程表，如图 1.18 所示。《营运里程图》未核定的里程由承、托双方共同测定或经协商按车辆实际运行里程计算。货物运输计费里程以千米为单位，尾数不足 1km 的，进整为 1km。若采用线路运价则不考虑里程数。

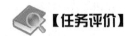

图 1.18　全国主要城市间公路里程表(单位：km)

四、核算其他费用

查询运输业务涉及的各项杂费，按实收取。

五、计算运杂费

选择合适的计费公式，正确计算，填制货票。

【任务评价】

对完成任务情况进行测评。

学习测评表

组别/姓名		班级		学号	
测评地点		日期			
项目名称	公路货物运输				
任务名称	计算公路货运运费				
测评项目		优秀级评价标准	分值	本组评价30%	他组评价30%	教师评价40%
---	---	---	---	---	---	---
专业知识	准备工作	资料、道具准备齐全	5			
	随机提问	概念清楚,回答准确	10			
专业能力	运价	会查询公路运价表,熟悉公司现行整车、零担运价	10			
	货物分类	根据托运货物,查询货物分等表,准确分类、分级	10			
	计费重量	掌握重量货、体积货、包运货、散装货的计量方法,正确计量	10			
	计费里程	利用公路里程表结合实际营运路线确定计费里程	10			
	计算运杂费	正确收取运输杂费,计算方法得当,结果正确	10			
	填制货票	正确填制货票,交接准确	10			
	统计	正确统计营收情况,会做报表	10			
专业素养	活动过程	工作态度	5			
		沟通能力	5			
		合作精神	5			
合　　计			100			

【练习与思考】

一、填空题

1. 我国将公路按其行政等级及使用性质划分为_____、_____、_____、_____和_____,实行分级管理。
2. 交通控制设备主要包括_____、_____和_____3类。它的功能主要是对车辆、驾驶员和行人起_____、_____和_____作用。
3. 公路交通信号分为_____、_____、_____和_____。
4. 载货汽车按其载重量的不同分为_____、_____、_____和_____。
5. 公路货运站按货物对象可分为_____、_____、_____。
6. 货物包装检查的方法有_____、_____、_____。
7. 货物重量确定的方法有_____、_____、_____。
8. 通常需要押运的货物有_____。
9. 零担货物的货源组织方法有_____、_____、_____、_____、_____。
10. 公路零担货物货物的单件体积一般不小于_____m^3,不超过_____m^3;货物最长部分不超过_____m，最宽部分不超过_____m，最高部分不超过_____m。

11. 零担货物受理托运的方式有_____、_____、_____。

12. 公路货物运价按营运的方式分为_____货物运价、_____货物运价、_____货物运价以及_____货物运价。

13. 整批货物运输在计算运费时通常按货物重量加收_____；汽车集装箱运输货物在计算运费时要加收_____。

14. 整批货物运输以吨为单位，_____吨以下计至_____kg，尾数不足_____kg，四舍五入。

15. 零担货物运输以_____为单位，起码计费重量为_____kg。重量在1kg以上，尾数不足1kg的，四舍五入。

二、单选题

1. 公路货物运输主要是指(　　)。
   A. 拖拉机运输　　B. 畜力车运输　　C. 汽车运输　　D. 客车运输

2. 以下车辆通常不能单独载货的是(　　)。
   A. 牵引车　　B. 自卸车　　C. 全挂车　　D. 半挂车

3. 公路技术等级的划分依据主要是(　　)。
   A. 地形　　B. 交通量　　C. 路面等级　　D. 行车速度

4. 公路办理货运及仓储保管等物流业务场所称为(　　)。
   A. 堆场　　B. 停车场　　C. 货运站　　D. 汽车站

5. 重载挂车是大载重量的挂车，其载重量通常可达到(　　)。
   A. 200~300t　　B. 100~200t　　C. 50~200t　　D. 400~600t

6. 公路整车货物运输是指托运人一次托运的货物计费总量在(　　)以上的货物运输。
   A. 3t　　B. 5t　　C. 8t　　D. 10t

7. 车辆配装时，应遵循的原则是(　　)。
   A. 重不压轻，后送后装　　B. 重不压轻，后送先装
   C. 轻不压重，后送后装　　D. 轻不压重，后送先装

8. 以下托运人必须派人押送的货物是(　　)。
   A. 活动物　　B. 冷藏货物　　C. 危险品　　D. 笨重货物

9. 下列不属于零担货物运输特点的是(　　)。
   A. 货源难以确定　　B. 运输速度较快　　C. 组织工作复杂　　D. 运输成本较高

10. 公路零担货物的运输车辆以(　　)为主。
    A. 集装箱货车　　B. 厢式货车　　C. 拖挂货车　　D. 敞式货车

11. 零担货物中转作业最经济的方式是(　　)。
    A. 坐车法　　B. 落地法　　C. 过车法　　D. 平移法

12. 下列物品不能作为零担运输的是(　　)。
    A. 活鱼　　B. 计算机　　C. 书籍　　D. 棉被

13. 装运整批轻泡货物的计费重量按(　　)算。
    A. 实际重量　　B. 体积重量　　C. 折算重量　　D. 车辆标记吨位

14. 计时包车货运计费时间以小时为单位，起始计费时间为(　　)小时。
    A. 2　　B. 4　　C. 6　　D. 8

15. 应托运人要求,车辆调出所在地而产生的车辆往返空驶,计收( )。
   A. 延滞费　　　　B. 装货落空损失费　C. 调车费　　　　D. 空驶费

三、简述题

1. 简述整车货物运输的受理方法。
2. 简述汽车整车货物运输的操作流程。
3. 简述公路零担货源的组织工作。
4. 简述公路零担货物运输的作业流程。

四、讨论题

1. 讨论公路货运车辆的发展趋势。
2. 讨论公路甩挂运输的发展方向。
3. 讨论我国零担货运市场的现状与发展趋势。

五、计算题

从济南运往南京 5t 大米(25 千克/袋×200 袋),货值 10 000 元,大米属二等普通货物,运价 0.35 元/吨·千米,两地里程 680km,装卸费 8.00 元/吨,单程空驶计收 50%,保价费率 3‰,计算运费,填制货票。

汽车货运理货员基础岗位

一、职业范围

从事汽车货物运输的受理、发还、装卸、中转、联运、理货、填验单据和登记、结算等工作。

二、职业标准

初、中、高级汽车理货员的职业标准见表 1-13、表 1-14。

表 1-13　初级和中级汽车理货员职业标准

职业标准	初级		中级	
	工作内容	技能要求	工作内容	技能要求
受理	货物安全检查	(1) 能确定货物类别; (2) 能识别危险货物标志、标识; (3) 能识别禁运与限运货物; (4) 能检查货物包装	货源组织	(1) 能利用电话、信函等进行业务受理; (2) 能收集货主及货源信息
	称重计费	(1) 能填写、审核和认定托运单; (2) 能称取货物重量、测量货物体积、核定计费重量; (3) 能确定计费里程; (4) 能选定运价费率; (5) 能确定收费项目; (6) 能计算运费、开票收费; (7) 能办理保价运输、货运保险	签订合同	(1) 能洽谈货运业务; (2) 能识读运输合同条款; (3) 能签订单次运输合同

续表

职业标准	初级		中级	
	工作内容	技能要求	工作内容	技能要求
仓储保管	装卸搬运	(1) 能设计搬运方案； (2) 能监管装卸搬运； (3) 能按《货物装车交接清单》配货、装车； (4) 能点件装车、卸车及验收	入库堆码	(1) 能划分库区； (2) 能识别库区货位编码； (3) 能使用高位货架堆码货物； (4) 能选用装卸机械码放货物
	入库堆码	(1) 能根据运单核对货物； (2) 能确定库区货位； (3) 能将货物放到指定货位； (4) 能手工散堆及堆垛货物	安全管理	(1) 能使用干粉、二氧化碳、泡沫等灭火器灭火； (2) 能使用防盗设施设备进行安全防护； (3) 能进行仓储安全作业管理
	货物保管	(1) 能识别货物完好状况； (2) 能使用库区温湿度控制装备； (3) 能防霉除霉、除虫灭鼠		
转运交付	联运中转	(1) 能填写多式联运单证； (2) 能办理出入库手续	联运中转	(1) 能制订中转作业方案； (2) 能优化联运方式； (3) 能起草多式联运合同
	货物交付	(1) 能及时通知提货人； (2) 能查验提货证明； (3) 能点验货物提取单证； (4) 能填写货物的件数及包装； (5) 能填制货运事故记录单证； (6) 能核定实际收费项目费用	结算交付	(1) 能处理费用结算纠纷； (2) 能处理货运质量事故
			信息反馈	(1) 能收集整理客户意见和建议； (2) 能反馈客户意见和建议

表 1-14 高级汽车理货员职业标准

职业标准	工作内容	高级技能要求
受理	货源组织	(1) 能利用网络通信等现代化方式完成业务受理； (2) 能制订货源组织方式； (3) 能整理分析货主及货源信息
	签订合同	(1) 能进行业务洽谈； (2) 能签订长期、批量运输合同
	市场调查	(1) 能设计市场调查方案； (2) 能制订工作进度安排表和人员分工方案； (3) 能分析调查结果
仓库保管	货物管理	(1) 能利用计算机进行库位管理； (2) 能对库区货位进行编码； (3) 能运用条码技术管理货物； (4) 能通过 EDI 系统等与货主交换仓储货物数据
	安全管理	(1) 能制订仓储安全管理制度； (2) 能利用视频监控系统监控仓库安全

续表

职业标准	工作内容	高级技能要求
跟踪交付	货物跟踪	(1) 能利用 GPS 等手段对货物进行跟踪和实时监控； (2) 能处理中毒、爆炸等突发事件
	结算交付	(1) 能通过网络办理货物跟踪交付手续； (2) 能通过网络结算费用
	售后服务	(1) 能进行定期回访等跟踪服务； (2) 能建立客户网络； (3) 能处理客户投诉
	处理事故	(1) 能统计、汇总、分析货运质量事故； (2) 能制订货运质量事故处理方案
培训指导	培训	(1) 能培训初、中级货运管理员； (2) 能编写培训讲义
	指导	能对初、中级货运管理员进行业务指导

其他公路货运基础岗位

其他公路货运基础岗位及职责见表 1-15。

表 1-15 其他公路货运基础岗位及职责

岗 位	职 责
汽车货运调度员	一、岗位职责 (1) 根据运输管理的基本原则，合理利用运力，安全、高效、准确、及时地运送货物。 (2) 根据运量变化等情况，认真编制日班计划，交领导审批后下达。 (3) 根据货物种类、运距、运量、运价等因素，选派合适的车辆。 (4) 记录车辆出发时间、交货时间及返回时间，提高运输的时效性。 (5) 督促检查运输计划的执行情况，及时解决相关问题。 (6) 汇总货物运输相关资料。 二、工作流程 1. 发布调度令 调度命令的发布应按有关规定办理，并应做到以下 3 点： (1) 指挥汽车运行的命令和口头指示，只能由调度员发布。汽车的加开、停运、折返、变更径路及车辆甩挂的命令，由调度员发布，其他人员无权发布。 (2) 调度命令发布前，应详尽了解现场情况，书写命令内容、受令单位必须正确、完整、清晰，先拟后发，发布时要复诵核对。 (3) 调度员发布行车命令，要一事一令，不得填写其他内容。遇有不正确的文字不准涂改，应圈掉后重新书写。调度命令日期的划分，以零时为界。日循环及月循环命令号码的起讫时间，均以 18 时划分。各级调度命令应妥善保管一年。 2. 登记调度令 调度员发布调度命令时应先登记于调度命令登记簿内，然后发布。发、收调度命令时，需填记《调度命令登记簿》(表 1-5)。 3. 交付调度令 调度员向司机、运转车长发布调度命令时，当司机不在时，应发给有关乘务室负责转达。在具备良好转接设备和录音装置的条件下，调度员可根据规定，使用无线调度电话，直接向司机发布口头指示

续表

岗 位	职 责
汽车货运押运员	一、岗位职责 (1) 随车押运货物。 (2) 监督货物装卸，并给予必要的指导。 (3) 途中照料货物，并采取必要的安全措施，保证货运安全。 (4) 严守机密。不得向任何人泄露守护目标的位置、结构、设施和押运时间、地点、线路、数量等信息。不准在电话和其他场合谈论守卫、押运事项。 (5) 及时处理车辆、货物发生的意外。发现异常情况及时向有关领导反映，妥善处理。 二、工作流程 1. 了解情况 掌握押运途中的路情和社会治安保卫力量情况，具体如下： (1) 路情。熟悉路基情况，是柏油路还是水泥路，道路宽度如何，有多少个"Z"形急转弯和多少座桥梁，沿189要穿过多少个闹市区。还要注意雨雪天对道路造成的危害。 (2) 向当地派出所详细了解近几年的沿途盗窃活动、当地车匪路霸活动等社会治安情况。 2. 制订预案 接到执行押运命令之后，保卫部门应迅速拟定预案。预案内容包括运送时间、地点、路线、执行押运任务的负责人和遇异常情况所采取的措施等。 3. 押运登记 填写押运登记表送领导审核、签发。出发前，押运负责人向全体押运人员讲明押运途中有关注意事项。 4. 行前检查 详细检查车辆、警卫设备、通信器材等是否完好，手续是否齐全。 5. 安全押运 严格执行押运守则和途中的规章制度，严禁途中走亲访友，严禁携带易燃易爆物品和其他无关物品。要严格保密，不准向无关人员泄漏押运事项，严禁途中无故停留。押运途中，要时刻保持高度的警惕性，服从命令、听从指挥。需要在途中就餐时，应保证双人守卫，轮流就餐。 6. 排障应急 (1) 若车辆在途中发生故障，被迫停驶时，押运负责人应根据停车位置和当时情况，指挥司机尽快抢修，排除故障。 (2) 当车辆发生车祸，丧失继续运行能力时，押运员要组织力量想方设法保护好现场。同时，派人与附近交通监理部门取得联系，请求帮助处理。并将发生的情况迅速报告上级领导，以便尽快派人派车。 (3) 发生火灾时，指挥员应迅速组织灭火，奋勇抢救，同时要加强。 7. 总结汇报 押运任务完成后，要认真总结，吸取经验和教训，并将有关情况向领导汇报
叉车司机	一、岗位职责 (1) 使用电动或燃油叉车对物资或产品进行装卸、移动及堆放。 (2) 在指定区域，安全堆放物资。 (3) 为工作区供应物资。 (4) 保养叉车，保持车辆清洁，安全运行。 二、工作流程 1. 接受调度指令 叉车司机以接受调度指令作为取货工作的开始，严格按照要求完成装卸作业。

续表

岗 位	职 责
叉车司机	2. 开车前检查 接通总电源，插入钥匙，鸣喇叭，发出开车信号；检查换向开关是否在所要求的行驶位置；检查脚踏制动器和手制动器是否松开。 3. 行驶 叉车行驶过程中应注意以下事项： (1) 车速适当，不得超速。 (2) 停车时，先松开踏板(速度控制器)，视叉车速度降低，再踏下制动踏板。 (3) 避免油泵电动机与行驶电动机同时工作，以免降低蓄电池使用寿命。 (4) 叉车转弯时必须降低行驶速度。 (5) 叉车行驶中若突然失灵，应立即拉开电源总开关，并且踏下制动踏板制动叉车，以免发生意外。 4. 取货 取货是叉车进行装卸、搬运、堆码作业时最基本的操作，为确保安全高效，应按以下步骤进行： (1) 空车到位。叉车开至待取托盘(货物)旁边停稳。 (2) 门架竖直。向前推倾手柄，门架前倾复原到垂直位置。 (3) 升叉对位。向后扳升降手柄，提升货叉，使叉尖对准托盘叉孔或货下间隙。 (4) 缓行进叉。门架微微前倾，叉车缓行向前，使货叉入托盘叉孔或货下间隙。 (5) 升叉载货。门架先恢复垂直位置，向后扳升降手柄，货叉上升至叉车可以离地开行的高度。 (6) 门架后倾。向后扳倾斜手柄，门架后倾至极限位置。 (7) 载货后退。缓解制动，叉车后退至货物可以下放的位置。 (8) 降叉运行。向前推升降手柄，下放货叉至运行高度(距地面300mm)，启动，驶向放货地点。 5. 放货 同取货步骤。 6. 完成工作，交付指令 叉车司机完成装卸任务后，应及时向调度员交付指令，并检查叉车状况，发现问题及时报告，如无问题，应将叉车驶入车库，关闭电源

项目二

水路货物运输

SHUILU HUOWU YUNSHU

【学习目标】

知识目标	技能目标
(1) 描述港口、码头、船舶、航线的结构和功能。	(1) 能够采用网络、电话、"扫楼"等多种方式揽货。
(2) 理解班轮运输的定义和主要货运单证的含义。	(2) 能够审核、接受客户委托,合理报价并订舱。
(3) 描述班轮运输和租船运输的业务流程与组织。	(3) 能够填写、审核水运及贸易单证,查验货物。
(4) 识记水运合同填制与运费计算的规范和要求。	(4) 能够审核、签订水运合同,计算并核收运费。

 任务一 认知水路货运系统

【知识要点】

水路货物运输是利用船舶等水运工具,在江、河、海及人工运河等水道运送货物的一种运输方式。

水路货运系统的组成如图 2.1 所示。

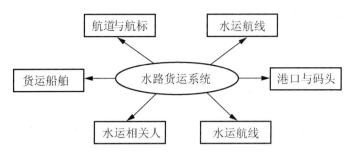

图 2.1 水路货运系统

一、货运船舶

货船是专门在水上航道运输各种货物的工具,又称商船。货船分类如图 2.2 所示。

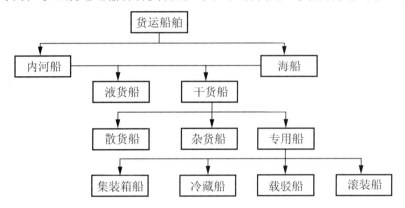

图 2.2 货船分类

内河船航行于内陆江、河、湖泊、水库,船体尺度小、吃水浅、设备简单,如图 2.3 所示。

(a) 散货船

(b) 杂货船

图 2.3 内河船舶

海船宜于海上长距离运输货物，船体尺度大、吃水深、设备复杂，如图 2.4 所示。

(a) 散货船

(b) 集装箱船

(c) 液货船

(d) 滚装船

图 2.4　海洋船舶

船舶按其用途主要分为以下 7 种类型：

1．液货船

液货船是专门载运液体货物的船舶，如图 2.4(c)所示。液体货物主要有油、液化气、淡水和化学药液等，其中运量最大的是石油及其制品。按载运的货物不同，液货船又可分为油轮、成品油船、液化天然气船、液化石油气船、液体化学品船等。

(1) 油轮是专门用于载运原油的船舶。油船的特点是机舱都设在船尾，船壳本身被分隔成数个储油舱，以油管贯通各油舱。油轮以散装原油为主要承运对象，目前，世界上最大的油轮可装载 55 万吨原油，习惯上把载重量在 20 万吨以上，30 万吨以下的油轮称为大型油轮，把 30 万吨以上的称为超大型油轮，油轮装卸一般靠带泵的管道系统完成。

(2) 成品油船是专门载运柴油、汽油等石油制品的船舶。其结构与原油船相似，但吨位较小，有很高的防火、防爆要求。

(3) 液化天然气船。液化天然气主要是甲烷，在常压下极低温(-165℃)冷冻才能使天然气液化，液化后的体积只有气态时的 1/600，因而便于运输；液舱有严格的隔热结构，形状有球场形和矩形。

(4) 液化石油气船。液化石油气船分为全加压式液化石油气船、全冷冻式液化石油气船和半加压半冷冻式液化石油气船 3 种。

(5) 液体化学品船。液体化学品多数是有毒、易燃、腐蚀性强的，且品种多，因此，船舶多为双层底，货舱多且小。

2．散货船

散货船是用以装载无包装的大宗货物的船舶，如图 2.4(a)所示。散货船专用于运送煤炭、矿砂、谷物、化肥、水泥、钢铁等散装物资。按载运的货物不同，又可分为矿砂船、运煤船、散粮船、散装水泥船、运木船等。这种船大都为单甲板，舱内不设支柱，但设有隔板，用以防止在风浪中运行的舱内货物错位。依照不同的散货品种，装卸时采用大抓斗、吸粮机、装煤机、皮带输送机等专门的机械。

3. 杂货船

杂货船又称普通货船、通用干货船或统货船，主要用于装载一般包装、袋装、箱装和桶装的件杂货物。由于杂货物的批量较小，杂货船的吨位也较散货船和油船为小。典型的载货量在1万～2万吨，一般为双层甲板，配备完善的起货设备。货舱和甲板分层较多，便于分隔货物。新型的杂货船一般为多用途型，既能运载普通件杂货，也能运载散货、大件货、冷藏货和集装箱。其特征是货舱设计成多层甲板结构，通常为2～3层甲板，为便于装卸，各货舱的舱口尺寸均较大，并配吊杆(2～5t)或起重机(120t)，一般设3～6个货舱。杂货船一般定期航行于货运繁忙的航线，以装运零星杂货为主。

4. 集装箱船

集装箱船又称箱装船、货柜船或货箱船，是一种专门载运集装箱的船舶，如图2.4(b)所示。其全部或大部分船舱用来装载集装箱，往往在甲板或舱盖上也可堆放集装箱。

集装箱船可分为部分集装箱船、全集装箱船和可变换集装箱船3种。

(1)部分集装箱船。仅以船的中央部位作为集装箱专用舱位，其他舱位仍装普通杂货。

(2)全集装箱船。它指专门用以装运集装箱的船舶。它与一般杂货船不同，其货舱内有格栅式货架，装有垂直导轨，便于集装箱沿导轨放下，四角有格栅制约，可防倾倒。集装箱船的舱内可堆放3～9层集装箱，甲板上还可堆放3～4层。

(3)可变换集装箱船。其货舱内装载集装箱的结构为可拆装式的，因此，它既可装运集装箱，必要时也可装运普通杂货。

集装箱船航速较快，大多数船舶本身没有起吊设备，需要依靠码头上的起吊设备进行装卸。这种集装箱船也称为吊上吊下船。

5. 冷藏船

冷藏船是运送肉、鱼、蔬菜和水果等易腐货物的专用船舶。其往往设多层甲板，一般有4～8层，货舱内通常分隔成若干独立的封闭空间。船上具有大功率的制冷装置，可以在比较恶劣的环境中，使各冷藏货舱内保持货物所需的适当的温度。其船舶结构与杂货船相近，但货舱口较小，货舱具良好的隔热功能，并配有大能量的制冷装置。由于受货源批量的限制，冷藏船的吨位一般在万吨以下。目前，用于装运冷藏货物的冷藏集装箱发展迅速，由于其运输方便，所以在某种程度上取代了冷藏船的运输。

6. 载驳船

载驳船是专门载运货驳的船舶，又称母子船，即可搭载驳船且驳船内装载货物的船舶。其运输方式与集装箱运输方式相仿，因为货驳也可视为能够浮于水面的集装箱。其运输过程是将货物先装载于统一规格的方形货驳(子船)上，再将货驳装上载驳船(母船)，载驳船将货驳运抵目的港后，将货驳卸至水面，再由拖船分送各自目的地。载驳船的特点是不需码头和堆场，装卸效率高，便于海-河联运。但由于造价高，货驳的集散组织复杂，其发展也受到了限制。

7. 滚装船

滚装船是利用车辆上下装卸货物的多用途船舶,如图2.4(d)所示。将装有集装箱等大件货物的挂车和装有货物的带轮的托盘作为货运单位,由牵引车或叉车直接进出货舱进行装卸。滚装船装运的货物主要是汽车和集装箱。这种船本身不需装卸设备,装卸时,在船的尾部、舷侧或首部,有跳板放到码头上,汽车或者是集装箱(装在拖车上的)直接开进或开出船舱,实现货物的装卸。滚装船又称开上开下船或滚上滚下船。

滚装船对码头要求低,装卸效率高,船速较快,可加速船舶周转,但舱容利用率低,造价高。

二、水上航道

现代的水上航道已不仅是指天然航道,而且应包括人工航道、进出港航道以及保证航行安全的航行导标系统和现代通信导航系统在内的工程综合体。

1. 海上航道

海上航道属自然水道,其通过能力几乎不受限制。但是,随着船舶吨位的增加,有些海峡或狭窄水道会对通航船舶产生一定的限制。例如,位于新加坡、马来西亚和印度尼西亚之间的马六甲海峡,为确保航行安全、防止海域污染,三国限定通过海峡的油船吨位不超过22万吨,龙骨下水深必须保持3.35m。

2. 内河航道

内河航道大部分是利用天然水道加上引航的导标设施构成的。对于航运管理人员来说,应该了解有关航道的一些主要特征,例如,航道的宽度、深度、弯曲半径、水流速度、过船建筑物尺度以及航道的气象条件和地理环境等。

3. 人工航道

人工航道又称运河,是由人工开凿,主要用于船舶通航的河流。人工航道一般都开凿在几个水系或海洋的交界处,以便使船舶缩短航行里程,降低运输费用,扩大船舶通航范围,进而形成一定规模的水运网络。世界著名的人工航道有苏伊士运河、巴拿马运河等。

(1) 苏伊士运河。通航水深16m;通行船舶最大为满载15万吨或空载37万吨的油船;通行方式为单向成批发船和定点会船;通过时间10~15h。

(2) 巴拿马运河。通航水深3.5~26.5m;通行船舶为6万吨级以下或宽度不超过32m的船只;通过时间16h左右。

三、航标

航标又称助航标志,是用以帮助船舶定位、引导船舶安全航行、表示警告和指示障碍物的人工标志。为了保证进出口船舶的航行安全,每个港口、航线附近的海岸均有各种助航设施。永久性航标的位置、特征、灯质、信号等已载入各国出版的航标和海图。

1. 海区航标

海区航标指在海上的某些岛屿、沿岸及港内重要地点所设的用以表示航道、锚地、碍船物、浅滩等,或作为定位转向的标志。按照工作原理分类,海区航标分为视觉航标、音响航标、无线电航标3种。

(1) 视觉航标。它白天以形状、颜色和外形,夜间以灯光颜色、发光时间间隔、次数、射程及高度来显示,能使驾驶人员通过直接观测迅速辨明水域,确定船位,安全航行,是使用最多的航标。常见的视觉航标有灯塔、灯船、浮标、灯桩、立标、系碇设备和各种导标。

(2) 音响航标。它是能发出规定响声的助航标志。它可在雾、雪等能见度不良的天气中向附近船舶表示有碍航物或危险,包括雾号、雾笛、雾钟、雾锣、雾哨、雾炮等。音响航标通常指雾号,即下雾时按照规定的识别特征发出的音响信号,一般听程仅为几海里。音响航标根据工作原理分为气雾号、电雾号与雾情探测器,气雾号用压缩空气驱动发声,电雾号以电能驱动发声,雾情探测器能自动测量通风度和开启电雾号。

(3) 无线电航标。利用无线电波的传播特性向船舶提供定位导航信息的助航设施。包括无线电指向标、无线电导航台、雷达应答标、雷达指向标和雷达反射器等。

2. 内河航标

内河航标指设于内河沿岸或内河中,用以准确标出江河航道的方向、界限、水深和水中障碍物,预告洪讯,指挥狭窄和急转弯水道的水上交通,引导船舶安全航行的标志。

内河航标一般分为 3 等:在航运发达的河道上设置一等航标,由岸杆和浮标交相组成,夜间全部发光,保证船舶昼夜都能从一个航标看到次一个航标;在航运较为发达的河段上设置二等航标,它的密度较一等为稀,夜间只有主航道上的航标发光,亮度也较弱;在航运不甚发达的河段上设置三等航标,密度稀,夜间不发光,船舶只能利用航标和天然参照在白天航行。内河航标的种类很多,各国不尽相同。我国内河航标目前分为航行标志、信号标志和专用标志 3 类,共计 19 种。

(1) 航行标志。航行标志用于标示内河安全航道的方向和位置等,有过河标、接岸标、导标、过河导标、首尾导标和桥涵标 6 种。例如,过河标,标示跨河航道的起点或终点,引导由对岸驶来的船舶过河,同样引导沿本岸驶来的船舶,在标志达到本船正横的时候驶往对岸;接岸标,标示沿着河岸的航道,指示船舶继续沿着本岸行驶。

(2) 信号标志。信号标志是用于标示航道深度、架空电线和水底管线位置,预告风讯,指挥弯曲狭窄航道的水上交通的标志,有水深信号杆、通行信号杆、鸣笛标、界限标、电缆标、横流浮标、风讯信号杆 7 种。

(3) 专用标志。专用标志用于指示内河中有碍航行安全的障碍物,有三角浮标、浮鼓、棒形浮标、灯船、左右通航浮标、泛滥标 6 种。

四、航线和航次

1. 航线

航线有广义和狭义的定义。广义的航线是指船舶航行起讫点的线路;狭义的航线是船舶航行在海洋中的具体航迹线,也包括画在海图上的计划航线。

1) 按船舶营运方式分类

(1) 定期航线。使用固定的船舶,按固定的船期和港口航行,并以相对固定的运价经营客货运输业务的航线。定期航线又称班轮航线,主要装运杂货物。

(2) 不定期航线。临时根据货运的需要而选择的航线。船舶、船期、挂靠港口均不固定,是以经营大宗、低价货物运输业务为主的航线。

2) 按航程的远近分类

(1) 远洋航线。航程距离较远,船舶航行跨越大洋的运输航线,如远东至欧洲和美洲的航线。我国习惯上以亚丁港为界,把去往亚丁港以西,包括红海两岸和欧洲以及南北美洲广大地区的航线划为远洋航线。

(2) 近洋航线。它是本国各港口至邻近国家港口间的海上运输航线的统称。我国习惯上把航线在亚丁港以东地区的亚洲和大洋洲的航线称为近洋航线。

(3) 沿海航线。它是指本国沿海各港之间的海上运输航线,如上海/广州、青岛/大连等。

2. 航次

船舶为完成某一次运输任务,按照约定安排的航行计划运行,从出发港到目的港为一个航次。班轮运输中航次及其途中的挂靠港都编制在班轮公司的船期表上。

航次阶段分为预备航次、装货、航行和卸货4个阶段。

航次时间由航行时间、装卸时间及其他时间3部分组成。与航次时间关系密切的主要因素包括航次距离、装卸货量、船舶航速和装卸效率。对于航运管理人员来说,应通过对上述因素的分析研究,寻找缩短航次时间的途径,加速船舶周转率,提高船期经济性。

五、港口

港口是具有一定的设备条件,供船舶来往停靠,办理客货和其他专门服务的水陆交通的联系枢纽。它既为水路运输服务,又为内陆运输服务。

1. 商港的种类

1) 按地理位置划分

(1) 海湾港。它是指地处海湾,占据海口,常能获得港内水深地势的港口。海湾港具有同一港湾容纳数港的特色,如大连港、秦皇岛港等。

(2) 河口港。它是指位于河流入海口处的港口,如上海港、伦敦港、加尔各答港等。

(3) 内河港。它是指位于内河沿岸的港口,居水陆交通的据点,一般与海港有航道相通,如南京港、汉口港等。

2) 按用途目的划分

(1) 存储港。一般地处水陆联络的要道,交通十分方便,同时又是工商业中心,港口设施完备,便于货物的存储、转运,为内陆和港口货物集散的枢纽。

(2) 转运港。它位于水陆交通衔接处,一方面将陆运货物集中,转由海路运出;另一方面将海运货物疏运,转由陆路运入,而港口本身对货物需要不多,主要经办转运业务。

(3) 经过港。地处航道要冲,为往来船舶必经之地,途经船舶如有需要,可作短暂停泊,以便添加燃料、补充食物或淡水,继续航行。

2. 我国主要的港口

(1) 长江主要港口有上海港、南通港、镇江港、南京港、马鞍山港、芜湖港、铜陵港、安庆港、九江港、黄石港、汉口港、武昌港、岳阳港、重庆港、泸州港、宜宾港。

(2) 沿海主要港口有上海港、大连港、秦皇岛港、天津港、青岛港、黄埔港、湛江港、连云港港、烟台港、南通港、宁波港、温州港、福州港、北海港、海口港。

六、码头

码头即供船舶停靠并装卸货物和上下旅客的水工建筑物,广义还包括与之配套的仓库、堆场、道路、铁路和其他设施。

1. 按建筑物形式划分

(1) 浮码头。钢质结构的浮船,由锚和缆使浮船固定在一定的岸边水面,供船舶停靠和装卸货物,如图 2.5 所示。

(2) 固定码头。固定码头是与岸相连的建筑物,分长堤式和突堤式两种,如图 2.6 和图 2.7 所示。

图 2.5　浮码头

图 2.6　长堤式码头

图 2.7　突堤式码头

2. 按用途划分

(1) 散杂货码头。专门用于装卸散货及杂货,有相应的起吊和装卸设备以及仓库、堆场等设施。

(2) 油品码头。装卸原油及成品油的专业性码头。它距普通货(客)码头和其他固定建筑物要有一定的防火安全距离。这类码头的一般特点是货物载荷小,装卸设备比较简单,在油船不大时(如内河系统),一般轻便型式的码头都可适应。

(3) 集装箱码头。专供集装箱装卸的码头。它一般要有专门的装卸、运输设备,要有集运、储存集装箱的宽阔堆场,有供货物分类和拆装集装箱用的集装箱货运站。

七、货物

1. 水运货物的分类

水路运输的货物包括原料、材料、工农业产品、商品以及其他产品,水运货物可以从货物的形态、性质、重量、运量等不同的角度进行分类。水运货物的分类见表 2-1。

表 2-1 水运货物分类

分类依据	货物大类	货物小类	举例
根据装运形态	液体货	液体散装货(Liquid Cargo)	石油、液体化学品
	散装货	干质散装货(Solid Bulk Cargo)	谷物、木材、矿石
	件杂货	包装货物(Parked Cargo)	服装、日用品
		裸装货物(Unpacked/Non-packed Cargo)	小五金
		成组化货物(Unitized Cargo)	将形状、大小相似货物用 1210 托盘装成 1 000m 一组
		集装箱货物(Containerized Cargo)	烟草、药品、家电等
根据货物性质	普通货物	清洁货物(Clean Cargo)	纺织品、糖果、工艺品
		液体货物(Liquid Cargo)	饮料、酒类、油类
		粗劣货物(Rough Cargo)	烟叶、大蒜、颜料
	特殊货物	危险货物(Dangerous Cargo)	鞭炮、油漆
		冷藏货物(Reefer Cargo)	水果、肉类、冰激凌
		贵重货物(Valuable Cargo)	黄金、货币、精密仪器
		活的动植物(Livestock and Plants)	活的鸡鸭、小树苗
		长大、笨重货物(Bulky and Lengthy Cargo, Heavy Cargo)	重型机械、大型钢材

2. 货物积载因素

货物积载因素(Stowage Factor,SF)是每一吨货物在正常堆装时所占的容积,单位为"m^3/t"。SF 的大小说明货物的轻重程度。SF 越大表示货物越轻。轻泡货(SF 较大)用量尺体积进行计算,货物的量尺体积是指货物外形最大处的长、宽、高之乘积。重货(SF 较小)的货物用货物的重量进行计量。

八、水运相关人

1. 承运人

承运人是指运输合同中承担提供船舶并负责运输的当事人。承运人最基本的义务是按合理的期限将货物完整无损地运到指定地点,并交给收货人。

(1) 契约承运人。它是指与托运人订立运输合同的人,多为货运代理公司。

(2) 实际承运人。它是指接受承运人委托或者接受转委托从事水路货物运输的人,一般是船公司。

2. 托运人

托运人是在运输合同中委托承运人运输货物的当事人。他可以是实际货物的所有人、货物交易的买方或卖方,也可以是有权处理货物运输的人(通常指货代)。托运人的基本义务是按约定的时间、品质和数量准备好托运的货物,保证船舶能够连续作业,并及时支付有关费用。

3．收货人

收货人是指在水路运输合同中托运人指定接收货物的人。

4．港口经营人

港口经营人是与作业委托人订立港口作业合同，并以其所有的或租用的港口码头、泊位、堆场、装卸作业设备对船舶进行装卸作业、货物仓储、转运等服务，收取作业费用和使用费用的经济组织。

【任务安排】

(1) 预习相关知识要点。
(2) 上网搜集船舶、航道、水运场站、港口码头相关图片及资料。
(3) 以小组为单位，制作有关水路货运系统的 PPT，并练习讲演。

【任务实施】

随机指定小组上台讲演，并接受同学和教师的提问与评价。
(1) 货运船舶。利用图片及视频资料讲解内河及海洋船舶的特征与功用。
(2) 港口码头。讲解港口码头的类型与功能。
(3) 航道、航标。讲解航道、航标的分类与作用。
(4) 水运货物。讲解水运货物的分类、特性及与运输作业的关系。
(5) 水运相关人。分别扮演不同的货运当事人，简述各自的岗位职责。

【任务评价】

对完成任务情况进行测评。

学习测评表

组别/姓名				班级		学号	
测评地点				日期			
项目名称			水路货物运输				
任务名称			认知水路货运系统				
测评项目		优秀级评价标准	分值	本组评价 30%		他组评价 30%	教师评价 40%
专业知识	准备工作	资料、道具准备齐全	5				
	随机提问	概念清楚，回答准确	10				
专业能力	船舶	正确描述船舶分类与用途	10				
	航道	正确描述航道的分类与组成	10				
	航标	正确描述航标的分类与用途	10				
	航线与航次	讲清航线的分类、航次的组成	10				
	港口码头	正确描述港口码头的分类、组成与用途	10				

续表

测评项目		优秀级评价标准	分值	本组评价30%	他组评价30%	教师评价40%
专业能力	水路运输货物	正确识别水运货物的分类与等级	10			
	水运相关人	正确阐述托运人、承运人、港口经营人及货运代理人的工作职责	10			
专业素养	活动过程	表达能力	5			
		沟通能力	5			
		合作精神	5			
合　　计			100			

任务二　组织内河货物运输

【知识要点】

水路运输合同是指承托双方之间达成的有关水路运送货物的权利和义务的协议，其依据是《中华人民共和国合同法》《水路货物运输合同实施细则》和《国内水路货物运输规则》。其主要内容是承运人收取运输费用，负责将托运人托运的货物经水路由一港(站、点)运送到另一港(站、点)。这里所说的水路货物运输合同专指在我国沿海、沿江、湖泊及其他通航水域中一切营业性的货物运输，而不包括国际海洋货物运输。若托运货物的数量属于零星的，通常使用水路货物运单，以明确双方的权利和义务。

一、水路货物运输合同范本

水路运输合同(范本)

甲方：_____　乙方：_____

双方经充分协商，达成如下协议。

1. 运输货物：_____。

2. 运输方法：

乙方调派_____吨位船舶一艘(船舶_____吊货设备)，应甲方要求由_____港运至_____港，按现行包船运输规定办理。

3. 货物集中：

甲方应按乙方指定时间，将_____货物于_____天内集中于_____港，货物集齐后，乙方应在_____天内派船装运。

4. 装船时间：

甲方联系到达港同意安排卸货后，经乙方落实并准备接收集货(开集日期由乙方指定)。装船作业时间，自船舶抵港已靠好码头时起于_____小时内装完货物。

5. 运到期限：

船舶自装货完毕办好手续时起于_____小时内将货物运到目的港。否则按《货规》第三条规定承担滞延费用。

6. 启航联系：

乙方在船舶装货完毕启航后，即发报通知甲方做好卸货准备，如需领航时亦通知甲方按时派引航员领航，费用由_____方负担。

7. 卸船时间：

甲方保证乙方船舶抵达_____港锚地，自下锚时起于_____小时内将货卸完。否则甲方按超过时间向乙方交付滞延金每吨时_____元。在装卸货过程中，因天气影响装卸作业的时间，经甲方与乙方船舶签证，可按实际影响时间扣除。

8. 运输质量：

乙方装船时，甲方应派员监装，指导工人按章操作，装完船封好舱，甲方可派押运员(免费一人)随船押运。乙方保证原装原运，除因船舶安全条件所发生的损失外，对于运送货物的数量和质量均由甲方自行负责。

9. 双方权利义务：

_____

10. 运输费用：

按_____运价率以船舶载重吨位计货物运费_____元，空驶费按运费的_____计算，全船运费为_____元，一次计收。

港口装船费用，按_____港口收费规则有关费率计收。卸船等费用，由甲方直接与到达港办理。

11. 费用结算：

本合同经双方签章后，甲方先付给乙方预付运费_____元。乙方在船舶卸完后，以运输费用凭据与甲方一次结算，多退少补。

12. 违约责任：

_____。

13. 附则：

本合同甲乙双方各执正本一份，副本_____份。

甲方(盖章)：_____　　　　乙方(盖章)：_____
法定代表人(签字)：_____　　　法定代表人(签字)：_____
开户银行：_____　　　　　开户银行：_____
账号：_____　　　　　账号：_____
_____年____月____日　　　　　_____年____月____日

二、合同有关问题的说明

1. 运输货物重量和体积的确定

起运港具备符合国家规定计量手续的，托运人应按起运港核定的数据确定货物重量；托运人整船散装货物确定重量有困难时，可以要求承运人提供船舶水尺计量数，作为托运人确定的重量。按照规定实行重量和体积择大计费的货物，应填写货物的重量和体积。笨重、长大货物，还应列出单件货物的重量和体积(长、宽、高)，并在货件上标明。

2. 运输货物的包装、运输标志

需要包装的货物，必须按照国家或主管部门规定的标准包装；没有统一规定包装标准的，应在保证运输安全和货物质量的原则下进行包装；需要随附备用包装的，应提供备用包装。

按件托运的货物，托运人应在货件两端涂刷、粘贴运输标志，不易涂刷、粘贴的应拴挂运输标志。运输标志内容包括：运输号码(或发货符号)、到达港、收货人，货物总件数、起运港。在某些直达航线和一条龙运输线上，也可采用包括到达港、收货人和发货符号的"一标三用"的简明标志。运输标志用钢笔、毛笔填写，字迹应明显、清楚、不易褪色。使用集装箱运输的货物，免制运输标志，但应在运单"发货符号"栏内注明集装箱号。

托运人应根据货物性质按照国家规定，在货物包装上制作包装储运指示标志。

3. 货物运到期限的规定

货物运到期限的计算，从货物承运次日起至到达港卸船时止。其间包括：起运港发送时间 5 天；每一换装港的换装时间 7 天；运输时间按各线运价里程除以规定的运输速度计算，不足一天按一天计算；因自然灾害、水上救助、等候通过船闸等原因所耽误时间不计算在内。

三、水路运输当事人的违约责任

1. 承运人的主要违约责任

(1) 按月度签订的货运合同，承运人在履行时未配备足够的运力，应按落空的运量偿付违约金。

(2) 从承运货物时起，至货物交付收货人，或依照规定处理完毕时止，货物发生灭失、短少、变质、污染、损坏，按下列规定赔偿：一是已投保货物运输险的货物，由承运人和保险公司按规定赔偿；二是实行保价运输的个人生活用品，由承运人按声明价格赔偿，但货物实际损失低于声明价格的，按实际损失赔偿；三是其他情况下，均由承运人按货物的实际损失赔偿。

(3) 由于下列原因造成货物灭失、短少、变质、污染、损坏的，可以免除承运人的赔偿责任：一是不可抗力；二是货物的自然属性和潜在缺陷；三是货物的自然减量和合理损耗，以及托运人确定的重量不正确；四是有生命动植物的疾病、死亡、枯萎、减重；五是包装内存在缺陷或者包装完整、内容不符；六是标记错制、漏制、不清；七是非责任性海损事故造成的货物损失；八是免责范围内的甲板货物损失；九是其他非承运人造成的损失。

(4) 承运人未按规定或约定的时间，将货物运抵到达港，应向收货人偿付违约金。逾期违约金的金额根据逾期天数的长短，按照装、卸费或运费的 5%～20% 偿付。

(5) 由于承运人责任发生货物错运、错交，应无偿运回合同规定的到达港，交给指定的收货人。由此发生的逾期运到，还应该偿付逾期违约金。

2. 托运人的主要责任

(1) 按月签订的货物运输合同，托运人在履行时未提供足够的货源，应按落空的货源偿付违约金。

(2) 由于下列原因之一给承运人造成损失应由托运人负责赔偿：一是在普通货物中夹带流质易腐货物，或托运普通货物时未向承运人声明所含有害物质的性质和程度；二是在普通货物中夹带危险货物，托运危险货物匿报品名、隐瞒性质和违反危险货物运输规定；三是错报笨重货物的重量；四是货物包装材料强度不够，内部支付不当等；五是运输标志错制、漏制。

(3) 除当事人另有约定的之外，托运人未在货物承运的当日付清起运港的有关费用，收货人未在货物交付的当日付清到达港的有关费用，应当自当结算之日起算，按欠付款额向承运人支付每天 5‰ 的滞纳金。

3. 索赔时效的确定

承运人与托运人或收货人彼此之间要求赔偿的时效，从货运记录交给托运人或收货人的次日起算，不超过 180 天。一方应以书面形式提出赔偿要求，对方应在收到书面赔偿要求的次日起 60 天内处理。

四、水路货物运输合同的变更与解除

变更和解除水路货物运输合同应当遵循法律的规定，符合法定的条件。

(1) 变更和解除水路货物运输合同的程序。托运人要求变更运输时，应征得承运人同意后，提出货物变更运输要求书并随附领货凭证或其他有效证件。

由于承运人原因，要求变更运输时，必须征得托运人同意。未经同意不得擅自变更。因航道障碍、海损事故、自然灾害，货物不能抵原来到达港，或执行国家命令变更运输时，承运人可以改变到其他港口卸货，并及时通知托运人提出处理意见。变更运输后的运输费用，由变更后的到达港向收货人按实结算。

(2) 变更和解除水路货物运输合同的形式。变更或解除月度货物运输应当采用书面形式(包括文书、电报或变更计划表等)，必须在货物发送前，由要求变更或解除的一方向对方提出。月度货物运输合同只能变更一次。

(3) 允许变更和解除的范围。有下述情形之一的月度货物运输合同允许变更或解除：一是由于不可抗力使运输合同无法履行；二是订立运输合同所依据的国家计划被变更或取消；三是合同当事人一方违约，使合同履行成为不必要或不可能；四是因合同当事人一方关闭、停产、转产而确定无法履行合同；五是在不损害国家利益和不影响国家计划的前提下，经当事人双方协商同意。

以货物运单作为运输合同的，变更或解除运输合同应注意以下问题：

(1) 货物发运前，承运人或托运人征得对方同意，可以解除运输合同。托运人提出解除合同的，应付给承运人已发生的港口费用和船舶待时费用；承运人提出解除合同的，应退还已收的运输费，并付给托运人已发生的货物进港短途搬运费。

(2) 货物发运后，承运人或托运人征得对方同意，可以变更货物的到达港和收货人。同一运单的货物只能变更一次，但不得变更其中的一部分。变更指令性运输计划内的货物，除必须征得对方同意外，还必须报该计划的主管部门核准。

【任务安排】

(1) 角色安排：托运人 1 人、承运人 1 人、运单审核员 1 人、理货员 1 人(监装、监卸)、仓管员 1 人、收货人 1 人。
(2) 资料准备：全国水路运输线路图、全国港口分布图、水路运输合同、水路货物托运单、装箱单、货物标签、货运提单等。
(3) 器具准备：磅秤、叉车、货车、模拟船舶、货物等。
(4) 货运内容：由教师布置或由学生查询货运信息网自行设计。
(5) 任务执行：以小组为单位，按流程以不同的角色模拟组织内河货运任务。

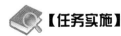【任务实施】

内河货物运输流程如图 2.8 所示。

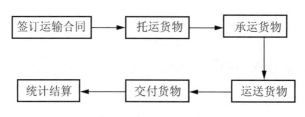

图 2.8 内河货物运输流程

一、签订运输合同

水路货物运输往往涉及大宗、长期货物运输,主要是通过签订合同来完成。托运人与承运人可以按月签订货物运输合同或以货物运单作为货物运输合同;对于零星货物运输和计划外的整批货物运输,可以通过填制托运单作为运输合同;而短途驳运、摆渡零星货物等,双方当事人可即运即清。

签订水路货运合同时应注意,水路货物运输分为整批、零星和集装箱运输。

(1) 一张运单重量满 30t 或体积满 34m³,按整批货物托运,不足此数按零星货物托运。
(2) 使用集装箱运输的货物,每张运单至少一箱。
(3) 按"港到港"方式办理的集装箱运输,可以办理两个以上收货人的拼箱运输。
(4) 危险物和易污染、损坏的货物,不能使用通用集装箱运输。

二、托运货物

1. 审核(填写)货物运单

(1) 水路货物运单的内容见表 2-2。

表 2-2 水路货物运单基本格式(式样)

月度运输合同号					货物交接清单号				编号:		
船名: 航次:			起运港				到达港		约定装船日期: 年 月 日		
托运人	全 称			收货人	全 称				约定运到期限:		
	地址、电话				地址、电话				费用结算方式:		
	银行、账号				银行、账号				应收费用		
发货符号	货名	件数	包装	价值/元	托运人确定		承运人确定		运费计算	费目	费率	金额/元
					重量/t	体积/m³	重量/t	体积/m³	等级	费率(元/计费吨)	金额/元	运费
											总计	
											大写:	
特约事项										核算员: 复核员:		收款章
装船日期: 年 月 日至 月 日 时 运到时间: 月 日 时					收货人签章		托运人签章			承运人签章		
					船舶签章		年 月 日			年 月 日		年 月 日

(2) 货物名称、件数、重量、体积、包装方式、识别标志等应当与运输合同的约定相符。

(3) 对整船散装的货物，如果托运人在确定重量时有困难，则可要求承运人提供船舶水尺计量数作为其确定重量的依据。不能按船舶水尺数计量的，运单中载明的货物重量对承运人不构成其交接货物重量的证据。

(4) 对单件货物重量或者长度超过标准(沿海为5t、12 m，长江、黑龙江干线为3t、10 m)的，应当按照笨重、长大货物运输办理，在运单内载明总件数、重量和体积。

(5) 托运人应当及时办理港口、检验、检疫、公安和其他货物运输所需的各项手续的单证送交承运人。

(6) 已装船的货物，可由船长代表承运人签发运单。

(7) 水路货物运单一般为6联。第一联为起运港存查联；第二联为解缴联，起运港航运公司留存；第三联为货运收据联，起运港交托运人留存；第四联为船舶存查联，承运船舶留存；第五联为收货人存查联；第六联为货物运输单联，提货凭证，收货人交款、提货、签收后交到达港留存。

2. 验收(提交)货物

1) 按双方约定及水路运输规则提交托运货物

(1) 按双方约定的时间、地点将托运货物运抵指定港口暂存或直接装船。

(2) 需包装的货物应根据货物的性质、运输距离及中转等条件做好货物的包装。

(3) 在货物外包装上粘贴或拴挂货运标志、指示标志和危险货物标志。

(4) 散装货物按重量或船舶水尺计量数交接，其他货物按件数交接。

(5) 散装液体货物由托运人装船前验舱认可，装船完毕由托运人会同承运人对每处油舱管道阀进行施封。

(6) 运输活动物，应用绳索拴好牲畜，备好途中饲料，派人随船押运照料。

(7) 使用冷藏船运易腐、保鲜货物，应在运单内载明冷藏温度。

(8) 运输木(竹)排货物应按约定编排，将木(竹)排的实际规格、托运的船舶或者其余水上浮物的吨位、吃水及长、宽、高及抗风能力等技术资料在运单内载明。

(9) 托运危险货物，托运人应当按照有关危险货物运输的规定办理，并将其正式名称和危险性质及必要时应当采取的预防措施书面通知承运人。

(10) 托运稀有、珍贵物品，尖端、精密仪器，应单独提交运单。一件货物的价值在5 000元以上的药材、百货、工艺美术品等，在提交运单时详列品名。

(11) 国家及省市自治区规定禁运、限运及需办理海关、检疫、卫生、公安等各项手续的货物和应随附有证明文件的货物，托运人应将文件随运单提出，并在运单内注明文件名称。

2) 货物托运的注意事项

(1) 托运人自行决定是否投保货物运输险，但国家规定必须保险的货物，托运人应在托运时保货物运输险。

(2) 实行保价运输的个人生活用品，应提出货物清单，逐项声明价格，并按声明价格支付规定的保价费。

(3) 承运人应按运输计划确定的船的品种派船运输，装运前，发货人验舱合格后方才可运。

(4) 托运人托运易腐货物和有生命动、植物，应在货物运单内注明容许的运到期限和运输要求。起运港应认真审查，如同意承运，应尽快配船装运，到达港应尽快卸船交付。

(5) 按照货物属性或双方商定需要押运的货物，托运人须派人随船押运。押运人数由承运人定，托运人应在运单内注明押运人员的姓名和证件，押运人员应遵守船舶的有关规定。

3. 收取(支付)费用

托运人按照约定向承运人支付运费。如果约定装运港船上交货，运费由收货人支付，则应当在运输单证中载明，并在货物交付时向收货人收取；如果收货人约定指定目的地交货，托运人应交纳货物运输保险费、装运港口作业费等项费用。

三、承运货物

起运港对货物验收完毕(托运人自行装船的，货物装船完毕后)，在运单上加盖港口日期时即为承运。为了保证运输质量，起运港应按运单认真验收托运货物。

(1) 承运人和港口经营人应按《国内水路货物运输规则》中的有关规定审查货物运单和港口作业委托单填制的各项内容。

(2) 通过港口库场装船的货物，由港口经营人在与作业委托人商定的货物集中时间和地点，按港口作业委托单载明的内容负责验收。通过船边直接装船或托运人自理装船的货物，由承运人或其代理人按货物运单载明的内容负责验收。

四、运送货物

货物装船后，即可开始运送。承运人在运送货物的准备和执行过程中，应做到以下要求：

(1) 按照运输合同约定的时间、地点、方式和数量接收货物。

(2) 船舶处于适航状态，妥善配备船员、装备，配备供应品，并使干货舱、冷藏舱、冷气舱和其他载货处所适于并能安全接受、载运和保管货物。

(3) 妥善装载、搬移、积载、运输、保管、照料和卸载所运输的货物。

(4) 按照约定的航线将货物运送到约定的到达港。

(5) 在约定期间，或者没有约定时在合理期间内将货物安全运送到约定的到达港。

(6) 对运输的活动物、有生命的植物，应当保证航行中所需要的淡水量。

五、交付货物

(1) 货物到达港口后，由到达港指定卸货地点，并向收货人及时发出到货通知，在货票内注明通知时间。

(2) 收货人应及时组织提货，并在收货时验收货物，付清港口费用和按规定由收货人支付的运费、托运人少缴的费用及中途垫款。由收货人自理卸船的货物，应在规定的时间内完成卸船作业，将船舱、甲板打扫干净；对装运污秽货物，有毒害性货物的，应负责洗刷、消毒，使船舱恢复正常清洁状态。

(3) 单位提货时，提货人应在提货单上签章并加盖公章(或凭单位介绍信)；个人提货时，凭个人身份证或其他证件，并在提货单上签章。

(4) 从到达港发出到货通知的次日起，经过催提、查找，满 30 天(个人托运的生活用品和搬家货物满 60 天)仍无人提货、拒绝提货或超期不提的货物，港口可按无法交付货物处理；对拒提或超期不提的货物，也可以转栈，并按规定计收转栈费和货物保管费；对性质不宜保管的货物，由港口及时适当处理。

六、统计结算

水路货物运输的运费结算见"任务四"。

【任务评价】

对完成任务情况进行测评。

学习测评表

测评项目		优秀级评价标准	分值	本组评价 30%	他组评价 30%	教师评价 40%
组别/姓名			班级		学号	
测评地点			日期			
项目名称		水路货物运输				
任务名称		组织内河货物运输				
专业知识	准备工作	资料、道具准备齐全	5			
	随机提问	概念清楚,回答准确	10			
专业能力	签订合同	按合同填写要求准确填写,明确各方的责任和义务	10			
	填写水路运单	按运单填写要求准确填写,明确各方的责任和义务	10			
	计算水路费用	计算方法正确,计算结果准确	10			
	验收(提交)货物	运用正确的验收方法,验收货物数量准确、质量符合运输要求	10			
	装船	正确履行托运人、货代、承运人在装船前、中、后的工作职责	10			
	运送货物	合理积配载,装船效率高,交接手续正确,安全运输	10			
	货物交付	通知和办理交付手续及时、正确	10			
专业素养	活动过程	工作态度	5			
		沟通能力	5			
		合作精神	5			
	合 计		100			

任务三 组织海洋货物运输

【知识要点】

一、班轮运输的定义及特点

班轮运输又称定期船运输,指船舶在特定航线上和固定港口间,按事先公布的船期表航行,并以事先公布的费率收取运费的一种运输方式。

班轮运输有以下特点:
(1) 航线、港口、船期、运费率固定,承运人负责装卸。
(2) 运价包括装卸费,承托双方不计滞期费和速遣费。

(3) 承运人对货物负责的时段是从装上船起，到卸下船止。

(4) 承托双方的权利义务和责任豁免以签发的提单为依据。

班轮运输适合于货流稳定、货种多、批量小的杂货运输。

二、班轮运输单证

1. 托运单

托运单(Booking Note，B/N)俗称"下货纸"，是托运人根据贸易合同和信用证条款内容填制的，向承运人或其代理办理货物托运的单证。承运人根据托运单内容，并结合船舶的航线、挂靠港、船期和舱位等条件考虑，认为合适后，即接受托运。

2. 装货单

装货单(Shipping Order，S/O)是接受了托运人提出装运申请的船公司，签发给托运人，凭以命令船长将承运的货物装船的单据。装货单既可用作装船依据，又是货主凭以向海关办理出口货物申报手续的单据之一，所以装货单又称"关单"。对托运人而言，装货单是办妥货物托运的证明；对船公司或其代理而言，装货单是通知船方接受装运该批货物的指示文件。

3. 收货单

收货单(Mates Receipt，M/R)又称大副收据，是船舶收到货物收据及货物已经装船的凭证。船上大副根据理货人员在理货单上所签注的日期、件数及舱位，并与装货单进行核对后，签署大副收据。托运人凭大副签署过的大副收据，向承运人或其代理人换取已装船提单。

注意：由于上述 3 份单据的主要项目基本一致，我国一些主要口岸的做法是将托运单、装货单、收货单、运费通知单等合在一起，制成一份多达 9 联的单据。各联作用如下：第一联由订舱人留底，用于缮制船务单证；第二、三联为运费通知联，其中一联留存，另一联随账单向托运人托收运费；第四联装货单经海关加盖放行章后，船方才能收货装船；第五联收货单及第六联由配舱人留底；第七、八联为配舱回单；第九联是缴纳出口货物港务费申请书。

4. 海运提单

海运提单(Bill of Lading，B/L)是指证明海上运输活动成立，承运人已接管货物或已将货物装船并保证在目的地交付货物的单证。提单是一种货物所有权凭证。提单持有人可据以提取货物，也可凭此向银行押汇，还可在载货船舶到达目的港交货之前进行转让。

5. 装货清单

装货清单(Loading List，L/L)是承运人根据装货单留底，将全船待装货物按目的港和货物性质归类，依航次、靠港顺序排列编制的装货单汇总清单，其内容包括装货单编号、货名、件数、包装形式、毛重、估计尺码及特种货物对装运的要求或注意事项的说明等。装货清单是船上大副编制配载计划的主要依据，又是供现场理货人员进行理货，港方安排驳运，进出库场及承运人掌握情况的业务单据。

6. 载货清单

载货清单(Manifest，M/F)是按照货物逐票罗列全船载运货物的汇总清单。它是在货物装船完毕之后，由船公司根据收货单或提单编制的。其主要内容包括货物详细情况、装卸港、提单号、船名、托运人和收货人姓名、标记号码等。此单作为船舶运载所列货物的证明。

7. 货物积载图

货物积载图(Cargo Plan)是按货物实际装舱情况编制的舱图。它是船方进行货物运输、保管和卸货工作的参考资料，也是卸港据以理货、安排泊位、货物进舱的文件。

8. 运费清单

运费清单(Freight Manifest，F/M)是根据 B/L 副本、M/R 而编制出口载货运费清单，一般由船代公司编制。

9. 提货单

提货单(Delivery Order，D/O)是收货人凭正本提单或副本提单随同有效的担保向承运人或其代理人换取的、可向港口装卸部门提取货物的凭证。

三、租船运输的定义及租船方式

租船运输又称不定期船运输，是相对于定期船(即班轮运输)而言的另一种国际航运经营方式。租船运输适用于大宗货物运输，有关航线和港口、运输货物的种类以及航行的时间等，都按照承租人的要求，由船舶所有人确认。租船人与出租人之间的权利义务以双方签订的租船合同确定，故称为"租船运输"。

目前，在国际上主要的租船方式有航次租船、定期租船、包运租船和光船租船 4 种。

1. 航次租船

航次租船又称程租船，是一种由船舶所有人向租船人提供特定的船舶，在特定的两港或数港之间从事一个特定的航次或几个航次承运特定货物的方式。简单地说，对这种方式可用 4 个"特定"来概括，即特定的船舶、特定的货物、特定的航次、特定的港口。

1) 航次租船方式的特点

(1) 船舶的营运调度由船舶所有人负责，船舶的燃料费、物料费、修理费、港口费、淡水费等营运费用也由船舶所有人负担。

(2) 船舶所有人负责配备船员，负担船员的工资、伙食费。

(3) 航次租船的"租金"通常称为运费，运费按货物的数量及双方商定的费率计收。

(4) 在租船合同中需要订明货物的装、卸费由船舶所有人或承租人负担，用于装、卸时间的计算方法，并规定延滞费和速遣费的标准及计算办法。

2) 航次租船的方式

(1) 单航次租船形式。租赁一艘船舶只装运一个航次，船舶所有人负责提供船舶，将指定的货物由一个港口运往另一个港口，货物运到目的港卸货完毕后，租船合同即告终止。

(2) 来回程航次租船形式。在完成一个航次任务后，接着再装运一个回程货载，租船合同才告结束。

(3) 连续航次租船形式。它是指在同一方向的航线上连续装运几个航次或来回连续装运几个航次。采取这种方式的一般是短程运输。

2. 定期租船

定期租船又称期租船，是指由船舶所有人按照租船合同的约定，将一艘特定的船舶在约定的期间，交给承租人使用的租船。

定期租船方式有以下特点：

(1) 船长由船舶所有人任命，船员也由船舶所有人配备，并负担他们的工资和给养，但船长应听从承租人的指挥,否则承租人有权要求船舶所有人予以撤换。

(2) 营运调度由承租人负责,并负担船舶的燃料费、港口费、货物装卸费、运河通行费等与营运有关的费用;而船舶所有人则负担船舶的折旧费、维修保养费、船用物料费、润滑油费、船舶保险费等船舶维持费。

(3) 明确船舶的载重吨、租期长短及商定的租金率计算。

(4) 合同中明确有关交船和还船以及关于停租的规定。

3. 包运租船

包运租船又称运量合同,是指船舶所有人以一定的运力,在确定的港口之间,按事先约定的时间,航次周期,每航次以较均等的运量,完成全部货运量的租船方式。

包运租船方式有以下特点:

(1) 包运租船合同中不确定船舶的船名及国籍,仅规定船舶的船级、船龄和船舶的技术规范等,船舶所有人只需比照这些要求提供能够完成合同规定每航次货运量的运力即可,这对船舶所有人在调度和安排船舶方面是十分灵活、方便的。

(2) 租期的长短取决于货物的总量及船舶航次周期所需的时间。

(3) 船舶所承运的货物主要是运量特别大的干散货或液体散装货物,承租人往往是业务量大和实力强的综合性工矿企业、贸易机构、生产加工集团或大石油公司。

(4) 船舶航次中所产生的时间延误的损失风险由船舶所有人承担,而对于船舶在港装、卸货物期间所产生的延误,则通过合同中订有的"延滞条款"的办法来处理,通常是由承租人承担船舶在港的时间损失。

(5) 运费按船舶实际装运货物的数量及商定的费率计收,通常按航次结算。

从上述特点可见,包运租船在很大程度上具有"连续航次租船"的基本特点。

4. 光船租船

光船租船又称船壳租船。这种租船不具有承揽运输性质,只相当于一种财产租赁。光船租船是指在租期内船舶所有人只提供一艘空船给承租人使用,而配备船员、供应给养、船舶的营运管理以及一切固定或变动的营运费用都由承租人负担。

光船租船方式有以下特点:

(1) 船舶所有人只提供一艘空船。

(2) 全部船员由承租人配备并听从承租人的指挥。

(3) 承租人负责船舶经营及营运工作,并承担在租期内时间损失,即承租人不能"停租"。

(4) 除船舶的资本费用外,承租人承担船舶的全部固定的及变动的费用。

(5) 租金按船舶的装载能力、租期及商定的租金率计算。

虽然光船租船的租期一般都比较长,但是国际上以这种方式达成的租船业务并不多。

四、租船注意事项

(1) 租船前必须了解贸易合同中的有关条款,做到租船条款与贸易条款相互衔接。例如,按照 CIF(Cost, Insurance and Freight,成本、保险和运费)术语成交,贸易合同规定提单要打制"运费预付",而租船合同却规定了"运费到付",船公司签发提单依据租船合同,船货双方就会因贸易合同和租船合同的不一致而产生分歧。解决的办法是修改租船合同、贸易合同或信用证。了解贸易条款中的货物名称、货物性质(易燃、易爆、易腐等)、包装、尺码、重量等;同时,也要了解租船合同有关装卸港、装卸率、价格条件(船边交货还是舱底提货)、备货通知期限等内容。

(2) 弄清装卸港泊位的水深、候泊时间、港口的作业时间、港口费用、习惯等。
(3) 选择船龄较小、质量较好的船，一般不租 15 年以上的超龄船。
(4) 要考虑船东的信誉和财务情况，特别是船运不景气的时候，更要提高警惕。
(5) 要了解船运行市，利用船舶所有人之间、代理商之间、不同船型之间的矛盾，争取有利的价格成交。

【任务安排】

(1) 角色安排：托运人或代理人 1 人、订舱员 1 人、装船/卸船代理人各 1 人、船舶代理 1 人、理货员 1 人(监装、监卸)、承运人 1 人、收货人 1 人。
(2) 资料准备：全国港口分布图、世界水路交通航线图、水路运输费率表、集装箱规格表、多式联运报价单、货物运输委托书、装船单、货物标签、货运提单等。
(3) 器具准备：磅秤、叉车、货车、集装箱等。
(4) 货运内容：由教师布置或由学生查询货运信息网自行设计。
(5) 任务执行：以小组为单位，按流程以不同的角色模拟组织海洋货物运输任务。

【任务实施】

一、组织海洋班轮货运

海洋班轮货运流程如图 2.9 所示。

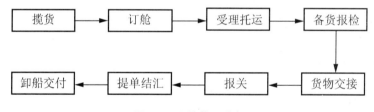

图 2.9　班轮货运流程

1．揽货

从事班轮运输经营的船公司在所经营的班轮航线的各挂靠港口及货源腹地通过自己的营业机构或船舶代理人与货主建立业务关系；通过网络、报纸、杂志刊登船期表；通过与货主、无船承运人或货运代理人等签订货物运输服务合同或揽货协议来争取货源。

2．订舱与受理托运

托运人或其代理人向班轮公司或它的营业所或代理机构等(即承运人)申请货物运输，承运人与托运人之间不需要签订运输合同，而是以口头或订舱函电进行预约，只要船公司对这种预约给予承诺，并在舱位登记簿上登记，即表明承托双方已建立有关货物运输的关系。承托双方即分头着手开始办理货物出口手续和货物装船承运的一系列准备工作。

3．备货报检

托运人要根据出口成交合同及信用证中有关货物的品种、规格、数量、包装等的规定，按时、按质、按量地准备好应交的出口货物，并做好申请报验和领证工作(在我国，凡列入商检机构规定的"种类表"中的商品及根据信用证、贸易合同规定由商检机构出具证书的商品，均需在出口报关前，填写"出口检验申请书"申请商检)。有的出口商品需鉴定重量，有的需进行动植物检疫或卫生安全检验，这些都要事先办妥，取得合格的检验证书。做好出运前的准备工作，货证都已齐全，即可办理托运工作。

4. 货物收集与交接

对于普通货物，通常都采用集中装船的方式。船公司在各装货港指定装船代理人，在各装货港的指定地点(如码头仓库)接受托运人送来的货物，办理交接手续后，将货物集中并按货物的卸货次序适当地分类，以便装船。同时，船公司应将编制好的装货清单及时递送理货方、港方、装船代理人、船代等，以利于相关方做好装船、进出库场和船舶积载计划等工作。

5. 报关

货物集中港区后，把编制好的出口货物报关单连同装货单、发票、装箱单、商检证、外销合同、外汇核销单等有关单证向海关申报出口，经海关关员查验合格后，即在装货单上盖章放行，货物方可装船。

6. 装船

托运人将其托运的货物送至码头承运船舶的船边并进行交接，然后将货物装到船上。如果船舶是在锚地或浮筒作业，托运人还应负责使用自己的或租用的驳船将货物装到船上，也称直接装船。对一些特殊的货物，如危险品、冷冻品、鲜活货、贵重货和重大件货物等，多采用船舶直接装船的方式。

在装船前，理货员代表船方收集经海关放行货物的装货单和收货单，经过整理后，按照积载图和舱单，分批接货装船。装船过程中，托运人委托的货运代理应有人在现场监装，随时掌握装船进度并处理临时发生的问题。货物装船完毕，理货组长要与船方大副共同签署收货单，交与托运人。理货员如发现某批有缺陷或包装不良，即在收货单上批注，并由大副签署，以确定船货双方的责任。但作为托运人，尽量争取不在收货单上批注以取得清洁提单。

7. 换取提单与结汇

货物装船完毕，托运人即向收货人发出装船通知，并可凭收货单向船公司或其代理换取已装船提单。托运人凭已装船提单和备齐合同或信用证规定的结汇单证，在合同或信用证规定的议付有效期限内，向银行交单，办理结汇手续，提取货款。

8. 海上运输

海上承运人对装船货物负有安全运输、保管、照料的责任，并根据货物提单条款划分与托运人之间的责任、义务和权利。

9. 卸船

船公司在卸货港的代理人根据船舶发来的到港电报，一方面编制有关单证、联系安排泊位和准备办理船舶进港手续，约定装卸公司，等待船舶进港后卸货；另一方面要把船舶预定到港的时间通知收货人，以便收货人做好接收货物的准备工作(班轮运输通常都采用集中卸货的办法，即由船公司指定的装卸公司作为卸货代理人总揽卸货及向收货人交付货物)。

10. 交付货物

收货人将提单交给船公司在卸货港的代理人，经代理人审核无误后，签发提货单交给收货人，收货人再凭提货单前往码头仓库提取货物并与卸货代理人办理交接手续。交付货物的方式有仓库交付货物、船边交付货物、货主选择卸货港交付货物、变更卸货港交付货物、凭保证书交付货物等。货主选择卸货港交付货物是指货物在装船时货主尚未确定具体的卸货港，待船舶开航后再由货主选定对自己最方便或最有利的卸货港，并在这个港口卸货和交付货物。变更卸货港交付货物是指在提单上所记载的卸货港以外的其他港口卸货和交付货物。凭保证书交付货物是指收货人无法以交出提单来换取提货单提取货物，按照一般的航运惯例，常由收货人开具保证书，以保证书交换提货单提取货物。

11．误卸处理

误卸指由于多种原因发生将本应在其他港口卸下的货物卸在本港(溢卸)，或本应在本港卸下的货物遗漏未卸(短卸)的情况。关于因误卸而引起的货物延迟损失或货物的损坏转让问题，一般在提单条款中都有规定，通常规定因误卸发生的补送、退运的费用由船公司负担，但对因此而造成的延迟交付或货物的损坏，船公司不负赔偿责任。如果误卸是因标志不清、不全或错误及因货主的过失造成的，则所有补送、退运、卸货和保管的费用都由货主负担，船公司不负任何责任。

二、班轮货运单证流程

班轮货运单证流程如图 2.10 所示。

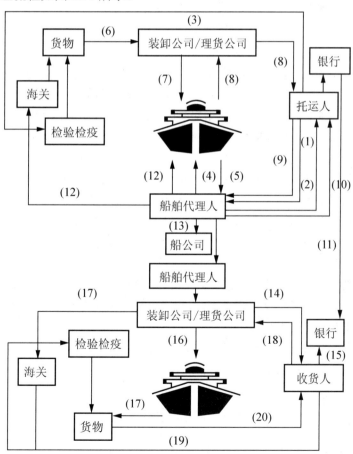

图 2.10 班轮货运单证流程图

(1) 托运人在装货港向船公司或船舶代理人(简称船代)提出货物装运申请,递交托运单(B/N),填写装货联单。

(2) 船公司同意承运后,其代理人指定船名,核对装货单(S/O)与托运单(B/N)上的内容无误后,将托运单留底联留下,签发装货单(S/O)给托运人,要求托运人将货物及时送至指定的码头仓库。

(3) 托运人持装货单(S/O)及有关单证向海关办理货物出口报关、验货放行手续,海关在装货单(S/O)上加盖放行图章后,货物准予装船出口。

(4) 装货港的船舶代理人根据留底联编制装货清单(L/L)送船舶及理货公司、装卸公司。

(5) 大副根据装货清单(L/L)编制货物积载计划(Stowage Plan)交代理人分送理货、装卸公司等按计划装船。

(6) 托运人将经过检验验关的货物送至指定的码头仓库准备装船。

(7) 货物装船后,理货长将装货单(S/O)交大副,大副核实无误后留下装货单(S/O)并签发收货单(M/R)。

(8) 理货长将大副签发的收货单(M/R)转交给托运人。

(9) 托运人持收货单(M/R)到装货港的船舶代理人处付清运费(预付运费情况下)换取正本已装船提单(B/L)。

(10) 装货港船舶代理人审核无误后,留下收货单(M/R)、签发提单(B/L)给托运人。

(11) 托运人持已装船提单(B/L)及有关单证到议付银行结汇(在信用证支付方式下),取得货款,议付银行将已装船提单(B/L)及有关单证邮寄开证银行。

(12) 货物装船完毕后,装货港的船舶代理人编制出口载货清单(M/F),送船长签字后向海关办理船舶出口手续,并将载货清单(M/F)交船随带,船舶启航。

(13) 装货港的船舶代理人根据已装船提单(B/L)副本或收货单(M/R)编制出口载货运费清单(F/M),连同已装船提单(B/L)副本或收货单(M/R)送交船公司结算代收运费,并将卸货港所需单证寄给卸货港的船舶代理人。

(14) 卸货港船舶代理人接到船舶抵港电报后,通知收货人船舶到港日期,做好提货准备。

(15) 收货人到开证银行付清货款取回已装船提单(B/L)(在信用证支付方式下)。

(16) 卸货港的船舶代理人根据装货港的船舶代理人寄来的货运单证,编制进口载货清单(M/F)及有关船舶进口报关和卸货所需的单证,约定装卸公司、理货公司,联系安排泊位,做好接船及卸货准备工作。

(17) 船舶抵港后,卸货港的船舶代理人随即办理船舶进口手续,船舶靠泊后即开始卸货。

(18) 收货人持正本已装船提单(B/L)向卸货港的船舶代理人处办理提货手续,付清应付的费用后,换取代理人签发的提货单(D/O)。

(19) 收货人办理货物进口手续,支付进口关税。

(20) 收货人持提货单(D/O)到码头仓库或船边提取货物。

三、海洋租船货物运输

1. 询盘

询盘又称租船询价,即承租人根据自己对货物运输的需要或对船舶的特殊要求,通过租船经纪人在租船市场上要求租用船舶。询价主要以电报或电传等书面形式提出。承租人所期望条件的内容一般应包括需要承运的货物种类、数量、装货港和卸货港、装运期限、租船方式或期限、期望的运价(租金)水平以及所需用船舶的详细说明等。询价也可以由船舶所有人为承揽货载而首先通过租船经纪人向租船市场发出。由船舶所有人发出的询价内容应包括出租船舶的船名、国籍、船型、船舶的散装和包装容积、可供租用的时间、希望承揽的货物种类等。

2．发盘

发盘又称租船报价，即当船舶所有人从船舶经纪人那里得到承租人的询价后，经过成本估算或者比较其他的询价条件，通过租船经纪人向承租人提出自己所能提供的船舶情况和运费率或租金率。报价的主要内容，除对询价的内容做出答复和提出要求外，最主要的是关于租金(运价)的水平和选定的租船合同范本及对范本条款的修改、补充条款。报价有"硬性报价"和"条件报价"之分。"硬性报价"是报价条件不可改变的报价，询价人必须在有限期内对报价人的报价作做接受订租的答复，超过有效期，这一报价即告失效。与此相反，"条件报价"是可以改变报价条件的报价。

3．还盘

还盘又称租船还价，即在条件报价的情况下，承租人与船舶所有人之间对报价条件中不能接受的条件提出修改或增删的内容，或提出自己的条件，这一过程称为还价。还价意味着询价人对报价人报价的拒绝和新的报价开始。因此，船东对租船人的还价可能全部接受，也可能接受部分还价，对不同意部分提出再还价或新报价。这种对还价条件做出答复或再次作出新的报价称为再还价或称再还盘。

4．租船报实盘

在一笔租船交易中，经过多次还价与反还价，如果双方对租船合同条款的意见一致，一方可以以报实盘的方式要求对方做出是否成交的决定。报实盘时，要列举租船合同中的必要条款，将双方已经同意的条款和尚未最后确定的条件在实盘中加以确定。同时还要在实盘中规定有效期限，要求对方答复是否接受实盘，并在规定的有效期限内作出答复。若在有效期限内未做出答复，所报实盘即告失效。同样，在有效期内，报实盘的一方对报出的实盘是不能撤销或修改的，也不能同时向其他第三方报实盘。

5．接受

接受，即一方当事人对实盘所列条件在有效期内明确表示承诺。至此，租船合同即告成立。接受订租是租船程序的最后阶段。接受订租后，一项租船洽商即告结束。

6．订租确认书

接受订租是租船程序的最后阶段，一项租船业务即告成交。通常的做法是，当事人之间还要签署一份订租确认书。订租确认书无统一格式，但其内容应详细列出船舶所有人和承租人在洽租过程中双方承诺的主要条款。订租确认书经当事人双方签署后，各保存一份备查。

7．租船合同

正式租船合同是合同已经成立后才开始编制的。双方签认的订租确认书实质就是一份供双方履行的简式租船合同。签认订租确认书后，船东按照已达成协议的内容编制正式的租船合同，通过租船经纪人送交承租人审核。如果租船人对编制的合同没有什么异议，就可签字。

【任务评价】

对完成任务情况进行测评。

学习测评表

组别/姓名			班级		学号	
测评地点			日期			
项目名称			水路货物运输			
任务名称			组织班轮货物运输			
测评项目		优秀级评价标准	分值	本组评价 30%	他组评价 30%	教师评价 40%
专业知识	准备工作	资料、道具准备齐全	5			
	随机提问	概念清楚,回答准确	10			
专业能力	揽货	揽货渠道多,方法对,效果好	10			
	订舱与受理托运	作为托运人熟练通过网上订舱;作为承运人接受托运,填写登记簿	10			
	报关	编制好报关单,连同其他报关所需单证向海关申请报关	10			
	装船	明确托运人、货代、承运人在装船前、中、后工作职责,认真履行	10			
	换单结汇	作为托运人凭收货单换取已装船提单,向银行交单、办理结汇取款	10			
	卸船	作为船公司办理船舶进口手续,约定装卸公司卸货,并办理货物交接	10			
	货物交付	能审核提单、签发提货单给收货人,收货人凭以提取货物	10			
专业素养	活动过程	工作态度	5			
		沟通能力	5			
		合作精神	5			
合 计			100			

任务四 计算水路货运运费

【知识要点】

一、水路运价

我国水路运价按航区实行差别运价。原因是通航水域各航区或航段由于航道自然条件、使用船舶和港口设施条件的差异,使运输成本不同甚至相差悬殊。

我国水路运价划分为内河运价、沿海运价和远洋运价 3 种。需要实行差别运价的航区或航段由主管部门确定。

1. 内河及沿海运价

(1) 航行基价。由于航行成本基本上随运输距离的增加而同步增加，故每吨千米(或每吨海里)的航行成本可视为不变值。但运距的变化与单位航行成本并不绝对相等，一般是运距短的单位航行成本高，运距长的单位航行成本低。自然条件和地理位置不同的某些航区，各航行区段的单位航行成本有显著差别，所以沿海以运距的长短分别规定不同的航行基价，长江则以上游区段、中游区段、下游区段分别规定有差别的航行基价，见表2-3。

表2-3 长江航行基价表(单位：元/吨·千米)

运输区段	重庆—宜昌		宜昌—武汉	武汉—上海
航行基价	W	0.028 0	0.013 6	0.007 0
	M	0.019 5		

(2) 停泊基价。停泊基价的制定主要依据单位停泊成本。由于行驶在各航区的船舶的结构、装备等有较大差异，分摊到每货运吨的停泊成本也不同，沿海航区的船舶停泊基价一般小于内河航区。

(3) 货物分级。货物分级要考虑货物的积载因数、货物运输及装卸的难易程度、货物的理化性质、货物的运费承担能力及与其他运输方式的比价等。不同级别的货类在运价上是有差别的，贵重货物高于普通货物，危险货物高于一般货物，成品货物高于原材料，轻质货物高于重质货物。我国沿海(包括北方沿海、华南沿海)、长江、黑龙江及部分地方航区采用10级分类制，用货物级别数来体现各种货类在运价上的差别，便于计算核收，见表2-4。

表2-4 沿海、长江、黑龙江航区各货类级别系数

级别	1	2	3	4	5	6	7	8	9	10
级别系数	100%	105%	100.25%	115.76%	134%	155.14%	216.8%	125%	85%	60%

(4) 运价率。各级货物的运价率＝(航行基价×里程＋停泊基价)×级别系数。

2. 远洋运价

(1) 班轮运价(即杂货运价，集装箱运价也属此类)。它可分为商品费率运价和等级运价两类，包括基本费率和各种附加费。中国远洋船舶行驶美国航线，使用商品费率运价；行驶世界其他航线，使用等级运价。

(2) 租船运价(即大宗货物运价)。其运价水平一般低于班轮运价，可分为航次租船运价、定期租船租金和定期租船运价。航次租船运价，在租船合同中规定运价的同时，还商定了与运价水平有关的费用划分、装卸时间、滞留期、速遣费计算和风险分担等条款。定期租船租金是由有关方面根据船舶大小、船龄长短、技术状况、经营条件与租期长短和租船市场行情等诸方面因素商定的。定期租船运价按照租船合同收取。

二、杂货班轮运费

1. 班轮运价表

班轮公司运输货物所收取的运输费用，是按照班轮运价表的规定计收的。班轮运价表一般包括说明及有关规定、货物分级表、航线费率表、附加费表、冷藏货及活牲畜费率表等。

目前，我国海洋班轮运输公司使用的"等级运价表"，即将承运的货物分成若干等级，每个等级的货物有一个基本费率，称为"等级费率表"。

班轮运费包括基本运费和附加费两部分，前者是指货物从装运港到卸货港所应收取的基本运费，是构成全程运费的主要部分；后者是指对一些需要特殊处理货物，或者突然事件的发生或客观情况变化等原因而需另外加收的费用。

2．计收标准

在班轮运价表中，根据不同的商品，班轮运费的计算标准通常采用下列几种：

(1) 按货物毛重(重量吨)计收，运价表内用"W"表示。

(2) 按货物的体积(尺码吨)计收，运价表中用"M"表示。

重量吨和尺码吨统称为运费吨，又称计费吨。按照国际惯例，容积货物是指每公吨的体积大于 $1.132\ 8m^3(40ft^3)$ 的货物。而我国的远洋运输运价表中则将每吨的体积大于 $1m^3$ 的货物定为容积货物。

(3) 按毛重或体积计收，由船公司选择其中收费较高的作为计费吨。运价表中以"W/M"表示。

(4) 按货物价格计收，又称从价运费，运价表中用"A·V"表示。从价运费一般按货物的 FOB 价格(Free on Board，离岸价格)的一定百分比收取。按此法计算的基本运费等于货物 FOB 价格乘以从价费率，一般为 1%～5%。

(5) 在货物重量、尺码或价值三者中选择最高的一种计收，运价表中用"W/M or ad val"表示。

(6) 按货物重量或尺码最高者，再加上从价运费计收，运价表中以"W/M plus ad val"表示。

(7) 按每件货物作为一个计费单位收费，如活牲畜按"每头"(per head)收费。

(8) 临时议定价格，即由货主和船公司临时协商议定。此类货物通常是低价的货物或特大型的机器等。在运价表中，此类货物以"open"表示。

3．附加费

在基本运费的基础上，加收一定百分比；或者是按每运费吨加收一个绝对值计算。在班轮运输中，常见的附加费有下列几种：

(1) 超重附加费。货物单件重量超过一定限度而加收的费用。

(2) 超长附加费。单件货物长度超过规定长度而加收的费用。

(3) 选港附加费。它是指装货时尚不能确定卸货港，要求在预先提出的两个或两个以上港口中选择一港卸货，船方因此而加收的附加费。所选港口限定为该航次规定的挂港，并按所选港中收费最高者计算及各种附加费。货主必须在船舶抵达第一选卸港前(一般规定为 24h 或 48h)向船方宣布最后确定的卸货港。

(4) 转船附加费。凡运往非基本港的货物，需转船运往目的港，船舶所收取的附加费，其中包括转船费(包括换装费、仓储费)和二程运费。但有的船公司不收此项附加费，而是分别另收转船费和二程运费，这样收取一、二程运费再加转船费，即通常所谓的"三道价"。

(5) 直航附加费。运往非基本港的货物达到一定的数量，船公司可安排直航该港而不转船时所加收的附加费。一般直航附加费比转船附加费低。

(6) 港口附加费。它是指船舶需要进入港口条件较差、装卸效率较低或港口船舶费用较高的港口及其他原因而向货方增收的附加费。

(7) 港口拥挤附加费。有些港口由于拥挤，致使船舶停泊时间增加而加收的附加费。该项附加费随港口条件改善或恶化而变化。

(8) 燃油附加费。它是指因燃油价格上涨而加收一绝对数或按基本运价的一定百分数加收的附加费。

(9) 货币贬值附加费。在货币贬值时，船方为保持其实际收入不致减少，按基本运价的一定百分数加收的附加费。

(10) 绕航附加费。它是指因战争、运河关闭、航道阻塞等原因造成正常航道受阻，必须临时绕航才能将货物送达目的港需增加的附加费。

除以上各种附加费外，还有一些附加费需船货双方议定，如洗舱费、熏舱费、破冰费、加温费等，各种附加费是对基本运价的调节和补充，可灵活地对各种外界不测因素的变化做出反应，是班轮运价的重要组成部分。

附加费的计算一般有两种规定：一是以基本运费率的百分比表示；二是用绝对数字表示，取每运费吨增收若干元。

根据一般费率表规定：不同的商品如混装在一个包装内(集装箱除外)，则全部货物按其中收费高的商品计收运费；同一种货物因包装不同而计费标准不同，但托运时如未申明具体包装形式时，全部货物均要按运价高的包装计收运费；同一提单内有两种以上不同计价标准的货物，托运时如未分列货名和数量时，计价标准和运价全部要按高者计算。这是在包装和托运时应该注意的。

三、不定期船的租金计算

凡供需双方签订租船合同的期租船，不论租船的长短，租金等于每载重吨每日租金率乘以船舶夏季总载重量再乘以合同租期。在不定期船运费构成中，除了上述的基本运费或租金以外，在合同中还应明确地写明有关费用(如装卸费)由谁承担的条款和有关佣金计算及支付办法的条款。

四、运费支付

1. 预付运费

托运人在承运人签发提单之前须支付全额运费。

2. 到付运费

货主在货物抵达目的港，承运人交付货物之前付清全额运费。

【任务安排】

(1) 角色安排：财务人员2人、信息员1人、受理员1人。

(2) 资料准备：沿海航区里程划分表、国内各航区基价表、货类等级表、运价本；水路运输合同、水路货物运单等。

(3) 器具准备：计算机、计算器、货运发票。

(4) 任务执行：教师布置(或学生自己设计)内河、沿海及海洋货运内容，学生按流程完成运费计算及填制货票任务。

【任务实施】

水路货物运费计算流程如图 2.11 所示。

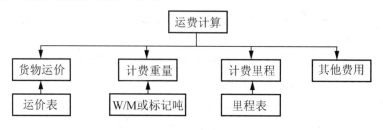

图 2.11　水路运费计算流程

一、了解货物情况

根据托运货物的运单了解货物的品名、特性、包装、重量、尺码以及装卸港等信息。

二、确定货物等级

我国交通部将直属沿海与内河运价划分为 10 个等级(参见表 2-4)，直属远洋运价划分为 20 个等级，地方水路运价也划分若干等级，按照不同的航线分别为每一等级指定运价。计算运费时，首先查找货物分级表，确定货物的等级和计算标准。例如，表 2-5 所列为部分货物等级表(远洋)。

表 2-5　部分货物等级表(远洋)

货物名称	计费标准	等级
农业机械	W	10
豆类	W	5
钟表	W/M	8

三、确定基本费率

根据货物装卸港信息及货物等级，沿海及内河货物运输需查找各自航区内的运价率以及不同航区之间的运价率。例如，表 2-6 所列为北方沿海主要航线货物运价率表。

远洋货物运输查询相应航线等级费率表，确定基本费率。例如，表 2-7 所列为广州—伦敦基本费率表。

表 2-6　北方沿海主要航线货物运价率表

航线 \ 级别 里程/运价率(元)	1	2	3	4	5	6	7	8	9	10
大连—烟台　89	6.79	7.13	7.49	7.86	9.10	10.53	14.72	8.49	5.77	4.07

续表

航线 \ 里程/运价率(元) \ 级别		1	2	3	4	5	6	7	8	9	10
大连—青岛	274	10.46	10.98	11.53	12.11	14.02	16.23	22.68	13.08	8.89	6.28
大连—上海	558	14.90	15.65	16.63	17.25	19.97	23.10	32.30	18.63	12.67	8.94

表 2-7　广州—伦敦基本费率表

货物等级	基本费率(美元/运费吨)
1	50
5	100
10	200
…	…

四、确定计费重量

根据不同的计费标准，计算货物的重量吨(W)或尺码吨(M)。重量吨按货物的毛重，尺码吨按货物的"满尺丈量"的体积，以 $1m^3$ 为一尺码吨。

五、确定计费里程

沿海及内河运输，根据运输的起点港和目的港查询《全国水运运价里程表》，确定运价里程。未规定里程的地点按实际里程计算，实际里程难以确定时，按里程表中距离起运或到达地点邻近较远地点的里程计算。

起码计费里程：沿海 50n mile(海里)，长江和黑龙江水系 50km。

计费里程用于确定航线运价率，若航线运价率可查，则运费计算时与里程无关。

六、查有无附加费

查询航线附加费率表和计算方式。

七、列式计算

(1) 沿海及内河运费＝计费质量(W/M)×运价率＋附加费。
(2) 远洋货物运输运费总额＝货运数量(W/M)×基本费率＋附加费。

例如，上海运往肯尼亚蒙巴萨港口"门锁"(小五金)一批计 100 箱。每箱体积为 20cm×30cm×40cm，每箱重量为 25kg，当时燃油附加费为 40%，蒙巴萨港口拥挤附加费为 10%，基本费率见表 2-8，计算运费。

表 2-8　中国—东非航线等级费率表(单位：港元)

货名	计算标准	等级	费率
农业机械	W/M	9	404.00

续表

货名	计算标准	等级	费率
棉布及棉织品	M	10	443.00
小五金及工具	W/M	10	443.00
基本港口：路易港(毛里求斯)、达累斯萨拉姆(坦桑尼亚)、蒙巴萨(肯尼亚)等			

计算步骤如下：

(1) 查阅货物分级表。门锁属于小五金类，其计收标准为 W/M，等级为 10 级。

(2) 计算货物的体积和重量。

100 箱的体积为：$20cm \times 30cm \times 40cm \times 100 = 2.4m^3$。

100 箱的重量为：$25kg \times 100 \times 10^{-3} = 2.5t$。

由于 $2.4m^3$ 的计费吨小于 2.5t，所以计收标准为重量吨。

(3) 查阅"中国—东非航线等级费率表"，10 级费率为 443 港元，则基本运费＝443 港元 ×2.5＝1 107.50 港元。

(4) 附加费＝1 107.50 港元×(40%＋10%)＝553.75 港元。

(5) 运费总额＝1 107.50 港元＋553.75 港元＝1661.25 港元。

 【任务评价】

对完成任务情况进行测评。

学习测评表

组别/姓名			班级		学号	
测评地点			日期			
项目名称			水路货物运输			
任务名称			计算水路货运运费			
测评项目		优秀级评价标准	分值	本组评价 30%	他组评价 30%	教师评价 40%
专业知识	准备工作	资料、道具准备齐全	5			
	随机提问	概念清楚，回答准确	10			
专业能力	货物等级	准确查询货物等级表，确定货物等级和计费标准	10			
	运价率	会查询水运运价率表或航线费率表，确定运价率	10			
	计费重量	掌握重量货、体积货、散装货的计量方法，正确计量与折算	10			
	计费里程	会查询水运运价里程表并结合实际营运路线，确定计费里程	10			
	计算附加费	正确查询航线附加费表，确定应收的附加费和杂费	10			
	计算总运费	计算方法得当，结果正确	10			
	货票	正确填制货票，交接准确	10			
专业素养	活动过程	工作态度	5			
		沟通能力	5			
		合作精神	5			
合　　计			100			

【练习与思考】

一、填空题

1. 水上航道分为_____、_____、_____。
2. 我国主要内河航道有_____、_____、_____、_____。
3. 我国内河航标分为_____、_____、_____。
4. 水运航线分为_____、_____、_____。
5. 内河船舶的运输方式有_____、_____、_____。
6. 班轮运输"四固定"是_____、_____、_____、_____。
7. 租船运输的方式有_____、_____、_____。
8. 程租船的"四特定"是_____、_____、_____、_____。
9. 航次租船方式有_____、_____、_____。
10. 我国水路运价划分为_____、_____、_____。

二、选择题

1. 船级是船舶技术性能良好的一种符号，核定船级的行业组织是(　　)。
   A. 海事局　　　　B. 船东协会　　　C. 船级社　　　　D. 港口协会
2. 属于港口水域部分的是(　　)。
   A. 码头　　　　　B. 进出港航道　　C. 铁路和公路　　D. 库场
3. 港口的通过能力是指(　　)。
   A. 港口能通过的船舶最大载重量　　B. 港口能同时停靠的船只
   C. 港口的码头数　　　　　　　　　D. 港口的吞吐量
4. SF 表示(　　)，如果 SF 越大，表示货物越(　　)。
   A. 货物衡重，重　　　　　　　　　B. 货物积载因数，轻
   C. 货物积载因数，重　　　　　　　D. 货物衡重，轻
5. 运输易腐货物应采用(　　)。
   A. 杂货船　　　　B. 散装货船　　　C. 冷藏船　　　　D. 载驳船
6. 决定船舶在港口的停泊时间长短的关键因素是(　　)。
   A. 船员的业务水平　　　　　　　　B. 货代公司与港口关系的密切程度
   C. 港口的作业效率　　　　　　　　D. 气候条件
7. 水路运输的突出特点是(　　)。
   A. 成本低　　　　B. 运量大　　　　C. 速度快　　　　D. 准时性好
8. 水路运输主要承担的货运是(　　)。
   A. 远距离、大批量　B. 近距离、大批量　C. 远距离、小批量　D. 近距离、小批量
9. 按整批托运的水路货运输物是指一张运单需满足(　　)。
   A. 重量满 30t 或体积满 34m³　　　B. 重量满 30t 和体积满 34m³
   C. 重量满 34t 或体积满 34m³　　　D. 重量满 34t 和体积满 30m³
10. 港口水域面积决定了该港(　　)。
    A. 能同时能接纳的船舶艘数　　　　B. 能接纳的船舶吨位

C. 船舶将在该港的泊港时间　　　　　　D. 能同时进行装卸作业的船舶数
11. 沙、煤、粮食、矿产、石油等货物，在国际货物运输中多采用(　　)。
　　A. 水路运输　　　B. 公路运输　　　C. 铁路运输　　　D. 航空运输
12. 海洋运输通常采用的运输方式是(　　)。
　　A. 单船　　　　　B. 顶推　　　　　C. 拖带　　　　　D. 甩挂
13. 航次租船由谁负责船舶营运管理？(　　)
　　A. 买方　　　　　B. 卖方　　　　　C. 船东　　　　　D. 租船人
14. 具有物权凭证作用的单据是(　　)。
　　A. 货票　　　　　B. 提单　　　　　C. 运单　　　　　D. 订单
15. 杂货班轮运输中的收货单由(　　)签署。
　　A. 托运人　　　　B. 收货人　　　　C. 船长　　　　　D. 大副
16. 海运提单收货人栏内显示"TO ORDER"表示该提单(　　)。
　　A. 不可转让　　　　　　　　　　　　B. 经背书后，可以转让
　　C. 不经背书即可转让　　　　　　　　D. 可以由持有人提货
17. 单证包括商务单证和船务单证两大类，以下(　　)是船务单证。
　　A. 发票　　　　　B. 提单　　　　　C. 品质说明书　　D. 订舱单
18. 班轮公司可以向(　　)支付揽货佣金。
　　A. 无船承运人　　B. 货运代理人　　C. 托运人　　　　D. 出口商
19. 用以表示船舶载运能力大小，并且作为计算期租租金单位的船舶吨位是(　　)。
　　A. 排水量吨位　　B. 载重吨位　　　C. 注册吨　　　　D. 船舶载重线
20. 航次期租船租金计算的依据是(　　)。
　　A. 船舶载重吨　　　　　　　　　　　B. 货物的数量
　　C. 航次预期日期　　　　　　　　　　D. 航次使用日数和约定的日租金率

三、简答题

1. 按顺序写出我国沿海及长江各港口的名称。
2. 简述船舶配载和船舶积载的关系。
3. 简述班轮运输与租船运输的区别。
4. 简述班轮运输的作业流程。
5. 简述租船运输的作业流程。

四、讨论题

1. 讨论货运船舶的发展趋势。
2. 讨论如何更好地发展长江"黄金水道"。

五、计算题

1. 某公司出口商品 200 件，每件毛重 80kg，体积 100cm×40cm×25cm，经查轮船公司的"货物分级表"，该货物运费计算标准为 W/M，等级为 5 级，又查中国至××港费率为 5 级，运费率为每吨运费 80 美元，另收港口附加费 10%，直航附加费 15%。轮船公司应对该批货物共收取运费多少？

2. 医保进出口公司出口药材一批(非箱装)，船公司规定捆袋筐装药材 W13 级，箱装药材 M10 级。此批货 3.889t，16.42m³。A 城到 B 城，13 级基本运费 57 美元/吨，10 级基本运费 47 美元/吨，燃油附加费 12 美元/吨。求应付运费。

3. 某公司出口到澳大利亚悉尼港某商品 100 箱，每箱毛重 30kg，体积 0.035m³，运费计算标准为 W/M10 级。查 10 级货直运悉尼港基本运费为 200 元人民币，加货币附加费 35.8%，再加燃油附加费 28%，港口拥挤费 25%。求全部运费。

4. 从上海港装运 20t，共计 22m³ 的蛋制品去英国普利茅斯港，要求直航，求全部运费。附：从货物分级表查知蛋制品为 12 级，计算标准为 W/M；该航线 12 级基本费率为 116 元/吨；该航线直航附加费每运费吨为 18 元，燃油附加费 35%。

水路货运基础岗位

水路货运基础岗位及职责见表 2-9。

表 2-9 水路货运基础岗位及职责

岗位	职责
航运调度员	一、岗位职责 (1) 跟踪和报告船舶动态。 (2) 在船舶主管指导下承担部分船舶操作业务。 (3) 保持公司与船舶的联系。 (4) 做好船岸通信器材的维护工作。 二、工作内容 (1) 24h 跟踪船舶动态，并在调度会上报告。 (2) 保持与船舶的通信畅通，协助其他部门与船舶、港口代理的联系。 (3) 及时反映船舶在生产过程中遇到的问题，传达公司指示。 (4) 收集每日的气象资料，收集各港口代理、救助单位、防海盗中心的通信资料。 (5) 维护保养船岸通信设备。 (6) 协助船舶主管做好船舶营运调度工作。 (7) 记录公司应急反应行动过程。 (8) 负责为船舶办理海关监管簿。 (9) 完成上级布置的其他工作。 三、工作要求 1. 跟踪船舶动态 (1) 通过查阅电子邮件、电传、传真，及时掌握船舶动态。密切关注在航船中午的船位报，若下班之前还未收到船位报，立即与船舶联系；对于航行于海盗活动频繁海区的船舶要及时查收 22 时船位报。适时了解掌握在港船状态，下午下班前联系代理/港调/船长，获得船舶靠泊计划和装卸货进度的有关信息，次日上午 7:30 分再次了解在港船的最新动态。 (2) 即时填写调度日志，并根据最新电文情况及时更新。在次日调度会上通报船舶的信息，做到无遗漏、无错误。 (3) 节假日前编制船舶动态表，分发各部室。周末动态表要在下班前 1h 送至相关部室；长假动态表要在前一个工作日送至相关部室，动态要覆盖整个节假日。 (4) 避免脱岗现象发生，交接班时要清楚地交接船舶动态和待处理问题，做好交接记录。 2. 信息沟通 (1) 定时查看电子邮件、电传、传真，及时接听电话，随时掌握船舶营运中所发生的问题，将租家、船舶、代理所反映的问题根据不同的情况及时传递给相关部门，并做好记录。 (2) 按轻重缓急，选择合适的通信方式、通信渠道，协助其他部门与船舶、港口代理联系。 (3) 在接到船舶的紧急情况电讯后，应按照传送程序规定，通知各室。在夜间或节假日期间，应联系部室负责人，如认为情况紧急可直接报告总经理。 (4) 要做到无责任事故发生，回答有关部门和船舶询问态度热情、服务周到。

续表

岗位	职责
航运调度员	3. 电文的管理 (1) 通过电传收发的电文应及时登记并保存到档案夹中，年底进行整理存档保管，需移交的及时移交。 (2) 根据电子档案管理规定及时做好电文的保管、刻录、移交等工作。 4. 收集资料 (1) 按时接收省气象台的传真，必要时及时联系海务管理人员，为总经理室提供参考信息，气象信息要在调度会上通报。 (2) 收集船队营运航区救助中心通信资料、救助单位、防海盗中心的通信资料等应急反应资料。 5. 船舶营运调度 (1) 按照船舶主管的要求询价、联系国内外港口代理，处理国内外港口代理委托等事务，及时安排汇付备用金，认真初审港口使费。 (2) 积极主动地协助船舶主管处理船舶营运中发生的相关问题。 (3) 详细收集、认真整理各船舶资料，分别建立档案。 (4) 及时、全面地收集货物配载、积载、危险品运输资料，收集船舶装卸货资料、货运单证。 (5) 协助船舶主管监督船舶安全装卸货，发现问题立即纠正。 (6) 协助船舶主管收集租金、运费。 (7) 协助船舶主管进行航次预估、实估，制作"营运收入结算表"
海运操作员	一、岗位目的 完成部门其他海运业务；根据委托、协议和合同，进行海运相关业务的操作和维护。 二、岗位职责 1. 对部门客户的海运业务进行操作 (1) 根据合同和项目经理(包括项目主管)的指示，进行市场询价。 (2) 客户同意报价后，根据操作程序安排货物出运等，并对所做业务进行财务登记。 (3) 定期与财务部物流结算科和班轮部及货运部商务科进行对账，做出统计报表。 (4) 对所操作业务进行归档和档案管理。 (5) 就所操作项目对该项目经理和主观领导提出建议。 2. 对本部门的海运价格体系进行维护和完善 (1) 将部门内客户所涉及的内外贸海运业务的各种费率进行记录，并随时更新。 (2) 与各大船公司及班轮部、货运部相关部门保持联系，建立内外贸海运的基础资料体系，包括各公司的优势航线、运价水平，并进行更新。 (3) 经常查询本公司其他部门是否与各船公司有优惠运价，以便本部门使用。 (4) 对本部门其他岗位的业务，有海运需求的提供支持和咨询帮助。 3. 及时更新海运业务操作规范 (1) 拟定海运业务操作规范。 (2) 根据市场规则和质量管理体系要求的变化，定期更新操作规范。 4. 收集市场信息 (1) 针对海运市场的变化，收集相关的信息，如海运运价等相关费率。 (2) 将所收集的信息进行分析和加工，上报，为部门的决策提供信息。 (3) 对本部门的海运业务提出合理化建议。 三、知识技能 1. 业务知识 (1) 掌握内外贸海运集装箱业务的操作流程。 (2) 熟悉海运散杂货运输的操作流程。 (3) 熟悉财务的基本知识。 (4) 熟悉海运的各种法律规定。

续表

岗位	职责
海运操作员	2. 业务技能 (1) 能根据需要，使用计算机编写各种流程和设计报表。 (2) 能与团队成员良好的沟通。 (3) 能有良好的表达能力。 (4) 具有良好的服务意识
配载员	一、岗位目的 负责选择货代或船公司，在货物装船和货物出运后与船公司联络。 二、岗位职责 (1) 协助部门经理制定部门年度工作规划。 (2) 负责选择货运代理公司和船公司：按照质优价廉的原则，向公司建议货运代理或船运公司；负责拟定与货运代理的合作合同；负责收集市场运费、货代公司情况信息。 (3) 负责与货代之间的联系，监督货物装船：根据每一票货物与货代确认船公司、船期、运价、航线等运输条件；协调各厂商，安排配货方案，需要时联系运输车辆；与货代联系安排货物按期运输至发运仓库；在码头或货运仓库现场监督货物装箱，及时协调解决因短途运输和装箱引起的货物及包装损坏或装箱不合格等情况；装箱时记录货物及包装损坏情况；编制商检换单、报关所需单证等，提交给货代，并配合其进行报关。 (4) 负责货物出运后保持与船公司的联络：货物出运后，随时保持与船公司的联络，要求其及时反映转船、到港和目的港代理的信息；及时将上述信息反映给单证员和服务专员。 (5) 完成运作支持部经理交付的其他任务。 三、知识技能 1. 业务知识 具备相应的国际贸易知识、物流管理知识和各国经济政策知识。 2. 业务技能 (1) 能够熟练使用各种办公室软件。 (2) 具备基本的网络知识。 (3) 具备较强的英语应用能力
海运租船助理	一、岗位职责 (1) 调查了解船舶市场行情和动态以及与自己任务类似航线和货类的成交价。 (2) 密切注意国内外政治、经济环境和各种规定的变化。 (3) 调查了解船东的信誉和经营状况。 (4) 与船东进行租船洽谈活动。 (5) 代表公司与船东签订租船合同以及其他相应文件。 二、工作流程 1. 询盘 询盘是在报价之前的双方互通情况的联系活动，也可以说是报价的前奏。 询盘目的是为货物运输寻找合适的船舶。询租程租船的内容一般包括数量、货类、包装、装港、卸港、受载期、装卸率、滞期速遣费、佣金，以及船东不负责装卸的报价条件；询租期租船的内容一般包括船舶类型、载重吨、船令、吊杆属具、租期、交船地点、还船地点、交船期、航行范围、佣金等。 一般情况下，询盘由海运租船助理向租船经纪人发出，经纪人将这些要求转告船东或租船人，要求他们做出答复。 2. 报盘 在租船过程中，一般由船东首先报盘。 报盘的内容只包括主要的可变项目。因为租船合同多达几十条款，不可能在报盘中开列很多的条款。为了解决洽谈中的困难，租船人都是事先拟定好自己的租船合同范本，分送给租船经纪人或船东，等正式报盘时使用。在租船合同范本中，凡是特定的可变项目都是空着的，例如船东名称、船名、货名、数量、装卸港口、受载期和运价等留待洽租时具体商订。 海运租船助理应代表租船方仔细研究船东的报盘，为选择合适的船东向上级领导提出合理化建议。

续表

岗位	职责
海运租船助理	3. 还盘 海运租船助理在代表租船方接受对方报盘中部分条件的同时，可以提出自己不同意的条件(即还盘)。租船助理在协助上级还盘时，先要仔细审查对方报盘的内容，哪些可以接受，哪些需要修改，哪些需要补充，哪些需要删掉，哪些不清楚，都要提出和明确。 4. 接受 海运租船代理租船人接到船东所报实盘后，经过双方多次在还盘中讨价还价，直到最后一次还实盘的全部内容被双方接受，就算成交。 5. 签订租船合同 正式的租约实际是在合同条款被双方接受后开始拟定的。在此之前，双方共同承诺的实盘中的条款已作为合同产生约束双方的效力。 租约通常缮制正本两份，签署后由当事人双方各持一份存档备查。 签约有两种形式：一是租船人或船东自己签约；二是授权租船代理来签约。租船代理签约时要说明：根据谁的授权，代表当事人谁(租船人或船东)签约，以及代理人的身份。如果代理人不表明身份，那就可能在发生法律问题时，被认为是当事人，而负有履行租约的责任
放货业务员	一、岗位目的 为船公司的运输全过程提供末端服务，按照船公司的要求，放提货单给收货人。 二、岗位职责 1. 签发提货单 (1) 进口费用录入。 (2) 处理接收到的函电。 (3) 审核提货人出具的单据，无误后，收回提单，签发提货单。 (4) 进行放货记录，分为计算机记录和书面台账。 (5) 进口提单，函电归档。 (6) 向船公司发送每日放货记录。 2. 发送到货通知 (1) 船舶抵港 2 个工作日向收货人发送到货通知。 (2) 抵港后 7 天未提货的，报告船公司。 (3) 抵港后 15 天未提货的，报告委托方，并按其指示办理。 (4) 抵港后 30 天未提货的，报告委托方，并告知可能造成的后果，按其指示办理。 3. 箱管 (1) 对委托我司箱管的船公司提单，签发 D/O 前，需要提货人提供箱体抵押担保。 (2) 在箱管人员确认无费用后，将抵押担保返还提货人。 4. 进口查询 (1) 进口船期查询。 (2) 进口费用查询。 (3) 进口电放查询。 三、知识技能 (1) 精通航运知识，熟悉外贸业务。 (2) 了解管理知识，良好沟通技能。 (3) 能够借助工具书阅读本专业的外文资料。 (4) 能使用办公软件和办公操作系统，进行文字、图表、办公信息的处理

项目三

铁路货物运输

TIELU HUOWU YUNSHU

【学习目标】

知识目标	技能目标
(1) 描述铁路的线路、车辆以及场站的构造与功能。	(1) 能够根据货物和运输的要求选择运输方式及车辆。
(2) 了解铁路货运种类及国际铁路联运的组织机构。	(2) 能够通过网络向铁路部门提报订单并能跟踪请车。
(3) 描述铁路整车、铁路零担货物运输的业务流程。	(3) 能够受理托运、审单验货、监装监卸、交付货物。
(4) 识记铁路货运单证填写规范,运杂费核算标准。	(4) 能够填写、审核铁路货运单证,核收运费和杂费。

任务一 认知铁路货运系统

【知识要点】

铁路货物运输是指铁路运输部门、单位及其工作人员利用铁路运输工具、设备,通过一定的方式,将所承运的货物运送到预先与托运人签订的《铁路货物运输合同》所约定的地点,交付给收货单位或收货人。

铁路货运系统的组成如图 3.1 所示。

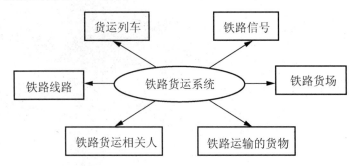

图 3.1　铁路货运系统

一、铁路线路

1. 铁路线路构成与等级

铁路线路是为进行铁路运输所修建的固定线路，是铁路固定基础设施的主体，是列车运行的基础，起着承受列车巨大重量、引导列车运行方向等作用。

铁路线路是由路基、轨道和桥隧建筑物组成的一个整体工程结构。根据通行能力，铁路线路通常分为 3 个等级，见表 3-1。

表 3-1　铁路线路等级

线路等级	年输送能力/万吨	行车速度/(km/h)	作　用
Ⅰ	≥800	120	在铁路网中起骨干作用
Ⅱ	500～800	100	在铁路网中起辅助作用
Ⅲ	≤500	80	为某一地区服务

我国铁路线路经过半个多世纪的建设，已基本形成全国铁路网，铁路干线纵贯南北，横穿东西。

南北干线"五纵"：京哈—京广线、京九线、京沪线、太焦—焦枝—枝柳线、宝成—成昆—南昆线。

东西干线"三横"：京包—包兰线、陇海—兰新线、沪杭—浙赣—湘黔—贵昆线。

2. 铁路轨距

铁路轨距是指线路上两股钢轨头部的内侧距离。由于历史原因，世界各地铁路轨距不统一，见表 3-2。由于轨距的不同，列车在不同轨道交接的地方必须进行换装或更换轮对，如图 3.2 所示。

表 3-2　铁路轨距

轨距名称	轨距/mm	采用国家或地区
标准轨	1 435	我国大部分铁路(包括香港特别行政区)、朝鲜
宽　轨	1 520	俄罗斯、哈萨克斯坦
宽　轨	1 524	蒙古

续表

轨距名称	轨距/mm	采用国家或地区
窄　轨	1 067	海南省、台湾省
米　轨	1 000	越南、我国云南省部分铁路

(a) 铁路换装场　　　　　　　　　　　　(b) 铁路换轮对场

图 3.2　铁路换装场、换轮对场

二、货运列车

货运列车分为铁路机车和铁路车辆，其分类如图 3.3 所示。

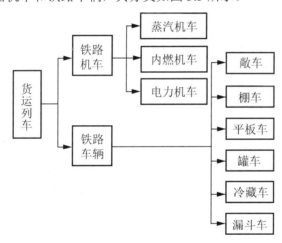

图 3.3　铁路车辆分类

1. 铁路机车

铁路机车即俗称的火车头，其自身不装货，只提供牵引动力。铁路货运机车按照原动力可分为 3 种，如图 3.4 所示。

(a) 蒸汽机车　　　　　　　　(b) 内燃机车　　　　　　　　(c) 电力机车

图 3.4　铁路机车

(1) 蒸汽机车。蒸汽机车是以蒸汽机作为原动力的一种机车。进入 20 世纪后，蒸汽机车逐渐淘汰。

(2) 内燃机车。内燃机车是以内燃机作为原动力的一种机车，一般由动力装置、传动装置、车体与车架、走行部、辅助设备、制动装置和车钩缓冲装置等部分组成。与蒸汽机车相比，内燃机车具有启动和速度快、运行路线长、通过能力大、单位功率重量轻、劳动条件好、可实现多机连挂牵引等优点。

(3) 电力机车。电力机车是靠其顶部升起的受电弓从接触网上取得电能，并转换成机械能牵引列车的一种机车。电力机车由电器设备、车体与车架、走行部、制动装置和车钩缓冲装置等部分组成。电力机车具有功率大、高速行驶、爬坡性能强、容易实现多机牵引等优点，更适合坡度大、隧道多的山区铁路和繁忙干线运输。

2．铁路车辆

铁路车辆是装运货物的运载工具。它没有动力装置，需要把车辆连挂在一起由机车牵引才能运行，如图 3.5 所示。铁路货运车辆的主要类型见表 3-3。

(a) 棚车

(b) 敞车

(c) 平板车

(d) 罐车

(e) 漏斗车

(f) 冷藏车

图 3.5　铁路车辆

表 3-3　铁路车辆的主要类型

货车类型	基本型号	主要设备和用途
棚车	P	车体有端墙、侧墙、棚顶、地板、门窗，便于保管、装运较贵重和怕湿货物
敞车	C	车体仅有端墙、侧墙和地板，车墙高度一般在 0.8m 以上，两侧有门，装运不怕湿损的散装货物

续表

货车类型	基本型号	主要设备和用途
平车	N	车体仅有平底板,适于装载重量、体积或长度较大的货物
保温车	B	车体与棚车相似,墙板间充填绝热材料。车内有制冷和冰箱等设备,装运保持一定温度的货物
罐车	G	车体为圆筒形,主要装运汽油、粘油、酒精、水、酸等液体
家畜车	J	车体似通风车,有给水和饲料储存,有押运人员乘座设施,适于运送家禽、牲畜
煤车	M	装运煤炭
矿石车	K	装运矿石
砂石车	A	装运砂石
长大货物车	D	装运重量在 90t 以上、长度在 19m 以上的货物
活鱼车	H	装运活鱼
特种车	T	事故救援车
散装水泥车	U60、K15	装运散装水泥
毒品车	PD	专运毒品
守车	S	供货运列车长或有关人员办公用

三、铁路信号

铁路信号是用特定的物体(包括灯)的颜色、形状、位置,或用仪表和音响设备等向铁路行车人员传达有关机车车辆运行条件、行车设备状态以及行车的指示和命令等信息。铁路信号设备可分为以下 3 类:

(1) 信号机。其原始形式是手灯、手旗、明火、声笛等,现代信号机主要有进、出站信号机,通过信号机,进路信号机,驼峰信号机,驼峰辅助信号机,接近信号机,遮断信号机,调车信号机,防护信号机,减速信号机和停车信号机,及其他复示信号机等辅助性信号机,以信号灯最为常见。

(2) 标志。其主要有预告标、站界标、警冲标、鸣笛标、作业标及机车停止位置标等。

(3) 表示器。其作用是补充说明信号的意义,主要有发车表示器、发车线路表示器、进路表示器、调车表示器、道岔表示器等。

四、铁路货场

铁路货场指铁路车站办理货物承运、装卸、保管和交付作业的场所,是铁路与其他运输方式相衔接的地方。铁路货场通常按以下 4 种方法分类:

(1) 按办理的货物品类可分为办理多种品类货运作业的综合性货场和专门办理某些品类货运作业的专业性货场(如专办危险品、易腐货物或活动物的货场)。

(2) 按货运量可分为大型货场、中型货场和小型货场。我国有关规定:年度货运量在 30 万吨以下者为小型货场;30 万~100 万吨者为中型货场;超过 100 万吨者为大型货场。

(3) 按办理货物运输的种类可分为整车货场、零担货场和兼办整车、零担(有的还包括集装箱)作业的货场。

(4) 按线路配置图形可分为尽头式货场、通过式货场和混合式货场。

五、铁路运输的货物

铁路运输的货物按运输条件的不同分为普通货物和特殊货物,见表 3-4。

表 3-4 铁路运输货物分类

分　类		定　义
普通货物		除按特殊运输条件办理的货物外的其他各种货物
特殊货物	阔大货物	包括超长货物、集重货物和超限货物,是一些长度长、重量重、体积大的货物
	危险货物	指在铁路运输中,凡具有爆炸、易燃、毒蚀、放射性等特性,在运输、装卸和储存保管过程中,容易造成人身伤亡和财产毁损而需要特殊防护的货物
	鲜活货物	指在铁路运输过程中需要采取制冷、加温、保温、通风、上水等特殊措施,以防止腐烂变质或死亡的货物,以及其他托运人认为需按鲜活货物运输条件办理的货物。鲜活货物分为易腐货物和活动物两大类。易腐货物主要包括肉、鱼、蛋、奶、鲜水果、鲜蔬菜、鲜活植物等;活动物主要包括禽、畜、蜜蜂、活鱼、鱼苗等
	罐装货物	指用铁路罐车运输的货物

六、铁路货运相关人

1. 托运人

在铁路货物运输合同中,将货物托付承运人按照合同约定的时间运送到指定地点,向承运人支付相应报酬的一方当事人,称为托运人。

2. 承运人

承运人,即与"托运人"相对应,在铁路货物运输合同中,指将承运的货物按合同要求运送到目的地,并向托运人收取相应报酬的一方当事人,这里指铁路运输部门。

3. 铁路货场经营人

在铁路货场办理货物承运、装卸、保管和交付作业的经营者。

4. 收货人

收货人是货物运抵目的地的接收方。货物运抵到站,收货人在办完领取手续和支付费用后领取货物。

【任务安排】

(1) 预习相关知识要点。
(2) 上网搜集铁路、铁路车辆、铁路货运场站等相关图片及资料。
(3) 以小组为单位,制作有关铁路货运系统的 PPT,并练习讲演。

【任务实施】

随机指定小组上台讲演,并接受同学和教师的提问与评价。
(1) 铁路线路。讲解铁路线路的构成及等级;了解我国主要的铁路干线。

(2) 货运列车。讲解铁路机车与铁路车辆的分类，图片展示各种车辆的特点与功能。
(3) 交通控制设备。讲解铁路交通标志、交通信号的含义与作用。
(4) 铁路货场。讲解铁路货运站的类型与功能。
(5) 货运相关人。分别扮演不同的货运当事人，简述各自的岗位职责及与其他货运当事人的关系。
(6) 货物。讲解铁路运输货物的不同分类及与运输作业的关系。

【任务评价】

对完成任务情况进行测评。

学习测评表

	组别/姓名		班级		学号	
	测评地点		日期			
	项目名称		铁路货物运输			
	任务名称		认知铁路货运系统			
	测评项目	优秀级评价标准	分值	本组评价30%	他组评价30%	教师评价40%
专业知识	准备工作	资料、道具准备齐全	5			
	随机提问	概念清楚，回答准确	10			
专业能力	铁路线路	讲清线路组成、等级，我国主要铁路干线	10			
	铁路轨距	清楚轨距分类及不同轨距的货物交接	10			
	铁路信号	了解铁路信号的分类及含义	10			
	铁路车辆	熟悉铁路车辆的分类与作用	10			
	铁路场站	熟悉铁路货(站)分类与作用	10			
	铁运货物	熟悉铁路运输货物的分类	10			
	铁运相关人	清楚铁路运输相关人的工作职责与作业流程	10			
专业素养	活动过程	表达能力	5			
		沟通能力	5			
		合作精神	5			
	合　　计		100			

任务二　组织国内铁路货运

【知识要点】

一、铁路货运单位

铁路运输货物以批为单位。"一批"就是一个运输单位，也是承运人计算货物运输费用的一个单位。一批货物的托运人、收货人、发站、到站、装卸地点必须相同(整车分卸的货物可以例外)。

整车货物以一车为一批(但跨装、爬装及使用游车的货物,可以每一车组为一批),零担货物以每张货物运单所托运的货物为一批,集装箱货物以每张货物运单所托运的集装箱数为一批(每批必须同一箱型,至少一箱,最多不得超过铁路一辆货车所能装运的箱数)。但是,下列情况不能按一批办理:一是易腐货物与非易腐货物;二是危险货物与非危险货物;三是根据货物性质,不能混装运输的货物;四是保价运输货物与非保价运输货物;五是投保运输险与未投保运输险的货物;六是运输条件不同的货物。

二、货运合同

货运合同是承运人将货物从发站运输至指定地点,托运人或收货人支付运输费用的合同。货运合同的当事人是承运人、托运人与收货人。铁路货物运输承、托运双方必须签订货运合同。铁路货运合同有预约合同和承运合同,都属于书面形式的合同。

1. 预约合同

预约合同以《铁路货物运输服务订单》(后文简称《订单》)作为合同书。预约合同签订过程就是订单的提报与批准过程。

1) 订单提报

(1) 托运人应于每月 19 日前向铁路提报次月集中审定的订单,其他订单可以随时提报。

(2) 托运人办理整车货物(包括以整车形式运输的集装箱)运输应提出订单一式两份;与铁路联网的托运人,可通过网络向铁路提报。

(3) 订单内容应正确填写,字迹清楚,不得涂改。

2) 订单审定

订单审定方式有集中审定、随时审定、立即审定等。集中审定是指为编制次月月统计划,对每月 19 日前提报的次月订单进行定期审定;随时审定是指对未列入月编计划的订单进行随时受理随时审定;立即审定是指对抢险救灾等必须迅速运输的物资审定的方式。

2. 承运合同

承运合同以《铁路货物运单》(后文简称《运单》)作为合同书。托运人按要求填写运单提交承运人,经承运人审核同意并承运后承运合同成立。

三、运到期限

货物运到期限是指铁路运输部门规定的货物运输一定里程所需要的时间标准。这个期限是根据现有技术设备和运输组织水平,分别按货物运输种类确定的。铁路货物运到期限一般由发送期间、运输期间和运到补加期限 3 个部分组成。

铁路运输货物,应在规定的运到期限内运至到站。货物运到期限从承运人承运货物的次日起,按下列规定计算:

(1) 货物发送期间为 1 日。

(2) 货物运输期间:每 250 运价千米或其未满为 1 日;按快运办理的整车货物每 500 运价千米或其未满为 1 日。

(3) 特殊作业时间：一是需要中途加冰的货物，每加冰一次，另加 1 日；二是运价里程超过 250km 的零担货物和 1t、5t 型集装箱货物，另加 2 日，超过 1 000km 加 3 日；三是一件货物重量超过 2t、体积超过 3m³ 或长度超过 9m 的零担货物及零担危险货物另加 2 日；四是整车分卸货物，每增加一个分卸站，另加 1 日；五是标准轨、米轨间直通运输的整车货物，另加 1 日。

货物实际运到日数的计算：起算时间从承运人承运货物的次日(指定装车日期的，为指定装车日的次日)起算。终止时间，到站由承运人组织卸车的货物，到卸车完了时止；由收货人组织卸车的货物，到货车调到卸车地点或货车交接地点时止。

货物运到期限，起码天数为 3 日。货物实际运到日数超过规定的运到期限时，承运人应按所收运费的百分比，向收货人支付下列比例的违约金，见表 3-5。

表 3-5 运到逾期违约金比例

运到逾期天数占运到期限天数的比例	违约金占运费的比例
≤ 1/10	5%
> 1/10，≤3/10	10%
> 3/10，≤5/10	15%
> 5/10	20%

超限货物、限速运行的货物、免费运输的货物以及货物全部灭失，承运人不支付违约金。货物在运输过程中，由于下列原因之一，造成的滞留时间，应从实际运到日数中扣除：一是因不可抗力的原因引起的；二是由于托运人责任致使货物在途中发生换装、整理所产生的；三是因托运人或收货人要求运输变更所产生的；四是运输活动物，由于途中上水所产生的；五是其他非承运人责任发生的。

由于上述原因致使货物发生滞留车站时，应在货物运单"承运人记载事项"栏内记明滞留时间和原因。到站应将各种情况所发生的滞留时间加总后不足 1 日的尾数进整为 1 日。

【任务安排】

(1) 角色安排：货主 1 人、发货人 1 人、计划审核员 1 人、运单受理员 1 人、验货司磅 1 人、理货员 1 人(监装、监卸)、收货人 1 人。
(2) 资料准备：货物购销合同或运输委托合同、铁路货运营业站示意图、铁路货物运输服务订单、货物运单等。
(3) 器具准备：磅秤、叉车、货车、货物等。
(4) 货运内容：由教师布置或由学生查询货运信息网自行设计。
(5) 任务执行：以小组为单位，按流程以不同的角色模拟组织铁路整车货运任务。

【任务实施】

国内铁路货物运输流程如图 3.6 所示。

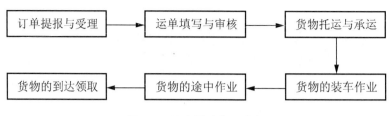

图 3.6　国内铁路货运流程

一、订单提报与受理

托运整车货物，货主需根据货物购销合同或运输委托合同，测算运输计划吨数和所需的车种、车数，填写《订单》向铁路部门上报，见表 3-6。托运人也可将调运货物的品种、数量和去向等资料提供给专业储运企业或物流公司，由代理运输单位负责编制和上报。与铁路联网的托运人，可通过网络直接向铁路提报订单。

表 3-6　铁路货物运输服务订单(整车)

提表时间：　　年　月　日　　　　　　　　　　　　省／部名称_____　代号_____
要求运输时间：　年　月　日　　　发站单　　发站单位名称_____　代号_____
受理号码：　　　　　　　　　　　位盖章　　地　　　址_____　电话_____

顺序	到局代号			收货单位			货物		车种代号	车数	特征代号	换装港	终到港	报价(元/吨)(元/车)	备注
	到站	到站电报略号	专用线名称	省/部		名称	代号	品名	吨数						
				名称	代号			名称	代码							
1															
2															
3															
4															
5															
6															
7															
8															

供托运人自愿选择的服务项目(由托运人填写)　　　　　说明或其他要求事项　　　　承运人签章
1. 发送人综合服务　　5. 清运、消纳垃圾
2. 实施货物运输　　　6. 代购、代加工、加装加固材料
3. 仓储保管　　　　　7. 代对货物进行包装
4. 篷布服务　　　　　8. 代办一关三检手续　　　　保价运输　　　　　　年　　月　　日

托运人可随时向装车站提报订单。铁路部门随时受理，随时审定。对于大宗稳定、能够提前确定运输的物资，托运人可以在每月的 19 日前将订单提报给装车站，铁路部门将其纳入次月计划，进行集中审定，以便统一安排，重点保证。

铁路货运计划人员受理订单，并经审定合格后加盖人名章，返还托运人 1 份，留存 1 份。托运人根据订单审定的车数、到站等内容按实际需要向车站提出装车请求，并同时做好装车准备，将货物搬入车站或自己选择的专用线。

托运人在办理零担、集装箱、班列货物运输时，将填写好的零担、集装箱、班列服务订单一式两份，提报给装车站，车站随时受理并根据货场能力、运力，安排班列开行日期和在

订单上加盖车站日期戳,交与托运人 1 份,留存 1 份。铁路部门据此安排运输,并通知托运人将货物搬入仓库或集装箱内。

二、运单填写与审核

发货人在托运货物时,应向车站提出《运单》,见表 3-7。运单分托运人填写和承运人填写两部分。运单填写要做到正确、完备、真实、详细、清楚、更改盖章。

表 3-7 铁路货物运单(正面)

货物指定于 月 日搬入	××铁路局	承运人/托运人 装车	领 货 凭 证
货位:	货 物 运 单	承运人/托运人 施封	车种及车号
计划号码或运输号码:			货票第 号
运到期限 日	托运人→发站→到站→收货人	货票第 号	运到期限 日

托运人填写			承运人填写		发站		
发站		到站	车钟车号	货车标重	到站		
到站所属省(市)、自治区			施封号码		托运人		
托运人	名称		经由	铁路货车篷布号码	收货人		
	地址	电话		集装箱号码	货物名称	件数	重量
收货人	名称		运价里程				
	地址	电话					

货物名称	件数	包装	货物价格	托运人确定重量/kg	承运人确定重量/kg	计数重量	运价号	运价率	运费
合计									

托运人记载事项:	承运人记载事项:

托运人签章或签字

发站承运日期戳

注:收货人领货须知见背面

注:本单补作为收款凭证,托运人签约须知见背面	托运人盖章或签字 年 月 日	到站交付日期戳	发站承运日期戳

车站接到运单后,应根据具体情况进行认真审核,检查是否有批准的货物运输计划(订单)和要车计划,检查货物运单各项内容是否正确,如确认可以承运,应予以签证。

三、货物托运与承运

1. 受理

车站对托运人提出的货物运单,经审查符合运输要求,在货物运单上签上货物搬入或装车日期后表示铁路已受理托运。

2. 进货

托运人凭车站签证后的货物运单，按指定日期将货物搬入货场指定的货位。托运人进货时，应根据货物运单核对是否符合签证上的搬入日期；品名与现货是否相等。经检查无误后，方准搬入货场。

3. 验货

车站对照运单检查货物：一是货物的名称、件数是否与货物运单的记载相符；二是货物的状态是否良好；三是货物的运输包装和标记及加固材料是否符合规定；四是货物的标记(货签)是否齐全、正确；五是货件上的旧标记是否撤换或抹消；六是装载整车货物所需要的货车装备物品或加固材料是否齐备。

4. 货票

整车货物装车后(零担货物过秤完了，集装箱货物装箱后)，货运员将签收的运单移交货运室填制货票，核收运杂费。货票式样见表3-8。

表 3-8 铁路货物运输的货票甲联

计划号码或运输号码　　　　　××铁路局　　　　　　甲联
货物运到期限　　日　　　　　　货　票　　　　　　××××××
　　　　　　　　　　　　　　　发站存查

发站			到站(局)		车种车号		货车标重	承运人/托运人装车	
托运人	名称				施封号码			承运人/托运人施封	
	地址		电话		铁路货车篷布号码				
收货人	名称				集装箱号码				
	地址		电话		经由			运价里程	
货物名称	件数	包装	货物重量/kg		计费重量	运价号	运价率	现付	
			托运人确定	承运人确定				费别	金额
								运费	
								装费	
								取送车费	
								过秤费	
合计									
集装箱号码									
记事								合计	

5. 承运

(1) 承运前的保管。整车货物，发站实行承运前保管的，从收货完毕填发收货证起，即负责承运前保管责任。

零担货物和集装箱运输的货物，车站从收货完毕时即负保管责任。

(2) 承运。零担和集装箱运输的货物由发站接收完毕，整车货物装车完毕，发站在货物运单上加盖车站日期戳时起，即为承运。

6. 标打标志、标记

在储运过程中有特殊要求的货物，仓管员应在包装上标打包装储运图示标志。对于危险货物，还应在包装上按规定标打危险货物包装标志。对于零担货物，还应在包装上标打货物标志，标签上填写的内容必须与运单相应内容一致。

四、货物的装车作业

1. 货物装卸

(1) 承运人装卸。货物装车或卸车的组织工作，在车站公共装卸场所以内由承运人负责。有些货物虽在车站公共装卸场所内进行装卸作业，由于在装卸作业中需要特殊的技术、设备、工具，仍由托运人或收货人负责组织。

(2) 托运人、收货人装卸。除车站公共装卸场所以外进行的装卸作业，装车由托运人、卸车由收货人负责。此外，前述由于货物性质特殊，在车站公共场所装卸也由托运人、收货人负责。其负责的货物：罐车运输的货物；冻结的易腐货物；未装容器的活动物、蜜蜂、鱼苗等；一件重量超过1t的放射性同位素；由人力装卸带有动力的机械和车辆。

2. 装车作业的基本要求

(1) 货物重量应均匀分布在车地板上 不得超或偏重和集重。

(2) 装载应认真做到轻拿轻放、大不压小、重不压轻，堆码稳妥、紧密、捆绑牢固，在运输中不发生移动、滚动、倒塌或坠落等情况。

(3) 使用棚车装载货物时，装在车门口的货物，应与车门保持适当距离，以防挤住车门或湿损货物。

(4) 使用罐车及敞、平装运货物时，应各按其规定办理。

3. 装车前的检查

为保证装车工作质量，装车工作顺利进行，装车前应做好以下"三检"工作。

(1) 检查运单。即检查运单的填记内容是否符合运输要求，有无漏填和错填。

(2) 检查待装货物。即根据运单所填记的内容核对待装货物品名、件数、包装，检查标志、标签和货物状态是否符合要求。集装箱还需检查箱体、箱号和封印。

(3) 检查货车。即检查发车的技术状态和卫生状态，其主要检查内容有：一是是否符合使用条件；二是货车状态是否良好，主要检查车体(包括透光检查)、车门、车窗、盖、阀是否完整良好，车内是否干净，是否被毒物污染，装载食品、药品、活动物和有押运人乘坐时，还应检查车内有无恶臭异味；三是货车"定检"是否过期，有无扣修通知、货车洗刷回送标签或通行限制。

4. 监装(卸)

装卸作业前应向装卸工组详细说明货物的品名、性质，布置装卸作业安全事项和需要准备的消防器材及安全防护用品，装卸剧毒品应通知公安到场监护。装卸作业时要做到轻拿轻放,堆码整齐牢固,防止倒塌。要严格按规定的安全作业事项操作,严禁货物侧放、卧装(钢瓶器除外)。包装破损的货物不准装车。装完后应关闭好车门、车窗、盖、阀,整理好货车装备物品和加固材料。

装车后需要施封、苫盖篷布的货车由装车单位进行施封与苫盖篷布。卸完后应关闭好车门、车窗、盖、阀,整理好货车装备物品和加固材料。

5．装车后检查

(1) 检查装载。检查有无超重、超限现象,装载是否稳妥,捆绑是否牢固,施封是否符合要求,表示牌插挂是否正确。对装载货物的敞车,要检查车门插销、底开门塔扣和篷布苫盖、捆绑情况。

(2) 检查运单。检查运单有无漏填和错填,车种、车号和运单所载是否相符。

(3) 检查货位。检查货位有无误装或漏装的情况。

五、货物的途中作业

1．货运合同的变更

托运人或收货人由于特殊原因,对承运后的货物运输合同,可按批向货物所在的中途站或到站提出变更到站、变更收货人。托运人或收货人要求变更时,应提出领货凭证和《货物运输变更要求书》(见表3-9)。不能提出领货凭证时,应提出其他有效证明文件,并在货物运输变更要求书内注明。提出领货凭证是为了防止托运人要求铁路办理变更,而原收货人又持领货凭证向铁路要求交付货物的矛盾。

表3-9 货物运输变更要求书

提出变更单位名称:＿＿＿＿＿＿＿＿印章＿＿＿＿＿＿＿					变更受理顺序号	第　号
						年　月　日
变更事项	运单号码	发站	到站	托运人	收货人	办理种别
	车种号码	货物名称	件数	重量	承运日期
	记事				
承运人记载事项						经办人

货运合同变更的种类如下:

(1) 变更到站。货物已经装车挂运,托运人或收货人可按批向货物所在的中途站或到站提出变更到站。

(2) 变更收货人。货物已经装车挂运,托运人或收货人可按批向货物所在的中途站或到站提出变更收货人。

2．货运合同的解除

整车货物和大型集装箱在承运后挂运前,零担和其他型集装箱货物在承运后装车前,托运人可向发站提出取消托运,经承运人同意,货运合同即告解除。

解除合同，发站退还全部运费与押运人乘车费。但特种车使用费和冷藏车回送费不退。此外，还应按规定支付变更手续费、保管费等费用。

3. 运输阻碍的处理

因不可抗力的原因致使行车中断，货物运输发生阻碍时，铁路部门对已承运的货物，可指示绕路运输。或者在必要时，先将货物卸下妥善保管，待恢复运输时再装车继续运输。

六、货物的到达领取

1. 货物的暂存

对到达的货物，收货人有义务及时将货物搬出，铁路也有义务提供一定的免费保管期间，以便收货人安排搬运车辆，办理仓储手续。

货物运抵到站，收货人应及时领取。拒绝领取时，应出具书面说明，自拒领之日起，3日内到站应及时通知托运人和发站，征求处理意见。托运人自接到通知之日起，30日内提出处理意见答复到站。

从承运人发出催领通知次日起(不能实行催领通知时，从卸车完了的次日起)，经过查找，满30日(搬家货物满60天)仍无人领取的货物或收货人拒领，托运人又未按规定期限提出处理意见的货物，承运人可按无法交付货物处理。

对性质不宜长期保管的货物，承运人根据具体情况，可缩短通知和处理期限。

2. 货物交付

(1) 票据交付。收货人持领货凭证和规定的证件到货运室办理货物领取手续，在支付费用和在货票丁联盖章(或签字)后，留下领货凭证，在运单和货票上加盖到站交付日期戳，然后将运单交给收货人，凭此领取货物。如收货人在办理货物领取手续时领货凭证未到或丢失时，机关、企业、团体应提出本单位的证明文件；个人应提出本人居民身份证、工作证(或户口簿)或服务所在单位(或居住单位)出具的证明文件。

货物在运输途中发生的费用(如包装整修费、托运人责任的整理或换装费、货物变更手续费等)和到站发生的杂费，在到站后应由收货人支付。

(2) 现货交付。收货人持货运室交回的运单到货物存放地点领取货物，货运员向收货人点交货物完毕后，在运单上加盖"货物交讫"戳记，并记明交付完毕的时间，然后将运单交还给收货人，凭此将货物搬出货场。

在实行整车货物交付前保管的车站，货物交付完毕后，如收货人不能在当日将货物全批撤出车站，对其剩余部分，按件数和重量承运的货物，可按件数点交车站负责保管，只按重量承运的货物，可向车站声明。

收货人持加盖"货物交讫"的运单将货物搬出货场，门卫对搬出的货物应认真检查品名、件数、交付日期与运单记载是否相符，经确认无误后放行。

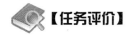【任务评价】

对完成任务情况进行测评。

学习测评表

组别/姓名			班级		学号	
测评地点			日期			
项目名称			铁路货物运输			
任务名称			组织国内铁路货运			
测评项目		优秀级评价标准	分值	本组评价 30%	他组评价 30%	教师评价 40%
专业知识	准备工作	资料、道具准备齐全	5			
	随机提问	概念清楚，回答准确	10			
专业能力	提报订单	计划编制合理，订单填写正确	10			
	填写运单	填写正确、完备、真实、清楚	10			
	受理托运	审单严格，验货认真，无差错	10			
	货物装载	严格按照车辆装载要求，装卸无差错	10			
	途中作业	安全运输，正确及时处理意外	10			
	到达领取	正确履行交货手续	10			
	事故处理	正确处理货损事故与赔偿	10			
专业素养	活动过程	工作态度	5			
		沟通能力	5			
		合作精神	5			
合　计			100			

任务三　组织国际铁路联运

【知识要点】

一、国际铁路联运

以一份运送票据跨及两国或两国以上铁路的货物运送，称为国际铁路货物联运。两国间铁路移交时不需收、发货人参加。

二、国境站

在相邻国际铁路的终点，从一国铁路向另一国铁路办理移交或接收货物和车辆的车站称为国境站。国境站除办理一般车站的事务外，还办理国际铁路联运货物、车辆和列车与邻国铁路的交接，货物的换装或更换轮对，运送票据、文件的翻译及货物运送费用的计算与复核等工作。

我国国境站除设有一般车站应设的机构外，还设有国际联运交接所、海关、国家出入境检验检疫所、边防检查站及中国对外贸易运输(集团)总公司所属的分支机构等单位。

1. 国际联运交接所

国际联运交接所简称交接所，它是国境站的下属机构。交接所执行下列任务：办理货物、车辆、运送用具的交接和换装；办理各种单据的交接，负责运送票据、商务记录编制、翻译和交接工作；计算国际铁路联运进口货物运到期限、过境铁路运费和国内各项运杂费用；对货物和票据进行检查，处理和解决货物交接以及车、货、票、证等方面存在的问题。

2. 海关

海关代表国家贯彻执行进出口政策、法律和法令，是口岸行使监督管理职权的机关，海关对进出口货物履行报关手续。只有在按规定交验有关单据和证件后，海关才凭以放行。

3. 国家出入境检验检疫所

国家出入境检验检疫所是负责进出口商品检验检疫工作的国家行政管理机关。

4. 边防检查站

边防检查站是公安部下属的国家公安部队，其职责是执行安全保卫，负责查验出入国境的列车、机车及列车服务人员和随乘人员的进出境证件。

5. 中国外运分公司

中国外运分公司是各进出口公司的货运代理。在国境站的主要业务范围是：承办各种进出口物资的铁路发运、转运、联运、口岸交接、分拨、报关、报验和大型集装箱的中转、拆箱和装箱等业务。

三、运到逾期

1. 运到期限

铁路承运货物后，应在最短期限内将货物运送至最终到站。货物从发站至到站所允许的最大限度的运送时间，即为货物运到期限。

货物运到期限由发送期间、运送期间以及特殊作业时间3个部分组成。

(1) 发送期间。不论慢运、快运，随旅客列车挂运的整车或大吨位集装箱、由货物列车挂运的整车或大吨位集装箱以及零担一律为一天(昼夜)，由发送路和到达站平分。

(2) 运送期间。按每一参加运送的铁路分别计算。

慢运：整车或大吨位集装箱每200运价千米、零担每150运价千米为一天(昼夜)。

快运：整车或大吨位集装箱每320运价千米、零担每200运价千米为一天(昼夜)。

挂旅客列车运送的整车或大吨位集装箱：每420运价千米为一天(昼夜)。

(3) 特殊作业时间。在国境站每次换装或换轮对，或用轮渡运送车辆，不论慢运、快运、整车或大吨位集装箱、零担及随客车挂运的整车或大吨位集装箱，一律延长2天(昼夜)。

运送超限货物时，运到期限按算出的整天数延长100%。

以上货物运到期限，应从承运货物的次日零时起开始计算，不足一天按一天计算。如承运的货物在发送前需预先保管，运到期限则从货物指定装车的次日零时起开始计算。

在计算运到期限时，下列时间不计算在内：

(1) 为履行海关规定和其他规章所需要的滞留时间。

(2) 非因铁路过失而造成的暂时中断运输的时间。

(3) 因变更运送契约而发生的滞留时间。

(4) 因检查而发生的滞留时间(即检查货物同运单记载是否相符，或检查按特定条件运送的货物是否采取了预防措施，而在检查中确实发现不符时)。

(5) 因牲畜饮水、溜放或兽医检查而造成的站内滞留时间。

(6) 由于发货人的过失而造成多出重量的卸车、货物或其容器、包装的修整以及倒装或整理货物的装载所需的滞留时间。

(7) 由于发货人或收货的过失而发生的其他滞留时间。

2．运到逾期

货物实际运到天数超过规定的运到期限天数，即为该批货物运到逾期。如果货物运期逾期，造成逾期的铁路则应按该路收取的运费的一定比例向收货人支付逾期罚款。

逾期罚款的规定及计算方法如下：

$$逾期罚款＝运费×罚款率$$

$$逾期百分率＝\frac{实际运送天数-按规定计算运到期限天数}{按规定计算运到期限天数}×100\%$$

按《国际铁路货物联运协定》规定，运到逾期罚款率见表3-10。

表3-10　国际铁路联运运到逾期违约金比例

$T_{逾}/T_{实}$	违约金占运费的比例
≤ 1/10	6%
> 1/10，≤2/10	12%
> 2/10，≤3/10	18%
> 3/10，≤4/10	24%
> 4/10	30%

自铁路通知货物到达和可以将货物移交给收货人处理时起，一昼夜内如收货人未将货物领出，即失去领取运到逾期罚款的权利。

四、货运事故的处理与赔偿

1．铁路对承运货物的责任

参加运送国际联运货物的铁路，从承运货物时起至到站交付货物时为止，对货物运到逾期以及因货物全部或部分灭失、重量不足、毁损、腐坏或其他原因降低质量所发生的损失负责。如由于铁路过失而使发货人或海关在运单上已作记载的添附文件遗失，以及由于铁路过失未能执行运送契约变更申请书，则铁路应对其后果负责。

2．货运事故的赔偿

1) 赔偿请求的提出与受理

发货人和收货人有权根据运送合同提出赔偿请求，赔偿请求应附有相应根据并注明款额，按每批货物，以书面方式由发货人向发送站或收货人向到达站提出。

由全权代理人代表发货人或收货人提出赔偿请求时，应有发货人或收货人的委托书证明这种赔偿请求权，委托书应符合受理赔偿请求铁路所属国的法令和规章。

自赔偿请求提出之日(以发信邮局戳记或铁路在收到直接提出的请求书时出具的收据为凭)起,铁路必须在 180 天内审查这项请求,并给赔偿请求人以答复,在全部或部分承认赔偿请求时,支付应付的款额。

2) 提赔的依据及随附文件

赔偿请求人在向铁路提出赔偿请求时,必须同时提出下列文件:

(1) 货物全部灭失时,由发货人提出,同时需提出运单副本;或由收货人提出,同时需提出运单副本或运单正本和货物到达通知单。

(2) 货物部分灭失、毁损、腐坏或由于其他原因降低质量时,由发货人或收货人提出,同时需提出运单正本和货物到达通知单以及铁路在到站交给收货人的商务记录。

(3) 货物运到逾期时,由收货人提出,同时需提出运单正本和货物到达通知单以及货物运到逾期赔偿请求书一式两份。

(4) 多收运送费用时,由发货人按其已交付的款额提出,同时需提出运单副本或发送路国内规章规定的其他文件;或由收货人按其所交付的运费提出,同时需提出运单正本和货物到达通知单。

(5) 发货人或收货人提出赔偿请求时,除需提交运单正本和货物到达通知单或运单副本外,有时还应添附商务记录、证明货物灭失或毁损的价格的文件,以及能作为赔偿请求依据的其他文件。

3) 赔偿请求的时效

发货人或收货人根据运输合同向铁路提出赔偿请求,以及铁路对发货人或收货人关于支付运送费用、罚款和赔偿损失的要求,可在 9 个月期间内提出;货物运到逾期的赔偿请求,应在 2 个月期间内提出。

【任务安排】

(1) 角色安排:发货人 1 人、货运员 1 人、调度员 1 人、理货员 1 人(监装、监卸)、押运员 1 人、收货人 1 人,铁路、外运公司、海关。

(2) 资料准备:月度要车计划表、零担货物托运单、货物交接单、报关单、商务单证等。

(3) 器具准备:磅秤、叉车、货车、货物等。

(4) 货运内容:由教师布置或由学生查询货运信息网自行设计。

(5) 任务执行:以小组为单位,按流程以不同的角色模拟组织国际铁路货物联运任务。

【任务实施】

国际铁路货物联运流程如图 3.7 所示。

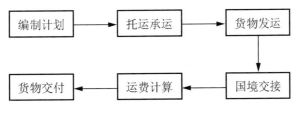

图 3.7 国际铁路货物联运流程

一、编制货物出口运输计划

发货人按当地铁路部门的规定,填制国际铁路联运《月度要车计划表》,见表 3-11。向铁路局(分局、车站)提出下月的要车计划,并在规定的时间内,分别报送当地经贸厅(局)和各主管总公司。

表 3-11 月度要车计划表

到达		发货单位	收货单位	货物名称	车种及车数					出口	附注	发送局
局	车站				棚	敞	平	罐	保温			
												发送车站货物品类
合计												

各铁路局汇总发货单位的要车计划后,上报铁道部;各省、市、治区经贸厅(局)和各进出口总公司在审核汇总所属单位的计划后,报送经贸部。

经贸部汇总审核计划后,与铁道部平衡核定。月度要车计划经两部平衡核定,并经国家的铁道部门确认后,由经贸部将核准结果通各地经贸厅(局)和各进出口总公司,各地经贸厅(局)和各进出口总公司再分别转告所属发货单位;各铁路局(分局、车站)将铁道部批准的月度要车计划分别通知发货单位。

凡发送整车货物,均需具备铁路部门批准的月度要车计划和旬度要车计划;零担货物,则不必向铁路部门编报月度要车计划,但发货人必须事先向发站办理托运手续。

二、托运与承运

发货人在托运货物时,应向车站提出货物运单,以此作为货物托运的书面申请。车站接到运单后,应进行认真审核。

整车货物办理托运,车站应检查是否有批准的月度、旬度货物运输计划和要车计划,检查运单上的各项内容是否正确。如确认可以承运,应予签证。运单上的签证,表示货物应进入车站的日期或装车日期,表示铁路已受理托运。发货人应按签证指定的日期将货物搬入车站或指定的货位,铁路根据运单上的记载查对实货,认为符合国际货协和有关规章制度的规定,车站方可接受货物,并开始负保管责任。整车货物一般在装车完毕后,发站应在运单上加盖承运日期戳,即为承运。

发运零担货物与整车货物不同,发货人在托运时,不需要编制月度、旬度要车计划,凭运单直接向车站申请托运。车站受理托运后,发货人应按签证指定的日期将货物搬进货场,送到指定的货位上,经查验、过磅后,即交由铁路保管。当车站将发货人托运的货物,连同货物运单一同接受完毕,在货物运单上加盖承运日期戳时,即表示货物业已承运。铁路对承运后的零担货物负保管、装车和发运的责任。

三、货物发运

1. 货物进站

发货人按铁路规定的时间送货物进站。进站时，发货人应组织专人在车站接货，并会同铁路货运员对货物的包装状况、品名、件数、标记唛头与运单及随附单证等逐件进行检查，如发现问题或相互不符，要设法修复或更换，或者查明原因予以更正。货物全部搬入车站并经货运员验收完毕、符合运送要求，发货人即同货运员办理货物交接手续，并在运单上签证确认。零担货物经铁路货运员查验与过磅，发货人按运单交付运杂费用后，货物在站内的保管和装车发运工作即由铁路负责。在专用线装车时，发货人应在货车调送前一日将货物搬至货位，并做好装车前一切准备工作。

2. 请车拨车

由铁路负责装车的货物，有关请车和拨车均由铁路自行处理。由发货人负责装车时，不论在车站的货场内装车或是在专用线装车，发货人应按铁路批准的要车计划，根据货物的性质和数量，向车站请拨车辆。发货人要正确合理地选择车种和车辆吨位，尽量做到车种适合货种、车吨配合货吨，在保证安全的前提下充分利用车辆的载重量与容积，提高运输经济效益。铁路在货车调送到装货地点或车辆交接地点期间，应事先通知发货人；发货人根据送车通知按时接车，同时组织装车力量，在规定时间内完成装货工作、按时交车，并将装货完毕时间通知车站。

3. 货物装车

货物装车应具备 3 个基本条件：一是货物包装完整、清洁、牢固，货物标志与标记清晰完善；二是车辆车体完整清洁，技术状况良好，具备装货条件；三是单证齐全，内容完备、准确。由发货人装车的货物，发货人应对其负责装车的货物进行现场监装，对铁路负责装车的货物一般应由铁路监装，在必要时可要求发货人在车站货场检查装载情况。现场监装工作的内容有以下几个方面：

(1) 装车前，检查货位上的货物，复核点数，是否符合装车条件。

(2) 货车调到时，会同铁路货运员检查车辆是否符合装车要求。

(3) 合理装载，装车时对配载货物做到心中有数，计算准确，装载合理，保证货物全部装车。检查货物是否装载恰当，确保货物运输安全。

(4) 装车完毕，检查车辆是否封闭、加固、通风以及是否拥有相应的安全措施。

(5) 记录车号，做好发运记录，并在出口货物明细单上填写车号、运单号和装车日期。如实际车数与原单记载有出入时，应及时做好修改和更正。

(6) 装车结束后，及时向车站交付运费，取回盖有发站承运戳记的运单副本和运单副本抄件。

4. 加固施封

对于敞车、平车及其他特种车辆装运超限货物，箱装和裸体的机械设备以及车辆等货物，应在装车时放置稳妥，捆绑牢固，以防运送途中发生移动、坠落、倒塌及互相撞击，保证安全运送。货物出口加固工作，应由铁路负责(自装车和专用线装车由发货人负责)，但发货人应检查加固情况，如不合要求，应提醒铁路方面重新加固。

施封是保证货物运输安全的重要措施之一，以便分清铁路与发、收货人之间，铁路内部之间的相互责任。一般来说，装运国际联运出口货物的棚车、冷藏车、罐车都必须施封。

货车施封后，应使用只在毁坏后才能启开的封印。

铁路装车时由铁路施封，发货人装车由发货人施封；或委托铁路施封，此时发货人应在运单"铅封"栏内注明"委托铁路施封"字样。

对出口货物和换装接运的进口货物，各发站和进口国境站必须用10号铁线将车门上部门扣和门鼻拧紧，在车门下部门扣处施封。

5．编制标志

运输标志又称唛头，一般印制在货物外包装上。按照我国规定，联运进口货物在订货工作开始前，由经贸部统一编制向国外订货的代号，作为"收货人唛头"，分别通知各订货部门使用，各进出口公司必须按照统一规定的收货人唛头对外签订合同。

收货人唛头按以下几部分顺序排列：订货年度代号、承办订货进出口公司代号、收货人代号、间隔代号、商品类别代号、合同编号、贸易国别地区代号。

6．寄送资料

当铁路运载的货物属于联运进出口货物时，需向国境站寄送合同资料。寄送的合同资料应包括合同中文抄本及其附件、补充协议书、变更申请书、更改书和有关确认函电，提前交货清单等。合同资料的内容应包括合同号、订货号、品名、规格、数量、单价以及经由国境站、到达路局、到站、收货人唛头、包装和运输条件等项目。向国外提出的合同变更资料，应同时寄送国境站外运分支机构参考。如改变货物的经由国境站，必须将更改后的中文合同抄本寄送新经由国境站外运分支机构，并通知原经由国境站外运分支机构注销合同资料。

7．发货后事项

(1) 登记。发货人的运输人员在发货后，要将发货经办人员的姓名、货物名称、数量、件数、毛重、净重、发站、到站、经由口岸、运输方式、发货日期、运单号、车号及运费等项目，详细登记在发运货物登记表内，作为原始资料。

(2) 通知及上报。如合同有规定，发货后发货人要通知收货人，发货人要及时通知；如规定要上报总公司和当地有关主管部门的，要及时上报。总之，要做好必要的通知和报告工作。

(3) 修正和更改。如果货物发出后，发现单证或单货错误，要及时电告货物经由口岸的外运分支机构，要求代为修正；如果发货后需要变更收货人、到站或其他事项的，及时按规定通知原发站办理变更。

四、国境站交接

1．通知接车

出口国境站货运调度根据国内前方站列车到站预报，通知交接所和海关做好接车准备。

2．进站待查

出口货物列车进站后，铁路会同海关接车，并将列车随带的运送票据送交接所处理，货物及列车接受海关的监管和检查。

3. 整理票据

交接所实行联合办公，由铁路、海关、外运等单位参加，并按照业务分工开展流水作业，协同工作。铁路主要负责整理、翻译运送票据，编制货物和车辆交接单，以此作为向邻国铁路办理货物和车辆交接的原始凭证。

4. 审核单证

外运公司主要负责审核货运单证，纠正出口货物单证差错，处理错发错运事故。

5. 验关放行

海关则根据申报，经查验单、证、货相符，符合国家法令及政策规定，即准予解除监督，验关放行。最后由双方铁路具体办理货物和车辆的交接手续，并签署交接证件。

6. 货物交接

1) 凭铅封交接

铅封交接的货物，根据铅封的站名、号码或发货人简称进行交接。交接时应检查封印是否有效或丢失，印文内容、字迹是否清晰可辨，同交接单记载是否相符，车辆左、右侧铅封是否一致等，然后由双方铁路凭完整铅封办理货物交接手续。

2) 按实物交接

(1) 按货物重量交接的，如中朝两国铁路间使用敞车、平车和砂石车散装煤、石膏、焦炭、矿石、熟矾土等货物。

(2) 按货物件数交接的，如中越两国铁路间用敞车装载每批不超过 100 件的整车货物。

(3) 按货物现状交接的，一般是难以查点件数的货物。

在办理货物交接时，交付方必须编制《货物交接单》，没有编制交接单的货物，在国境站不得办理交接。

五、费用结算

详见本项目任务四的相关内容。

六、货物交付

国际联运出口货物抵达到站后，铁路应通知运单中所记载的收货人领取货物。在收货人付清运单中所记载的一切应付运送费用后，铁路必须将货物连同运单交付给收货人。收货人必须支付运送费用并领取货物。收货人只有在货物因毁损或腐坏而使质量发生变化，以致部分货物或全部货物不能按原用途使用时，才可以拒绝领取货物。收货人领取货物时，应在运行报单上填记货物领取日期，并加盖收货戳记。

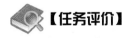
【任务评价】

对完成任务情况进行测评。

学习测评表

组别/姓名		班级		学号	
测评地点		日期			
项目名称		铁路货物运输			
任务名称		组织国际铁路联运			
测评项目		优秀级评价标准	分值	本组评价 30%	他组评价 30%	教师评价 40%
专业知识	准备工作	资料、道具准备齐全	5			
	随机提问	概念清楚,回答准确	10			
专业能力	编制计划	计划编制合理,订单填写正确	10			
	托运承运	运单填写正确、完备、真实、详细、清楚	10			
	货物发运	审单严格,验货认真,无差错	10			
	国境交接	手续完备,交接正确	10			
	运费计算	方法得当,计算正确	10			
	货物交付	正确履行交货手续	10			
	事故处理	正确处理货损事故与赔偿	10			
专业素养	活动过程	工作态度	5			
		沟通能力	5			
		合作精神	5			
合 计			100			

任务四 计算铁路货运运费

【知识要点】

一、货物运价的分类

1. 整车货物运价

整车运价是《铁路货物运价规则》(后文简称《价规》)中规定的按整车运送的货物的运价,由按货种别的每吨的发到基价和每吨的千米或每轴千米的运行基价组成。

2. 零担货物运价

零担货物运价是铁路对按零担运送的货物所规定的运价,由按货种别的每 10kg 的发到基价和每 10kg·km 的运行基价组成。

3. 集装箱货物运价

集装箱货物运价是铁路对按集装箱运送的货物所规定的运价,由每箱的发到基价和每箱千米的运行基价组成。

二、铁路货物运价核收依据

铁路货物运输费用根据《价规》核收。

1. 《价规》适用范围

《价规》是计算铁路货物运输费用的依据，承运人和托运人、收货人必须遵守《价规》的规定。

2. 《价规》基本内容

《价规》规定了在各种不同情况下计算货物运输费用的基本条件，各种货物运费、杂费和其他费用的计算方法及国际铁路联运货物国内段的运输费用的计算方法等。

3. 《价规》附件

(1) 附件一《铁路货物运输品名分类与代码表》(后文简称《分类表》，见表 3-12)和附件二《铁路货物运输品名检查表》(后文简称《检查表》，见表 3-13)都是用来判定货物的类别代码和确定运价号的工具。

表 3-12 铁路货物运输品名分类与代码表

代码	货物品类	代码	货物品类	代码	货物品类	代码	货物品类
01	煤	08	矿物性建材	15	化工品	22	饮食品及烟草
02	石油	09	水泥	16	金属制品	23	纺织品和皮毛及其制品
03	焦炭	10	木材	17	工业机械	24	纸及文教用品
04	金属矿石	11	粮食	18	电子电气机械	25	医药品
05	钢铁及有色金属	12	棉花	19	农业机具	…	…
06	非金属矿石	13	化肥及农药	20	鲜活货物	99	其他货物
07	磷矿石	14	盐化工品	21	农副产品		

表 3-13 铁路货物运输品名检查表

代码		货物品名	运价号		说明
			整车	零担	
12	1 0	棉花、籽棉	2	24	
	2 0	皮棉	2	24	含棉短绒
	9 0	其他棉花			不含医用脱脂棉
	9 1	絮棉、棉胎、旧棉	3	24	
	9 2	木棉	3	24	
13		化肥及农药 化学肥料			
…		…			

《检查表》由代码、货物品类、运价号(整车、零担)、说明等项组成，根据货物所属的类项，便可确定货物的运价号。代码由 4 位阿拉伯数字组成，代码(前 2 位表示货物品类的大类，

第 3 位表示中类，第 4 位表示小类)对应运价号。铁路运输的货物共分 26 类，每一类都是按大类、中类、小类的顺序排列。

(2) 附件三、附件四为《货物运价里程表》(分上、下两册)(后文简称《里程表》)。使用《里程表》可以很快查到需要找的站名、有关事项、确定运输里程。

4．《价格》附录

《价格》有 3 个附录：附录一为铁路电气化附加费核收办法；附录二为新路新价均摊运费核收办法；附录三为铁路建设基金计算核收办法。

三、货票

整车货物装车后(零担货物过秤完了，集装箱货物装箱后)，货运员将签收的运单移交货运室填制货票，核收运杂费。货票是铁路运输货物的凭证，也是一种具有财务性质的票据，可以作为承运货物的依据和交接运输的凭证。货票一式四联：甲联为发站存查联；乙联为报告联，由发站报发局；丙联由发站给托运人报销用；丁联为运输凭证，由发站随货物递交到站，到站由收货人签章交付，作为完成运输合同的唯一依据。

【任务安排】

(1) 角色安排：财务人员 1 人、信息员 1 人、计费员 1 人、客服人员 1 人。

(2) 资料准备：货物运价里程表、铁路货物运输品名分类与代码表、铁路货物运输品名检查表、铁路货物运价率表等。

(3) 器具准备：计算机、计算器、货运发票等。

(4) 任务执行：教师布置(或学生自己设计)铁路货运及国际铁路联运内容，学生按流程完成运费计算及填制货票任务。

【任务实施】

铁路货运运费计算流程如图 3.8 所示。

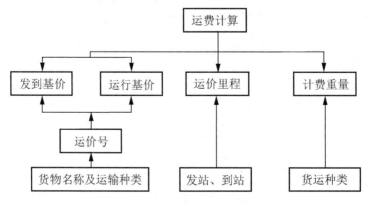

图 3.8 铁路运费计算流程

一、确定运价里程

根据《里程表》，计算出发站至到站的运价里程。图 3.9 列出了全国铁路主要站间的货运里程。使用《里程表》查找车站有关事项的方法如下：

先从里程表上册《站名首字汉语拼音素引表》或《站名首字笔画素引表》查出车站在《站名索引表》中的页数。再翻到《站名索引表》的该页数，就可以查到该车站的"电报略码"、所在的铁路局、省(市、自治区)的简称等有关事项。起码计费里程为 100km。

天津	137	天津												
沈阳	741	707	沈阳											
长春	1046	1012	305	长春										
哈尔滨	1288	1354	547	242	哈尔滨									
济南	497	360	1067	1372	1614	济南								
合肥	1074	973	1680	1985	2227	613	合肥							
南京	1160	1023	1730	2035	2277	663	312	南京						
上海	1463	1326	2033	2335	2577	966	615	303	上海					
杭州	1589	1452	2159	2464	2706	1092	451	429	201	杭州				
南昌	1449	1444	2151	2456	2689	1137	478	838	837	636	南昌			
福州	2334	2197	2904	3209	3451	1837	1196	1174	1173	972	622	福州		
石家庄	277	419	1126	1431	1673	301	914	964	1267	1393	1293	1915	石家庄	
郑州	689	831	1538	1843	2085	666	645	695	998	1124	927	1549	412	郑州
武昌	1225	1367	1972	2277	2519	1202	1181	1231	1230	1029	391	1013	948	536	武昌
长沙	1583	1725	2330	2635	2877	1560	1222	1200	1199	948	984	1306	894	358	长沙
广州	2289	2431	3036	3341	2928	2151	1826	1804	1803	1602	1022	1588	2012	1600	1064	706	广州
南宁	2561	2703	3411	6313	3855	2538	2098	2076	2075	1874	1294	1860	2282	1870	1336	978	1334	南宁
西安	1159	1301	1906	2211	2453	1177	1156	1206	1509	1635	1412	2389	923	511	1047	1405	2111	2383	西安
兰州	1811	1948	2552	2962	3099	1853	1832	1882	2185	2311	2088	3065	1599	1187	1723	2081	2787	3059	676	兰州
西宁	2092	2235	2839	3144	3386	2069	2048	2098	2401	2527	2304	3281	1815	1403	1939	2297	3003	3275	892	216	西宁
乌鲁木齐	3768	3911	4515	4820	5062	3745	3724	3774	4077	4065	4391	4957	3491	3079	3615	3973	4679	4951	2568	1892	2108	乌鲁木齐
成都	2042	2185	2789	3094	3336	2019	1998	2048	2351	2552	2239	2805	1765	1353	1737	1923	2527	1832	842	1172	1388	3026	成都
贵阳	2539	2681	3286	3591	3833	2516	2076	2054	2053	1852	1272	1838	2262	1850	1314	956	1560	865	1809	2139	2355	3993	967	贵阳
昆明	3178	3320	3925	4230	4372	3119	3098	2693	3069	2868	1911	2477	2901	1953	1595	2199	1504	1942	2272	2488	4126	1100	639

图 3.9　全国铁路主要站间的货运里程(单位：km)

二、确定运价号

根据货物运单上填写的货物名称查找《分类表》(参见表 3-12)，确定货物品类所属代码；再根据货物品名查找《检查表》(参见表 3-13)，确定适用的运价号。

整车货物运价为 9 个号(1～9 号)；保温车货物运价按冰保车和机保车两类来确定，相当于 2 个运价号；零担货物运价分为 4 个号(21～24 号)；集装箱货物按箱型进行确定。

三、确定运价等级和运价率

整车、零担货物按货物适用的运价号，集装箱货物根据箱型，冷藏车货物根据车种分别在《铁路货物运价率表》(后文简称《运价率表》，表 3-14)中查出适用的运价率(即发到基价和运行基价)。

表 3-14　铁路货物运价率表

办理类别	货价号	发到基价		运行基价	
		单 位	标 准	单 位	标 准
整车	1	元/吨	4.60	元/吨·千米	0.021 0
	2	元/吨	5.20	元/吨·千米	0.023 9
	3	元/吨	6.00	元/吨·千米	0.027 3
	4	元/吨	6.80	元/吨·千米	0.031 1
	5	元/吨	7.60	元/吨·千米	0.034 8
	6	元/吨	8.50	元/吨·千米	0.039 0
	7	元/吨	9.60	元/吨·千米	0.043 7

续表

办理类别	货价号	发到基价		运行基价	
		单位	标准	单位	标准
整车	8	元/吨	10.70	元/吨·千米	0.049 0
	9			元/轴·千米	0.150 0
	冰保	元/吨	8.30	元/吨·千米	0.045 5
	机保	元/吨	9.80	元/吨·千米	0.067 5
零担	21	元/10千克	0.085	元/10千克·千米	0.000 350
	22	元/10千克	0.101	元/10千克·千米	0.000 420
	23	元/10千克	0.122	元/10千克·千米	0.000 504
	24	元/10千克	0.146	元/10千克·千米	0.000 605
集装箱	1t 箱	元/箱	7.00	元/箱·千米	0.031 8
	5.6t 箱	元/箱	55.20	元/箱·千米	0.243 8
	10t 箱	元/箱	85.30	元/箱·千米	0.376 8
	20ft 箱	元/箱	149.50	元/箱·千米	0.660 3
	40ft 箱	元/箱	292.30	元/箱·千米	1.290 9

四、确定计费重量

1. 整车货物计费重量

整车货物除下列情况外，均按货车标记载重量(后文简称标重)计算运费。货物重量超过标重时，按货物重量计费，见表 3-15。

表 3-15 整车货物规定计费重量表

车 种 车 型	计费重量/t
B_6、B_{6N}、B_{6A}、B_7(加冰冷藏车)	38
BSY(冷板冷藏车)	40
B_{18}(机械冷藏车)	32
B_{19}(机械冷藏车)	38
B_{20}、B_{21}(机械冷藏车)	42
B_{10}、B_{10A}、B_{10B}(机械冷藏车)	44
B_{22}、B_{23}(机械冷藏车)	48
SQ_1(小汽车专用平车)	85
QD_3(凹底平车)	70
GY_{95S}、GY_{95}、GH_{40}、GY_{40}、$GH_{95/22}$、$GY_{95/22}$(石汽液化气罐车)	65
GY_{100S}、GY_{100}、GY_{100-I}、GY_{100-II}(石汽液化气罐车)	70

(1) 使用矿石车、平车、砂石车，经铁路局批准装运《分类表》"01""0310""04""06""081"和"14"类货物按 40t 计费，超过 40t 时按货物重量计费。

(2) 使用自备冷藏车装运货物时按 60t 计费；使用标重低于 50t 的自备罐车(表 3-15 所列 $GH_{95/22}$、$GY_{95/22}$、GH_{40}、GY_{40} 型除外)装运货物时按 50t 计费，表 3-15 定的车种车型按规定重量计费。

(3) 表 3-15 所列货车装运货物时，计费重量按表中规定计算。加冰冷藏车不加冰运输时，按冷藏车标重计费。

(4) 标重不足 30t 的家畜车，计费重量按 30t 计算。

(5) 车辆换长超过 1.5m 的货车(D 型长大货物车除外)本条未明定计费重量的，按其超过部分以每米(不足 1 m 的部分不计)折合 5t 与 60t 相加之和计费。

整车货物计费重量以吨为单位，吨以下四舍五入。

2. 零担货物计费重量

零担货物按货物重量或货物体积折合重量择大计费，即每立方米重量不足 300kg 的轻浮货物，按每立方米体积折合重量 300kg 计算，见表 3-16。但下列货物除外：本规则有规定计费重量的货物，按规定计费重量计费；《分类表》列"童车""室内健身车""209 其他鲜活货物""9914 搬家货物、行李""9960 特定集装化运输用具"等按货物重量计费。

零担货物起码计费重量为 100kg，计费单位为 10kg，不足 10kg 进为 10kg。

表 3-16 零担货物规定计费重量表

序号	货物名称	计费单位	规定计费重量/kg
1	组成的摩托车： 双轮； 三轮(包括正、侧带斗的，不包括三轮汽车)	辆 辆	750 1 500
2	组成的机动车辆、拖斗车(单轴的拖斗车除外)： 车身长度不满 3m； 车身长度 3m 以上，不满 5m； 车身长度 5m 以上，不满 7m； 车身长度 7m 以上	辆 辆 辆 辆	4 500 15 000 20 000 25 000
3	组成的自行车	辆	100
4	轮椅、折叠式疗养车	件(辆)	60
5	牛、马、骡、驴、骆驼	头	500
6	未装容器的猪、羊、狗	头	100
7	灵柩、尸体	具(个)	1 000

3. 集装箱货物计费重量

集装箱货物以箱为单位。

五、计算运费

1. 铁路整车货物运费计算

$$运费 = (发到基价 + 运行基价 \times 运价里程) \times 计费重量$$

2. 铁路零担货物的运费计算

$$运费 = \frac{(发到基价 + 运行基价 \times 运价里程) \times 计费重量}{10}$$

运价率不同的零担货物在一个包装内或按总重量托运时，按该批或该项货物中运价率高的计费；运价率相同时，重量应合并计算。

零担货物每批的起码运费：发到运费为 1.60 元，运行运费为 0.40 元。

3. 铁路集装箱货物运费计算

运费＝(发到基价＋运行基价×运价里程)×箱数

危险货物、罐式、其他专用集装箱的运价率，按表 3-14 分别加 30%、30%、20%计算。自备集装箱空箱运价率按其适用重箱运价率的 50%计算。

六、计算杂费和附加费

1. 铁路货运杂费

根据铁路办理的辅助性附带作业，先确定应交什么杂费。铁路除装卸费以外，其他杂费视具体情况而定。根据作业项目以《铁路货运营运杂费费率表》为依据(表 3-17)，确定杂费费率。

表 3-17 铁路货运营运杂费费率表

序号	项目			单位	费率
1	表格材料费	运单	普通货物	元/张	0.10
			国际联运货物	元/张	0.20
		货运	纸制	元/个	0.10
			其他材料制	元/个	0.20
		危险货物包装标志		元/个	0.20
		物品清单		元/张	0.10
		施封锁材料费(承运人装车、箱的除外)		元/个	1.50
2	冷却费			元/吨	20.00
3	D 型长大货物车使用费	标重不足 180t	不超重	元/吨·千米	0.25
			一级超重	元/吨·千米	0.30
			二级超重	元/吨·千米	0.35
		标重 180t 以上	不超重	元/吨·千米	0.30
			一级超重	元/吨·千米	0.35
			二级超重	元/吨·千米	0.40
			超级超重	元/吨·千米	0.60
4	D 型长大货物车空车回送费			元/轴	300.00
5	取送车费			元/0.5 千米	6.00
6	机车作业费			元/0.5 小时	60.00
7	押运人乘车费			元/人·百千米	3.00
8	货车篷布使用费	500km 以内		元/张	50.00
		501km 以上		元/张	70.00
9	集装箱使用费	1t 箱	500km 以内	元/箱	5.00
			501～2 000km 每增加 100km 加收	元/箱	0.40
			2 001～3 000km 每增加 100km 加收	元/箱	0.20
			3 001km 以上计收	元/箱	13.00
		10t 箱	500km 以内	元/箱	50.00
			501～2 000km 每增加 100km 加收	元/箱	5.00
			2 001～3 000km 每增加 100km 加收	元/箱	2.50
			3 001km 以上计收	元/箱	150.00

续表

序号	项目			单位	费率
9	集装箱使用费	20ft 箱	500km 以内	元/箱	100.00
			501～2 000km 每增加 100km 加收	元/箱	10.00
			2 001～3 000km 每增加 100km 加收	元/箱	5.00
			3 001km 以上计收	元/箱	300.00
		40ft 箱	500km 以内	元/箱	200.00
			501～2 000km 每增加 100km 里加收	元/箱	20.00
			2 001～3 000km 每增加 100km 加收	元/箱	10.00
			3 001km 以上计收	元/箱	600.00
		铁路拼箱(一箱多批)		元/10 千克	0.20
10	自备集装箱管理费	1t 箱		元/箱	3.00
		10t 箱		元/箱	25.00
		20ft 箱		元/箱	100.00
		40ft 箱		元/箱	200.00
11	货物装卸作业费	按《铁路货物装卸作业计费办法》和《铁路货物装卸作业费率》的规定核收			
12	货物保价费	按《关于修订货物保价费率的通知》的规定核收			

装卸费以吨为单位；过秤费以整车为单位、零担以百千克、集装箱以箱为单位；货车清扫、洗刷、除污以车为单位；施封以个为单位；篷布以张为单位；延长期使用以每日每张为单位；货车延期使用以车小时为单位；集装箱使用以箱为单位。延期使用运输设备、违约及委托服务杂费费率见表 3-18、租、占用运输设备杂费费率见表 3-19。

表 3-18 延期使用运输设备、违约及委托服务杂费费率表

序号	项目		单位	费率
1	过秤费	整车轨道衡	元/车	30.00
		整车普通磅秤	元/吨	1.50
		零担	元/百千克	0.40
		1t 箱	元/箱	1.50
		10t 箱	元/箱	15.00
		20ft 箱	元/箱	30.00
		40ft 箱	元/箱	60.00
2	货物暂存费	整车货物	元/车·日	30.00
		零担货物	元/批·百千克·日	0.30
		1t 箱	元/箱·日	1.50
		10t 箱	元/箱·日	7.50
		20ft 箱	元/箱·日	15.00
		40ft 箱	元/箱·日	30.00
3	专用线、专用铁路货车使用费		按照《货车使用费核收办法》的规定核收	
4	D 型长大货物车延期使用费		元/吨·日	4.00
5	货车篷布延期使用费		元/张·日	20.00

续表

序号	项目		单位	费率
6	集装箱延期使用费	1t 箱	元/箱·日	2.00
		5t 箱、6t 箱	元/箱·日	10.00
		10t 箱	元/箱·日	20.00
		20ft 箱	元/箱·日	40.00
		40ft 箱	元/箱·日	80.00
7	冷藏车(取消托运时)空车回送费		元/车	150.00
8	机械冷藏车制冷费	单节型	元/车·日	200.00
		5 辆型	元/车组·日	680.00
		9 辆型	元/车组·日	10 800.00
9	货物运输变更手续费	变更到站、变更收货人	整车货物和 2ft、40ft 集装箱	元/批	200.00
			零担货物和其他集装箱货物	元/批	20.00
		发送前取消托运	整车货物和 20ft、40ft 集装箱	元/批	100.00
			零担货物和其他集装箱货物	元/批	10.00
10	清扫除污费	货位清扫	蔬菜、瓜果、牲畜	元/车	10.00
			散堆装货物	元/车	2.00
		集装箱清扫	1t 箱	元/箱	0.20
			10t 箱	元/箱	1.50
			20ft 箱	元/箱	2.50
			40ft 箱	元/箱	5.00
		货车洗刷除污	货车清扫	元/车	5.00
			整车货物	毒害品	元/车	100.00
				其他	元/车	60.00
			按零担办理的牛、马、骡、驴、骆驼	元/头	1.00

表 3-19 租、占用运输设备杂费费率表

序号	项目		单位	费率
1	合资、地方铁路及在建线货车使用费	冷藏车	元/车·小时	4.00
		其他货车	元/车·小时	3.50
2	合资、地方铁路货车篷布占用费和集装箱使用费	货车篷布	元/张·日	20.00
		1t 集装箱	元/箱·日	2.00
		5t 集装箱	元/箱·日	10.00
		10t 集装箱	元/箱·日	20.00
		20ft 集装箱	元/箱·日	40.00
		40ft 集装箱	元/箱·日	80.00
3	自备车或租用铁路货车停放费		元/车·日	20.00
4	车辆租用费	在营业线上	冰冷车、家畜车	元/吨·日	4.00
			罐车,散装水泥、粮食专用车	元/吨·日	3.60
			其他货车(机冷、长大货车除外)	元/吨·日	3.00
		在专用线、专用铁路上	冰冷车、家畜车	元/吨·日	8.00
			罐车,散装水泥、粮食专用车	元/吨·日	7.20
			其他货车(机冷、长大货车除外)	元/吨·日	6.00

续表

序号	项目			单位	费率
4	车辆租用费	机械冷藏车	单节型	元/车·日	160.00
			5 辆型	元/车组·日	660.00
			9 辆型	元/车组·日	1 320.00
		长大货物车	标重 180t 以上	元/吨·日	8.60
			标重不足 180t	元/吨·日	2.40
		守车		元/车·日	60.00
5	铁路码头使用费			元/吨	0.60
6	路产专用线租用费			元/延米·年	80.00

2. 附加费

(1) 电气化附加费。电气化附加费＝费率×电气化里程×计费重量(轴数、箱数)。电气化附加费费率见表 3-20。

表 3-20 电气化附加费费率表

项目种类			计费单位	费率
整车货物			元/吨·千米	0.012
零担货物			元/10 千克·千米	0.000 12
自轮运转货物			元/轴·千米	0.036
集装箱		1t 箱	元/箱·千米	0.007 2
		10t 箱	元/箱·千米	0.100 8
		20ft 箱	元/箱·千米	0.192
		40ft 箱	元/箱·千米	0.408
	空白备箱	1t 箱	元/箱·千米	0.003 6
		5t 箱、6t 箱	元/箱·千米	0.03
		10t 箱	元/箱·千米	0.050 4
		20ft 箱	元/箱·千米	0.096
		40ft 箱	元/箱·千米	0.204

(2) 新路新价均摊运费。新路新价均摊运费＝均摊运价率×运价里程×计费重量(轴数、箱数)。新路新价均摊运费费率见表 3-21。

表 3-21 新路新价均摊运费费率表

项目种类		计费单位	费率
整车货物		元/10 千克·千米	0.001
零担货物		元/轴·千米	0.000 011
自轮运转货物		元/箱·千米	0.003 3
集装箱	1t 箱	元/箱·千米	0.000 66
	10t 箱	元/箱·千米	0.009 24
	20ft 箱	元/箱·千米	0.017 6
	40ft 箱	元/箱·千米	0.037 4

续表

项目种类		计费单位	费率
集装箱	空自备箱 1t 箱	元/箱·千米	0.000 33
	5t 箱、6t 箱	元/箱·千米	0.002 75
	10t 箱	元/箱·千米	0.004 62
	20ft 箱	元/箱·千米	0.008 8
	40ft 箱	元/箱·千米	0.018 7

注：整车货物中，化肥、磷矿石、棉花(籽棉、皮棉)的费率为0.002 1元/吨·千米。

(3) 铁路建设基金。铁路建设基金＝费率×运价里程×计费重量(轴数、箱数)。铁路建设基金费率见表3-22。

表3-22 铁路建设基金费率表

项目种类		计费单位	农药	磷矿石、棉花	其他货物
整车货物		元/10千克·千米	0.019	0.028	0.033
零担货物		元/轴·千米	0.000 19	0.000 33	
自轮运转货物		元/箱·千米	0.099		
集装箱	1t 箱	元/箱·千米	0.019 8		
	5t 箱、6t 箱	元/箱·千米	0.165		
	10t 箱	元/箱·千米	0.277 2		
	20ft 箱	元/箱·千米	0.528		
	40ft 箱	元/箱·千米	1.122		
	空自备箱 1t 箱	元/箱·千米	0.009 9		
	5t 箱、6t 箱	元/箱·千米	0.082 5		
	10t 箱	元/箱·千米	0.138 6		
	20ft 箱	元/箱·千米	0.264		
	40ft 箱	元/箱·千米	0.561		

注：整车化肥、黄磷、粮食、棉花免征铁路建设基金。粮食指稻谷、大米、小麦、小麦粉、玉米、大豆、棉花指籽棉、皮棉。

七、计算运杂费

将上述运费和杂费相加，即得运杂费总额。

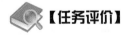【任务评价】

对完成任务情况进行测评。

学习测评表

组别/姓名		班级		学号	
测评地点		日期			
项目名称	铁路货物运输				
任务名称	计算铁路货物运输运费				

续表

测评项目		优秀级评价标准	分值	本组评价30%	他组评价30%	教师评价40%
专业知识	准备工作	资料、道具准备齐全	5			
	随机提问	概念清楚，回答准确	10			
专业能力	运价里程	熟练使用《里程表》，正确计算运价里程	10			
	运价号	根据货物类别和品名，正确查询代码，确定运价号	10			
	运价率	熟练使用《运价率表》，正确查询运价率	10			
	计费重量	正确计算整车、零担及集装箱货物的计费重量	10			
	计算运费	正确计算货物运费，结果正确	10			
	计算附加费	附加费收取得当，计算正确	10			
	计算杂费	杂费收取得当，计算正确	10			
专业素养	活动过程	工作态度	5			
		沟通能力	5			
		合作精神	5			
合　　计			100			

 【练习与思考】

一、填空题

1. 机车按原动力不同可分为_____机车、_____机车、_____机车。
2. 铁路标准轨距是_____，宽轨是_____，窄轨是_____，米轨是_____。
3. 铁路信号设备可分为_____、_____和_____。
4. 铁路线路是由_____、_____和_____组成的一个整体工程结构。
5. 国境站除设有车站以外，还设有_____、_____、_____、_____等分支机构单位。
6. 施封是保证货物运输安全的重要措施之一，通常铁路装车时由_____施封，发货人装车由_____施封。
7. 货物交接可分为_____和_____两种情况；按实物交接可分为只按_____、_____和_____3种方式。
8. 货物运到期限由_____、_____以及_____3个部分组成。
9. 铁路联运里程由_____、_____以及_____3个部分组成。
10. 整车货物运价为_____号；保温车货物运价按_____和_____两类来确定；零担货物运价分为_____号；集装箱货物按_____不同进行确定。

二、选择题

1. 铁路机车的作用是(   )。
   A. 装运货物　　　B. 装运旅客　　　C. 机组人员休息　　　D. 提供动力

2. 从今后发展来看,最有发展前途的机车是(   )。
   A. 蒸汽机车　　　B. 内燃机车　　　C. 电力机车　　　D. 磁悬浮列车

3. 铁路通用货车包括以下(   )。
   A. 水泥车　　　B. 保温车　　　C. 漏斗车　　　D. 家畜车

4. 铁路专用货车包括以下(   )。
   A. 棚车　　　B. 平车　　　C. 敞车　　　D. 家畜车

5. 我国常用的铁路货车的载重量是(   )。
   A. 60t　　　B. 20t　　　C. 50t　　　D. 90t

6. 铁路运输设备包括:线路、车站、车辆、机车、(   )五大部分。
   A. 通信信号　　　B. 岔道　　　C. 铁轨　　　D. 路标

7. 铁路整车运输的特点描述中不正确的是(   )。
   A. 装载量大　　　　　　　　B. 运输费用高
   C. 运输速度快　　　　　　　D. 能承担的运量大

8. 铁路运输中,必须按整车托运的货物是(   )。
   A. 电视机　　　B. 服装　　　C. 汽车　　　D. 煤炭

9. 铁路零担货物一件体积最小不得小于(   )m³(一件重量在10kg以上的除外)。
   A. 0.01　　　B. 0.02　　　C. 0.03　　　D. 0.05

10. 铁路货物运到逾期,铁路向收货人支付违约金,违约金的支付是根据(   )和(   ),按承运人所收运费的百分比进行支付的。
    A. 逾期天数,运到期限天数
    B. 实际运到天数,逾期天数
    C. 运到期限天数,实际运到天数
    D. 逾期天数,逾期天数占运到期限天数的百分比

11. 铁路货运合同有预约合同和承运合同,预约合同以(   )为合同书;承运合同以(   )作为合同书。
    A. "货票"　"货签"　　　　　B. "订单"　"运单"
    C. "货票"　"运单"　　　　　D. "订单"　"货票"

12. 零担货物和集装箱运输的货物,铁路车站从(   )时即负保管责任。
    A. 货物进站　　　　　　　　B. 收货完毕
    C. 货物装车完毕　　　　　　D. 发站在运单上加盖日期戳

13. 铁路货物已经装车挂运,货运合同变更的种类有(   )。
    A. 变更到站,变更收货人　　B. 变更到站,变更货物
    C. 变更货车,变更收货人　　D. 变更到站,变更货车

14. 在车站公共装卸场所以内,货物装车或卸车的组织工作由(   )负责。
    A. 装卸公司　　　B. 承运人　　　C. 托运人　　　D. 理货公司

15. 在车站公共装卸场所以外进行装卸作业，装车由(　　)、卸车由(　　)负责。
    A. 托运人，收货人　　　　　　　　B. 承运人，承运人
    C. 托运人，承运人　　　　　　　　D. 承运人，收货人
16. 铁路整车货运，必须具备铁路部门批准的(　　)。
    A. 整车货物托运单　　　　　　　　B. 整车货物交接单
    C. 月度要车计划　　　　　　　　　D. 月度货运计划
17. 在国境站办理货物交接时交付方必须编制(　　)。
    A. 装货清单　　B. 货物交接单　　C. 货物装运单　　D. 货运变更单
18. 在国境站承办各种进出口物资的铁路发运、转运、联运、口岸交接、分拨、报关、报验和大型集装箱的中转、拆箱和装箱等业务的机构是(　　)。
    A. 国际联运交接所　B. 海关　　　　C. 边防检查站　　D. 中国外运分公司
19. 在国境站承办货物、车辆、运送用具的交接和换装的机构是(　　)。
    A. 国际联运交接所　B. 海关　　　　C. 边防检查站　　D. 中国外运分公司
20. 货物运到逾期的赔偿请求，应在(　　)期间内提出。
    A. 1个月　　　　B. 2个月　　　　C. 3个月　　　　D. 6个月

三、判断题

1. 按一批货物的重量、体积、性质、形状分为整车运输、零担运输和集装箱运输。
   (　　)
2. 在一张铁路运单内不能同时有易腐货物和非易腐货物。(　　)
3. 整车运输是指一批货物至少需要一列货车的运输。(　　)
4. 货运五定班列是指定点、定线、定车次、定时、定价的货物列车。(　　)
5. 班列运输只适合于集装箱货物、鲜活货物，不适于普通货物。(　　)
6. 有些货物，虽然其重量、体积不够一车，但按性质与形状需要单独使用一辆货车时，应按整车运输。(　　)
7. 按一批托运的货物，其托运人、收货人、发站、到站和装卸地点必须相同。(　　)
8. 按一批托运的货物可以有多个收货人。(　　)
9. 按保价运输的货物和不按保价运输的货物可以作为同一批进行运输。(　　)
10. 投报运输险的货物和未投报运输险的货物可使用同一张铁路运单。(　　)
11. 托运人应于每月 9 日前向铁路提报次月集中审定的订单，其他订单可以随时提报。
    (　　)
12. 零担货物和以零担形式运输的集装箱货物使用运单作为货运合同。(　　)
13. 货票一式四联。其中甲联为运输凭证，由发站随货物递交到站，到站由收货人签章交付，作为完成运输合同的唯一依据。(　　)
14. 承运意味着铁路负责运输的开始，是承运人与托运人划分责任的时间界线。(　　)
15. 由承运人组织卸车的货物，不需向收货人发出到货催领通知。(　　)
16. 由托运人装车或收货人卸车的货车，车站应在货车调到后，将调到时间通知托运人或收货人。(　　)
17. 押运人未采取保证货物安全的措施造成的损失，承运人不负赔偿责任。(　　)
18. 领货凭证是为了防止托运人要求铁路办理变更，而原收货人又持领货凭证向铁路要求交付货物的矛盾。(　　)

19. 货物运到期限等于货物发送期间、货物运输期间和特殊作业时间三者之和。（ ）
20. 铁路货物若运到逾期，承运人都必须支付违约金。   （ ）

四、问答题

1. 铁路轨距不同的原因是什么？对国际铁路联运有何影响？
2. 铁路运输运到期限的确定依据是什么？有何意义？
3. 我国铁路集装箱运输的发展趋势是什么？

五、计算题

1. 某托运人欲从北京托运一件零担危险货物到广州，货物重 1 202 kg，长度 4m，经过上海和长沙时加冰，运价里程为 1 500km，托运人在运单"托运人记载事项"栏中注名"允许运输期限 13 天"，车站可否承运？为什么？

2. 广安门发包头车站灯管 4 件，重 46kg，货物每件长 1m，宽 0.35m，高 0.16m。试计算运费。(广安门至包头车站 798km)

3. 某托运人从西安西站发送锦州站暖水瓶 5 件，搪瓷杯 10 件，共重 364kg，总体积 1.2m³。试计算运费。(西安西站至锦州站 1 698km)

铁路货运基础岗位

铁路货运基础岗位及职责见表 3-23。

表 3-23　铁路货运基础岗位及责任

岗位	责　任
货运值班员	(1) 在车站的领导下，面向市场，促进营销，规范管理，强基达标。按月、旬、日组织完成、超额完成各项货运指标。 (2) 领导本组职工严格执行运输政策和各项规章制度及车站《货管规则》，督促检查各工种岗位责任制及各专用线运输协议的正确贯彻执行。 (3) 做好货车满载工作，搞好特殊货物和重点货物的安全运输。 (4) 负责点名、考勤、调配岗位余缺，正确处理做好班组日常工作。 (5) 搞好现场作业控制及基础交班工作。健全班组台账，做好《货物装载加固签认卡》及《货车交接调送单》的收集审查，按时交货运有关部门。 (6) 负责有关规章、文电指示的学习、落实、修改和保管工作。 (7) 根据货调分配到各作业区(专用线)的装卸车票据，逐栏登记装卸作业大表；根据站调下达的送卸计划向专用线货运员通知所送的卸车的发站、收货人、品名、件数、施封、篷布等内容。 (8) 掌握各区(专用线)装卸作业进度，卸车及时消号，做好转表工作。 (9) 负责管理卸车货票，按规定与调车区长或专用线共用办公室办理签认交接，站内卸车票据与站内货运员办理签认交接。 (10) 统计 18 点装卸车完成情况，填写"货报一、二"。
货运调度员	(1) 严格执行运输政策和有关规章制度，遵守调度纪律，坚持"一卸、二排、三装车"的运输原则，组织均衡作业，提高货运能力，安全、迅速、全面完成货运任务。 (2) 严格执行"请求承认车"、停限装命令。根据到达发送计划和现场劳力、机械、设备等实际情况，正确编制本班当日及阶段生产计划，及时提出装卸车取送计划，并督促实施。 (3) 指导各种货物(特别是特殊条件运输的货物)的装载加固标准作业，收集作业中的"三次汇报"，及时帮助解决发生的疑难问题。 (4) 正确办理货物运输变更及换装整理。 (5) 认真审查承认车的运单填记标准，装车制票后，与核算员、车号员办理交接手续。 (6) 正确填制日、班工作资料。按标准完成基础交班条件

续表

岗位	责 任
货运计划员	(1) 认真执行国家政策和铁路规章，停限装命令，自觉遵守计划纪律，做好经济调查，组织落实货源工作，保证重点、兼顾一般，坚持均衡运输，组织成组装车，协助企业改善包装，巧装满载，提高运输质量。保证年、月度计划的完成。 (2) 坚持《铁路车站货运服务通用标准》，以优质服务水平树立服务窗口良好形象。 (3) 积极搞好货源调查和组织工作，正确填报货运建议计划，编制月、旬、日计划。 (4) 按月做好要车计划，按照承运日期表和专用线月度要车计划，均衡安排日历进货和专用线装车，优先安排个人物品、重点物资，根据货流，最大限度地组织集装箱运输。 (5) 按日下达受理计划单，掌握计划兑现情况，受理承运计划应严格审查运单，按批登记承运簿。 (6) 熟悉本职业务，掌握本站的业务范围及各主要办理站的营业办理限制和起重能力。 (7) 负责审查《订单》、货物运单和凭证文件，在运单上加盖有关戳记，须加固的货物应提出装载加固方案；散堆装货物应提出货物比重；保价保险应足额；在受理需派押运人的货物时，填发《货车押运人须知》。 (8) 认真受理军运计划，并与部队商定有关装车事宜，组织日、旬、月计划兑现。 (9) 建立健全各种计划台账，认真填写各种报表，分析考核货物品类、发送吨、静载重及日、旬、月计划完成情况，并及时上报，积累历史资料
货运核算员	(1) 严格执行铁路运价政策、规章、办法，做好运、杂费的核收工作。 (2) 正确填制货票、单据，填制票据字迹清晰，不得简化和涂改，核收运杂费正确，做到不多收、少收、漏收，账款相符。正确办理军用制票和计费。加盖戳记，清晰易辨，核收现金的票据，应加盖"现金收讫"戳记。 (3) 制完的货票，按车号、票号登记票据交接本后，与货调办理签认交接。 (4) 将每日填制的货票、票据收入，按序号正确填写票据交接单，做到账款相符，并交进款员签收。 (5) 做好发送、到达货票及其他票据的自核、互核工作，办理票据的请领、登记、保管并按票号交接。 (6) 妥善保管现金和支票，对物资单位发生的待办、待交的款额及时催缴。 (7) 负责有关规章的修改。 (8) 热情接待货主，耐心解答问讯，提高服务质量
货运检查员	(1) 认真执行有关规章制度和《铁路货检作业标准》，掌握到发列车编组内容及时间，做好货运检查及外勤车号工作。 (2) 严格标准化作业，工作时，要时刻注意机车车辆动态，确保人身安全。 (3) 负责对到、发列车及中转保留车辆的装载、捆绑加固、篷布苫盖、门窗、阀盖关闭、封印状态等情况的检查。到达及中转、保留车，发现问题及时报告货调，发出列车发现问题及时采取措施进行整理或甩车整装。 (4) 对到达的军用列车(车辆)的装载、捆绑、加固、施封状态，除认真检查外，还应及时向车站报告。 (5) 危险货物列车到达和出发前，应按规定对货车现状进行检查，检查完毕涂打标记，分别将情况及时上报，并在商检手册和工作日志上记载。 (6) 负责对编制记录的车辆进行登记，对交方记录和自编记录存查页及时交安全室。 (7) 认真填记《货运商检人员工作日志》《货检员检车手册》，填写清楚、齐全、正确，及时修改和装订有关规章和专刊文电。 (8) 商检必须于小运转列车到达前，在接车线等候，待列车停稳后与司机办理交接，交接内容为列车编组顺序表(运统一)、货运票据(按《车站列车工作细则》(简称《站细》)第二十九条规定整理妥当)、现车一并交接，具体交接时机、地点见《站细》第三十三条。 (9) 将站内各股道存车的车号及时抄回并与毛玻璃板核对。 (10) 编发集结车辆时，货检员出动抄录现车车号，做到随编随抄，发现问题查明原因，及时向站调汇报处理。 (11) 保管好各种设备、备品及作业用具，认真执行交接班制度对口交接，对本班已检(未检)待发的列车，在交班簿上登记交班，接班班组接班后，在规定的时间予以复检，不得影响开车

续表

岗位	责任
货运安全员	(1) 熟悉本职业务,认真执行《铁路交通事故应急救援和调查处理条例》(简称《事规》)及有关规定,正确编制货运记录。发生货运事故深入现场调查研究,查清事实,及时发出事故速报,同时会同有关部门找出原因,妥善处理现场,避免扩大损失。 (2) 及时正确处理事故查询。对索赔案件,要严格掌握赔偿案件的受理程序,坚持原则,实事清楚,手续齐全,积极慎重,应及时赔偿或上报赔偿,不得推、拖、赖。按章处理。 (3) 货运记录及有关查询文电及时登记立卷保管,按月如实汇报自站责任一般事故及违章情况。对自站责任的千元以上事故及重大、大事故,应及时汇报提供有关情况,以便处理。 (4) 负责无法交付货物的登记、上报并妥善保管。对长期无人认领的货物,积极查找线索,尽力做到物归原主。 (5) 发现事故、违章,及时按"三不放过"的原则,召集有关人员开分析会,对规学习,列责处罚,或按章处理。找出事故、违章发生的原因,改进防范措施。 (6) 坚持"安全第一、预防为主"的方针,经常深入现场,检查指导安全生产联控作业,并对职工进行安全业务教育。发现违章作业,危及货物安全等情况应立即制止、纠正,并提出具体改进措施。 (7) 负责按规定内容填记《事故、违章登记簿》,做好统计工作、按时上报。 (8) 负责《货物装载加固签认卡》的收集、审查和管理工作,提高"签认卡"填记质量,促进现场作业标准化。 (9) 加强保价运输管理,提高保价运输水平,按规定做好统计上报工作
站线货运员	(1) 在货运值班员的领导下认真执行装卸车作业标准,努力完成本线装卸车作业计划,以优质服务,树立良好形象。 (2) 认真执行"车站货运服务通用作业标准",对口交接班,及时向货调汇报线路存车、货位及待卸、待装情况,提出建议作业计划。 (3) 验收发送货物,检查包装、加固材料是否符合货物运输条件或托运人的要求,装载加固对照"定型方案",按标准作业。 (4) 接到取送车计划后,提前到现场检查线路有无障碍物,对准货位,检查车辆状态,作业过程中做好"三次汇报"和安全防护工作。 (5) 作业前向装卸工组传达有关注意事项,提出装载加固和堆码要求,认真监装卸并给予技术指导。 (6) 装车后,按规定检查车门窗关闭状态、货物装载加固、篷布苫盖情况,需施封的车辆按规定施封;卸车后,检查车门关闭、空车车内残留物、闸台、车帮上的杂物是否清除、清道、卸货距离及货物堆码等情况,处理好余货,验收后签发《装卸作业单》,填记《承运簿》和《卸货簿》,按标准填写《货物装载加固签认卡》。 (7) 负责军用装卸车的技术指导和装备物品装载、捆绑、加固状态的检查工作。 (8) 做好货物的现场交付,填发《货物搬运证》。 (9) 按规定编制普通记录,发现有事故迹象,保护现场及时通知安全室处理。 (10) 加强线路、货位巡守,做好货场治安保卫和防火工作,交接班清楚
专用线货运员	(1) 掌握专用线内待装卸货物、货位和装卸劳动力情况。根据日班计划确定的本线装卸车任务和取送作业计划,通知企业做好准备,严格执行"铁路车站专用线货运作业标准"。 (2) 核对上线货物,按规定对待装货物的包装、加固材料、存放货物的安全距离以及卸后货车清扫、门窗阀盖的关闭、车内残留物、闸台、车帮上的杂物的清理、篷布使用(回送、保管)等情况进行检查。 (3) 宣传铁路规章制度和安全注意事项,根据"货物装载加固定型方案"和有关规定,负责对专用线进行业务技术指导,搞好装载加固安全和货物安全。 (4) 凭《货车调送交接单》,按规定同企业运输员进行货车交接。 (5) 负责向货调做好作业过程中的"三次汇报"工作。 (6) 按规定填写《承运簿》《卸货簿》《篷布登记簿》,认真审核签认《货物装载加固质量签认卡》。 (7) 主动掌握专用线(共用)发到运量,及时向车站反映运输信息

续表

岗位	责　任
复核货运员	(1) 熟悉本职业务，及时修改规章，负责核算员的业务指导，保证运杂费的正确计算，建立核算员制票台账。 (2) 正确办理票据的请领、登记、保管和交接，及时修改有关规章。 (3) 严格执行铁路运价政策，坚持逐票复核，防止重号、跳号；核对运价号、运价里程，发到基价、运行基价及杂费，发生差错及时补退。防止错收、漏收。 (4) 严格检查到达货票的里程，运价号，发到基价、运行基价等是否正确，核对计费重量，检查到达通知、交付日期等事项，复核运杂费是否核收正确。 (5) 按五日、旬、月正确填报《票据整理报告》(财收一)，及时上报。对已复核的票据、原始单据、报表，负责顺号装订整齐，按图书式保管妥当。 (6) 及时补退误收、漏收的运杂费用，将复核完毕的货票、杂费收据，加盖"复核"戳记，并整理装订成册，归库存查。 (7) 统计分析各班标准制票情况，组织开展制票标准化活动。 (8) 正确提出旬、月分析资料。
统计货运员	(1) 严格执行《铁路统计规则》及其他有关规章制度，真实反映货运工作质量和效率，为车站运输组织工作提供科学依据。 (2) 根据作业大表、精确填制"货报二"，按规定内容于18点前报局。 (3) 按班组向货运大班提出日、旬、月分析资料。 (4) 根据《货车调送交接单》，正确统计各单位使用货车作业时间，及时核算货车使用费，填报"专报一、二"。 (5) 负责核查班组有关生产资料，制止弄虚作假、违反统计规定的行为，并及时向领导汇报情况。 (6) 负责有关工作资料及台账、报表的收集、整理、上报并妥善保管

项目四

航空货物运输

HANGKONG HUOWU YUNSHU

 【学习目标】

知识目标	技能目标
(1) 了解航线、航班、航空载运工具和设备的分类与作用。 (2) 理解航空货物运输及航空快递的营运方式与组织方法。 (3) 描述国际航空货物运输进出口业务流程及各机构职责。 (4) 描述航空货运公司的分类、代理业务范围及业务程序。 (5) 识记航空货运单填制规范,并航空货运运费的计算方法。	(1) 能够根据货运要求合理选择机型、线路及营运方式。 (2) 能够受理托运、验货出单、报价订舱以及提货交付。 (3) 能够进行航空快递的收派、分拣、信息录入等操作。 (4) 能够填制航空货运单证,并核算计收航空货运的运费。

任务一 认知航空货运系统

【知识要点】

航空货物运输是指使用飞机或其他航空器在空中从事地理位置移动，把货物从一地运送到另一地的交通作业。

航空货运系统的组成如图 4.1 所示。

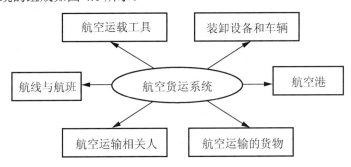

图 4.1 航空货运系统

一、航线与航班

1. 航线

航线是指连接两个或多个地点，进行定期或不定期飞行，并且对外经营运输业务的航空交通线。航线不仅确定有航行的具体方向、起点、终点与经停地点，还根据空中交通管理的需要，规定了航路的宽度和飞行的高度层，以维护空中交通秩序，保证飞行安全。

1) 航线按飞行地点分类

(1) 国内航线。航线的起点、终点和经停点都在一国国境之内。国内航线又分为国内干线、国内支线和地方航线。

(2) 国际航线。航线的起点、终点和经停点在两个以上国家国境之间。

(3) 地区航线。根据国家的特殊情况，在一国的境内与特定的地区飞行的航线。

2) 航线按飞行时间分类

航线按飞行时间分为定期航线与不定期航线。

2. 航班

(1) 航班。飞机在规定的航线上，使用规定的机型，按照规定的日期、时刻进行运输生产的定期飞行。它分为去程航班和回程航班。

(2) 航班号。每个航班都有一个航班号，航班号唯一。编排一般由航空公司两字代码加三位或四位数字组成，如 MU5186 上海—北京、MU583 北京—洛杉矶。

(3) 班期时刻表。根据航空公司的航班计划，将航班的始发站、到达站、班期、离站时间、到达时间、航班号、机型、经停站等按照始发及到达城市名称第一个英文字母次序排列、编制而成的。

每年制定两次，分为夏秋季班期时刻表(每年 3 月的最后一个星期日开始使用)和冬春季班期时刻表(每年 10 月的最后一个星期日开始使用)。

二、航空载运工具

1. 民用航空运输飞机

1) 民用航空运输飞机的分类

(1) 按机身的宽窄，飞机可以分为宽体飞机和窄体飞机，如图 4.2 所示。

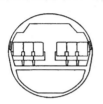

图 4.2　窄体飞机与宽体飞机示意图

① 窄体飞机，机身宽约 3m，客舱仅有一个走廊，只能在其下货舱装运散货，不能接受集装货物。常见的窄体飞机有 A318、A319、A320、A321、B737、B757、MD80、MD90 等。其中 A320 飞机可以装载一种高 117cm 的特制集装器，而宽体飞机集装器一般高 163cm。

② 宽体飞机，机身宽一般在 4.72m 以上，客舱有两条走廊，三排座椅，可以装运集装货物和散货。常见的宽体飞机有 A300、A310、A330、A340、B747、B767 和 B777 等。

(2) 按使用用途，民用航空运输飞机可以分为全货机、全客机和客货混用机。

① 全货机。该机型主舱及下舱全部载货。

② 全客机。该机型主舱载客，只在下货舱载货。

③ 客货混用机。该机型在主舱前部设有旅客座椅载客，后部可装载货物，下舱内也可装载货物。

目前，我国的全货机数量还很有限，大部分货物还是依靠客机腹舱装载完旅客行李和邮件后的剩余舱位运出。例如，飞机货舱示意如图 4.3 所示。

图 4.3　B747 飞机货舱

2) 民用航空运输飞机的装载限制

(1) 重量限制。飞机制造商规定了每一货舱可装载货物的最大重量限额，在任何情况下，所装载的货物重量都不可以超过此限额。

(2) 容积限制。所装载货物的总体积受到货舱容积的限制。

(3) 舱门限制。在装运散舱货物时，由于货物只能通过舱门装入货舱，所以每件货物的尺寸必然受到飞机舱门大小的限制。在收运货物时，遇到超大货物，应先查询该机型的舱门尺寸表，以确定该件货物是否可以装入机舱，能否收运。

(4) 地板承受力限制。飞机货舱内每一平方米的地板可承受一定的重量，如果超过它的承受能力，地板和飞机结构很有可能遭到破坏。因此，对一些体积小重量大的货物，应采取相应措施，否则不予承运。

$$地板实际承受力 = \frac{货物的重量}{底面接触面积}$$

若超过所装载机型的地板承受力限额，应使用 2～5cm 厚的垫板，加大底面接触面积。

$$垫板面积 = \frac{货物的重量}{地板承受力限额}$$

2．航空货物运输中的集装设备

利用集装运输，可以提高装卸效率，提升运输质量，节省包装费用，更是开展多式联运的必然要求。

1) 空运集装设备分类

(1) 按集装器是否注册，空运集装设备可以分为注册的飞机集装器和非注册的飞机集装器。注册的飞机集装器是国家有关部门授权生产的，可以看作飞机的一部分，适宜于飞机结构和飞行安全。而未经注册的飞机集装器，仅适用于某些特定机型的特定货舱，一般不允许装入飞机主货舱，使用时应特别小心。

(2) 按种类，空运集装设备可划分为集装板和网套、结构与非结构集装棚、集装箱。

集装板是带有中间夹层的硬铝合金制成的平板，具有标准尺寸，四边带有卡锁，通过专门的网套来固定货物。例如，pla 集装板如图 4.4 所示。

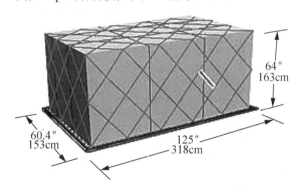

图 4.4　pla 集装板

除了集装板和网套之外，为保护飞机内壁，充分利用空间，还可在货物和网套之间增加一个非结构的轻金属棚罩，这就构成了非结构的集装棚。结构的集装棚则具有固定在底板上的外壳，不需网套固定。

集装箱类似于结构集装棚，按照使用范围，又可分为空陆联运集装箱、主货舱集装箱、下货舱集装箱以及一些特殊用途的集装箱(马厩、保温集装箱等)，应根据货物性质和机型合理选用。常见航空集装箱如图 4.5 所示。

(a) 主货舱集装箱　　　　　　　　　　　(b) 下货舱集装箱

图 4.5　航空集装箱

2) 集装设备识别代号

从图 4.5 可见,在集装器的面板和四周,均印有集装器的识别代号(如 AKE71427CZ),一个集装器对应一个代号。

集装器代号由 5 部分组成。第一位字母表明集装器的类型,如 A 代表注册的飞机集装器,P 代表注册的飞机集装板;第二位字母表示集装器的底板尺寸,如 K 表示底板尺寸为 153cm×156cm;第三位字母表示集装器的外形或适配型,如 E 表示适用于 B747、A310、DC10、L1011 下货舱无叉眼装置的半型集装箱;第四位至第八位的数字是集装器的序号;最后两位是集装器所属航空公司的 IATA(International Air Transport Association,国际航空运输协会)两字代码,如 CZ 代表中国南方航空公司。

三、装卸设备和车辆

飞机的类型决定所使用的装卸设备和车辆的类型,某些飞机需要运输和装卸散货的设施,而其他机型的飞机则需要移动重量可达数吨的集装箱,并能把这个集装箱升至飞机地板高度的设施。

传送带车和叉车是常见的装卸搬运设备,可应用这些设备在货车与飞机货舱之间搬运货物,如图 4.6 和图 4.7 所示。

图 4.6 传递带车　　　　　　　　　　　图 4.7 叉车

升降平台车、托盘、托盘车是用于把集装箱(板)从库区运输至停机坪,并把它们升至机舱地板的高度装入货舱的一些设备,如图 4.8～图 4.10 所示。

图 4.8 升降平台车　　　　　图 4.9 托盘　　　　　图 4.10 托盘车

四、航空港

航空港为航空运输的经停点，又称航空站或机场，是供飞机起飞、降落和停放及组织、保障飞机活动的场所。近年来随着航空港功能的多样化，航空港内除了配有装卸客货的设施外，一般还配有商务、娱乐中心、货物集散中心，满足往来旅客的需要，同时吸引周边地区的生产、消费。

航空港按照所处的位置分干线航空港和支线航空港，按业务范围分国际航空港和国内航空港。其中，国际航空港需经政府核准，可以用来供国际航线的航空器起降营运，空港内配有海关、移民、检疫和卫生机构；而国内航空港仅供国内航线的航空器使用，除特殊情况外不对外国航空器开放。

通常来讲，航空港内配有以下设施：

(1) 跑道与滑行道。前者供航空器起降，后者是航空器在跑道与停机坪之间出入的通道。
(2) 停机坪。供飞机停留的场所。
(3) 指挥塔或管制塔。为航空器进出航空港的指挥中心。其位置应有利于指挥与航空管制，维护飞行安全。
(4) 助航系统。是为了辅助安全飞行的设施。包括通信、气象、雷达、电子及目视助航设备。
(5) 输油系统。为航空器补充油料。
(6) 维护修理基地。为航空器归航以后或起飞以前做例行检查、维护、保养和修理。
(7) 货栈。又称航空货运站，是货物集结、待装运及到达货物处理等的场所。
(8) 其他各种公共设施。包括给水、电、通信交通、消防系统等。

五、航空运输货物

航空运输的货物主要是高附加值、深加工、技术密集型、适时生产的产品和鲜活物品。现今我国航空货物运输主要服务于 5 个行业：鲜活产品(如水果、鲜花)、精密机械产品(如医疗器械)、电子产品(如计算机)、商务文件、通信产品(如手机)。随着服务开放的不断深入，书籍、药品、软件、玩具等也已逐渐成为航空物流的服务行业。

六、航空货运相关人

在航空货物运输业务中，涉及的有关当事人主要有发货人、航空公司(承运人)、代理人、机场/货站和收货人等。

1. 航空公司

航空公司自身拥有飞机从事航空运输活动。在货运业务中，航空公司一般只负责空中运输，即从一个机场运至另一机场的运输。

2. 航空货运公司

航空货运公司又称空运代理，它是随航空运输的发展及航空公司运输业务的集中化而发展起来的一种服务性行业，既可以是托运人的代理也可以是承运人的代理。按照业务范围的不同，航空货运公司可分为一类代理公司(经营国际及中国的香港、澳门、台湾航线的代理业务)和二类代理公司(经营除香港、澳门、台湾航线外的国内航线的代理业务)。在业务操作中，一类代理是指可以直接从航空公司领运单，直接报关、交接的代理公司。非一类代理是指自己没有直接的地面交接权、报关权等权利的代理公司。

3. 货站/机场

它主要负责待运货物和空运到达货物的仓储，货物在仓库与机场间的地面运输工作及货物的装卸机工作等。

【任务安排】

(1) 预习相关知识要点。
(2) 搜集航空运载工具、装卸设备、航线与航班、航空港相关图片及资料。
(3) 以小组为单位，制作有关航空货运系统的PPT，并练习讲演。

【任务实施】

随机指定小组上台讲演，并接受同学和教师的提问与评价。
(1) 航线与航班。举例讲解航线的分类；航班的含义与编排。
(2) 航空运载工具。结合图片讲解飞机的分类与装载限制、空运集装设备种类与功能。
(3) 装卸设备和车辆。配图介绍常用的机场装卸设备和车辆的分类和作用。
(4) 航空港。讲解航空港的组成与分类。
(5) 航空运输的货物。讲解适合航空运输的货物种类。
(6) 航空货运相关人。分别扮演不同的货运当事人，简述各自的岗位职责及和其他货运当事人的关系。

【任务评价】

对完成任务情况进行测评。

学习测评表

组别/姓名		班级		学号	
测评地点		日期			
项目名称	航空货物运输					
任务名称	认知航空货运系统					

续表

测评项目		优秀级评价标准	分值	本组评价30%	他组评价30%	教师评价40%
专业知识	准备工作	资料、道具准备齐全	5			
	随机提问	概念清楚,回答准确	10			
专业能力	航线	正确描述与举例说明航线的分类	10			
	民航飞机	讲清飞机分类与装载限制	10			
	集装设备	说明集装设备的种类,讲清集装器识别代号的含义	10			
	航空港	正确描述航空港的分类、组成与功能	10			
	航空运输货物	正确选择适合于空运的货物	10			
	货运相关人	熟悉收发货人、承运人及货运代理人的职责与工作流程	10			
	运输方式	根据发货方要求、货物及运输条件等选择合适的运输方式	10			
专业素养	活动过程	表达能力	5			
		沟通能力	5			
		合作精神	5			
合　　计			100			

任务二　组织航空货物运输

【知识要点】

一、航空货运营运方式

1. 班机运输

班机是指定期开航的、定航线、定始发站、定目的港、定途经站的飞机。一般航空公司都使用客货混合型飞机,一方面搭载旅客,一方面又可运送少量货物。但一些较大的航空公司在一些航线上开辟定期的货运航班,使用全货机运输。

班机运输具有以下特点:

(1) 班机由于固定航线、固定停靠港和定期开飞航,因此,货物通过班机运输方式,能安全迅速地到达世界上各通航地点。

(2) 便利收、发货人可确切掌握货物起运和到达的时间,这对市场上急需的商品、鲜活易腐货物以及贵重商品的运送是非常有利的。

(3) 班机运输一般是客货混载,因此舱位有限,不能使大批量的货物及时出运,往往需要分期分批运输。这是班机运输不足之处。

2. 包机运输

包机人为一定目的包用航空公司飞机运载货物的形式称为包机运输。包机运输又分为整机包机和部分包机两种情况。

(1) 整机包机。整机包机即包租整架飞机，指航空公司按照与租机人事先约定的条件及费用，将整架飞机租给包机人，从一个或几个航空港装运货物至目的地。包机人一般要在货物装运前一个月与航空公司联系，以便航空公司安排运载和向起降机场及有关政府部门申请、办理过境或入境的有关手续。包机的费用一次一议，随国际市场供求情况变化。

(2) 部分包机。由几家航空货运公司或发货人联合包租一架飞机或者由航空公司把一架飞机的舱位分别卖给几家航空货运公司装载货物。部分包机适用于托运不足一整架飞机舱容，但货量又较重的货物运输。

二、航空货运组织方法

1．集中托运

1) 集中托运的步骤

(1) 将每一票货物分别制定航空运输分运单，即出具货运代理的运单(House Air Way Bill，HAWB)。

(2) 将所有货物区分方向，按照其目的地相同的同一国家、同一城市来集中，向航空公司托运，与航空公司签订总运单(Master Air Way Bill，MAWB)。

(3) 打出该总运单项下的货运清单。

(4) 把该总运单和货运清单作为一整票货物交给航空公司。

(5) 货物到达目的地站机场后，当地货运代理公司作为总运单的收货人负责接货、分拨，按不同分运单制定各自的报关单据并代为报关，为实际收货人办理有关接货交货事宜。

(6) 实际收货人在分运单上签收以后，目的站货运代理公司以此向发货的货运代理公司反馈到货信息。

2) 集中托运的限制

(1) 集中托运只适合办理普通货物。

(2) 目的地相同或临近的可以办理。

3) 集中托运的特点

(1) 节省运费。航空货运公司的集中托运运价一般都低于航空协会的运价，发货人可得到低于航空公司运价，从而节省费用。

(2) 提供方便。将货物集中托运，可使货物到达航空公司到达地点以外的地方，延伸了航空公司的服务，方便了货主。

(3) 提早结汇。发货人将货物交与航空货运代代理后，即可取得货物分运单，可持分运单到银行尽早办理结汇。

2．航空快递

航空快递指具有独立法人资格的企业将进出境货物从发货票人所在地通过自身的网络运达收货人的一种快速运输方式。它主要收运文件和小包裹，分为场到场、门到门和专人派送3种形式。

3．联合运输

航空货物的联运方式主要是陆空联运，有"火车—飞机—卡车"的联合运输方式，简称TAT(Train-Air-Truck)；或"火车—飞机"的联合运输方式，简称 TA(Train-Air)。

我国空运出口货物通常采用陆空联运方式。因为国际航空港口岸主要有北京、上海、广州等，虽然省会城市和一些主要城市每天都有班机飞往上海、北京、广州，但班机所带货量有限，费用比较高。如果采用国内包机，则费用更贵。因此在货量较大的情况下，往往采用陆运至航空口岸，再与国际航班衔接。由于汽车具有机动灵活的特点，在运送时间上更可掌握主动，所以一般都采用 TAT 方式组织出运。

我国长江以南的外运分公司目前办理陆空联运的具体做法是用火车、卡车或船将货物运至香港特别行政区，然后利用香港特别行政区的航班多，到欧洲、美国运价较低的条件(普遍货物)，把货物从香港特别行政区运到目的地，或运到中转地，再通过当地代理，用卡车送到目的地。我国长江以北的公司多采用火车或卡车将货物送至北京、上海航空口岸出运。

陆空联运货物在香港的收转人为合力空运有限公司。发运前，要事前与它们联系，满足它们对单证的要求，便于提前订舱。各地发货时，可使用外运公司的航空分运单，也可使用《承运货物收据》。有关单据上要注明是转口货，要加盖"陆空联运"字样的标记，以加速周转和避免香港特别行政区征税。

三、航空货运货物的收运条件

1. 一般规定

(1) 根据中国民航各有关航空公司的规定，托运人所交运的货物必须符合有关始发、中转和到达国家的法令和规定以及中国民航各有关航空公司的一切运输规章。

(2) 凡中国及有关国际政府和空运企业规定禁运和不承运的货物，不得接受。

(3) 托运人必须自行办妥始发海关、检疫等出境手续。中国民航各空运企业暂不办理"货款到付"(to Cash on Delivery，COD)业务。

(4) 货物的包装、重量和体积必须符合空运条件。

托运人应当根据货物性质及重量、运输环境条件和承运人的要求，采用适当的内、外包装材料和包装形式，妥善包装。货物包装应当保证货物在运输过程中不致损坏、散失、渗漏，不致损坏和污染飞机设备或者其他物品。严禁使用草袋包装或草绳捆扎。托运人应当在每件货物的外包装上标打货物的发站、到站、收、发货人的单位、姓名、地址等运输标记，按规定粘贴或拴挂承运人的货物运输标签和航空运输指示标签。

非宽体飞机载运的货物，每件货物重量一般不超过 80kg，体积一般不超过 40cm×60cm×100cm。宽体飞机载运的货物，每件货物重量一般不超过 250kg，体积一般不超 100cm×100cm×140cm。超过以上重量和体积的货物，承运人可依据机型及出发地和目的地机场的装卸设备条件，确定可收运货物的最大重量和体积。同时，每件货物的长、宽、高之和不得小于 40cm，且最小一边长不得小于 5cm。

2. 价值限制

每批货物(即每份货运单)的声明价值不得超过 10 万美元或其等值货币(未声明价值的，按毛重每千克 20 美元计算)。超过时，应分批交运(即分两份或多份货运单)；如货物不宜分开，必须经有关航空公司批准后方可收运。

3. 付款要求

(1) 货物的运费可以预付，也可以到付，但需注意：一是货物的运费和声明价值费，必须全部预付或全部到付；二是在运输始发站发生的其他费用，必须全部预付或全部到付；三是在运输途中发生的费用应到付,但某些费用,如政府所规定的固定费用和机场当局的一些税收,如始发站知道时,也可以预付;四是在目的地发生的其他费用只能全部到付。

(2) 托运人可用下列付款方式向承运人或其代理人支付运费:人民币现金(或中国人民银行国内支票)。但代理人不得接受托运人使用"旅费证"(Miscellaneous Charges Order,MCO)或"预付票款通知单"(Prepaid Ticket Advice,PTA)作为付款方式。

四、航空货运单

航空货运单是由托运人或者以托运人的名义填制,是托运人和承运人之间在承运人的航线上运输货物所订立合同的初步证明。

1. 航空货运单的作用

作为主要货物运输文件的货运单具有以下作用:一是承运人与托运人之间缔结运输契约的书面证明;二是承运人收运货物的证明文件;三是运费结算凭证及运费收据;四是承运人发运、交付和联运货物的凭证;五是办理报关手续的证明文件;六是托运人要求承运人代办保险的证明。

2. 航空货运单的种类

在集中托运的情况下,存在着两种航空货运单,一种是主运单,另一种是分运单。

(1) 主运单。代理人把来自不同收货人的货物集中到一起向航空公司订舱,交给航空公司运输,代理人和航空公司之间也需要一个凭证,这个凭证就是主运单。主运单是代理人与承运人间交接货物的凭证,也是承运人组织货物运输全过程的依据。主运单只能由航空公司颁布,任何代理人都不得自行印制。主运单上记载的货物托运人和收货人分别为始发地和目的地的代理人,即集中托运商和分拨代理商。

(2) 分运单。在进行集中托运时,代理人首先从各个托运人处收取货物,在收取货物时,需要给托运人一个凭证,这个凭证就是分运单。因此,分运单是代理人与托运人之间交接货物的凭证。

分运单由代理人自己印制颁布,不受到航空公司的限制,但通常的格式还是按照航空公司主运单来制定的。分运单上托运人栏和收货人栏填写的都是真正的托运人和收货人。

【任务安排】

(1) 角色安排:托运人 1 人、货代公司客服员 1 人(负责市场销售、审核托运书等单证)、操作员 1 人(订舱、接收单证与货物、货物跟踪等)、制单员 1 人(运单填制)、理货员 1 人(检查货物包装、粘贴标签等)、报关报检员 1 人、货站货运员 1 人(称重、丈量尺寸、货物出入库)、航空公司工作人员 1 人、目的地代理公司进口操作员 1 人、库管员 1 人、收货人 1 人。

(2) 资料准备:出口业务单证(国际货物托运书、航空运单、货物交接清单、出口货物报关单、装箱单及发票、商检证明等),进口业务单证(进口货物报关单、装箱单及发票、航空运单等)。

(3) 器具准备:电子秤、台秤、地秤、拖货牵引车、传送车、平板车、收货车等。

(4) 任务执行:教师布置(或学生自己设计)航空货运内容,学生按流程以不同的角色模拟组织航空货运任务。

【任务实施】

航空货运的进出口业务流程如图4.11、图4.12所示。

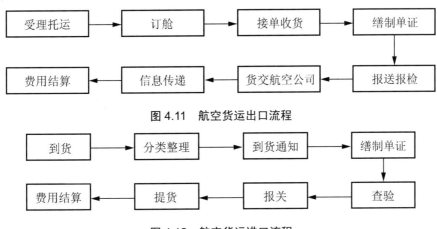

图4.11 航空货运出口流程

图4.12 航空货运进口流程

一、托运人

1. 提供货物资料

货物品名、件数、重量、箱规尺寸，目的港及目的港收货人名称、地址、电话、出货时间，发货人名称、电话、地址。

2. 备齐相关报关资料

(1) 清单、合同、发票、手册、核销单等。

(2) 填写报关委托书并盖章，盖章空白信纸一份，以备报关过程中备份需要，交由委托报关的货代或报关行进行处理。

(3) 确认是否具有进出口权以及产品是否需要配额。

(4) 根据贸易方式将上述文件或其他必备文件交由委托报关的货代或报关行进行处理。

3: 选择货运代理

发货人从运价、服务，以及货代实力和售后服务等方面选择适合的代理公司，为其代理订舱、报关、托运业务。

4. 询价

向所选择的货运代理公司进行运价协商。各航空公司因所具有的服务不同，给货运代理公司的运价也不同，一般来说重量级别越大价格就越优惠，也可申请更优惠的运价。

二、货运代理公司

1. 委托书

发货人与货运代理确定运输价格以及服务条件后，货运代理给发货人一份空白《国际货物托运书》。发货人如实填写此份托运书，代理人进行审核，包括目的港名称或目的港所在城市名称，运费支付方式(预付还是到付)，货物毛重，收发货人姓名、地址、电话/传真等。托运人签字处一定要有托运人签名或盖章。

2．商检

了解货物是否要做商检，并对需要做商检的货物进行协助办理。

3．订舱

货运代理根据发货人的委托书，按照发货人的要求和货物本身的特点(非紧急的一般货物可以不事先订舱)，向航空公司订舱(也可由发货人指定航空公司)。

4．接单接货

(1) 接单。从收货人手中接过已经审核确认的货物出口所必需的一切单证。

(2) 接货。根据发票和装箱单清点货物，核对货物的数量、品名、合同号或唛头等是否与货运单据上所列一致，检查货物外包装是否符合运输要求，对货物进行丈量和称重，计算航空运费，与货主进行空运出口货物的交接，并将货物运送到自己的海关监管仓库，或者直接进入航空公司或机场货站的监管仓库。

三、机场/货站

1．理货

当货物送至相关的货站后，货运代理根据航空公司的运单号码，制作识别标签(集中托运货物需制作主标签和分标签)贴在货物上，如图 4.13 所示，以便于起运港及目的港的货主、货代、货站、海关、航空公司、商检及收货人识别。对一些特殊货物，贴上相应的特种货物标签和操作指示标签，如图 4.14～图 4.16 所示。

图 4.13　识别标签

图 4.14　危险物品标签

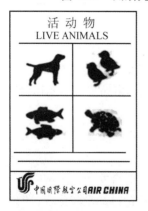

图 4.15　活动物标签

(a) 请勿倒置

(b)谨防潮湿

图 4.16　操作标签

2．过磅

将贴好标签的货物交由货站过安全检查、过磅，以及丈量货物尺寸，计算体积重量，之后货站将整单货物的实际重量以及体积重量写入《可收运书》，加盖"安检章""可收运章"以及签名确认。

3．打单

货运代理根据货站的《可收运书》将全部货物数据记录在航空公司的运单上并打印。

4．特殊处理

可能因货物的重要性、危险性以及装运限制(如超大、超重等)，货站将要求承运的航空公司代表进行审核，并签字说明，才可入仓。

四、商检

1．单证

发货人出具清单、发票、合同、报检委托书(由报关行或货代提供)。

2．检验

商检局抽取货物样品或现场评定，做出审核结论。

3．放行

检验合格之后，商检局在《报检委托书》上做出认证。

五、报关行

1．接单、送单

客户可自行选择报关行，也可委托货运代理公司进行报关，但不论如何，都需要将发货人所准备好的所有报关资料，连同货站的《可收运书》，航空公司的正本运单及时交给报关行，以便及时报关，方便货物及早通关以及运输。

2．预录入

报关行根据以上文件，整理并完善所有报关文件，将数据录入海关系统，进行预先审核。

3．申报

预录通过后，可进行正式申报程序，将所有单证交由海关审核。

4．送单时间

根据航班时间，一般提前一天报关。

六、海关

1．审单

海关将根据报关资料审核货物以及单证。

2．查验

抽查或者由货运代理自查(后果自负)。

3. 征税

海关根据货物的类别，按照国家法律的规定收取税收，并填写核销单(以便货物出口后，货主退税用)。

4. 放行

以上手续完备后，海关将对货物进行放行，在相关单证上加盖海关放行章，交给相关的报关行。

七、航空公司

货运代理将盖有海关放行章的航空运单与货物一起交给航空公司，由其安排航空运输。随附航空运单正本、发票、装箱单、产地证明、品质鉴定书等，航空公司验收单、货无误后，在交接单上签字。

1. 排舱

航空公司将已经被海关放行的货物根据货物尺寸、轻重、性质编排装载表，交由货站进行货物装箱或预配。

2. 装机

货物经过装箱或预配后，进行装机工作，并按照装载舱单，通知转运港以及目的港，以便货物的顺利中转及到达。

八、目的地代理公司

1. 到货

航空货物入境后，即处于海关监管之下。若运单上的收货人是航空代理公司，则航空公司把货物和有关单据移交代理公司。在办理交接手续时，应根据运单核对实际货物，若发现货物短少、破损或有其他异常情况，应向航空公司索要商务事故记录，作为交涉索赔依据。

2. 分类整理

代理公司取得运单后，根据自己习惯进行分类整理，对集中托运货物和单票货物，运费预付和运费到付货物区分开来。分类整理后，编上公司内部编号，以便用户查询和内部统计。

3. 到货通知

代理公司依据运单上的收货人信息，寄发到货通知，催促其办理报关、提货手续。

4. 缮制单证

根据运单、发票等缮制进口报关单证。

5. 报关

收货人或代理公司依据相关单证向海关办理报关手续。

九、收货人

办理完报关手续后，收货人凭有效身份证件和到货通知到海关监管仓库办理提货手续，同时结清各种费用。

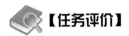 【任务评价】

对完成任务情况进行测评。

学习测评表

组别/姓名			班级		学号	
测评地点			日期			
项目名称		航空货物运输				
任务名称		组织航空货物运输				
测评项目		优秀级评价标准	分值	本组评价30%	他组评价30%	教师评价40%
专业知识	准备工作	资料、道具准备齐全	5			
	随机提问	概念清楚，回答准确	10			
专业能力	填写托运书	托运书各项目填写具体、清楚、准确	10			
	受理托运	准确审核运单、检查货物包装、称重丈量、拴贴标签、收取运杂费	10			
	制单	能根据托运书正确填写航空货运单	10			
	配载装机	充分利用飞机的吨位和容积，准确履行装机原则	10			
	报关报检	熟悉报关报检所需单证和程序	10			
	到货及异常处理	认真核对货物交接单、总运单及货物，对异常情况处理措施得当	10			
	货物交付	及时寄发到货通知，货物交付手续正确，无错发	10			
专业素养	活动过程	工作态度	5			
		沟通能力	5			
		合作精神	5			
		合　　计	100			

 任务三　组织航空快递业务

 【知识要点】

一、航空快递

航空快递是指航空快递企业利用航空运输，收取收件人托运的快件并按照向发件人承诺的时间将其送交指定地点或者收件人，掌握运送过程的全部情况并能将即时信息提供给有关人员查询的门对门速递服务。

二、航空快递与邮政运输的比较

航空快递在很多方面与传统的航空货运业务、与邮政运送业务有相似之处,但作为一项专门的业务它又有独到之处,主要表现在以下 5 个方面。

1. 收件范围不同

航空快递的收件范围主要有文件和包裹两大类。其中文件主要是指商业文件和各种印刷品,对于包裹一般要求毛重不超过 32kg(含 32kg)或外包装单边不超过 102cm,三边相加不超过 175cm。近年来,随着航空运输行业竞争更加激烈,快递公司为吸引更多的客户,对包裹大小的要求趋于放松。

传统的航空货运业务以贸易货物为主,规定每件货物体积不得小于 5cm×10cm×20cm。邮政业务则以私人信函为主要业务对象,对包裹要求每件重量不超过 20kg,长度不超过 1m。

2. 经营者不同

经营国际航空快递的大多为跨国公司,这些公司以独资或合资的形式将业务深入世界各地,建立起全球网络。航空快件的传送基本都是在跨国公司内部完成。而国际邮政业务则通过万国邮政联盟的形式在世界上大多数国家的邮政机构之间取得合作,邮件通过两个以上国家邮政当局的合作完成传送。

国际航空货物运输则主要采用集中托运的形式,或直接由发货人委托航空货运代理人进行,货物到达目的地后再通过发货地航空货运代理的关系人代为转交货物到收货人的手中。业务中除涉及航空公司外,还要依赖航空货运代理人的协助。

3. 经营者内部的组织形式不同

邮政运输的传统操作理论是接力式传送。航空快递公司则大多都采用中心分拨理论或称转盘分拨理论组织全球的网络。简单来讲,就是快递公司根据自己业务的实际情况在中心地区设立分拨中心。各地收集起来的快件,按所到地区分拨完毕,装上飞机。当晚各地飞机飞到分拨中心,各自交换快件后飞回。第二天清晨,快件再由各地分公司用汽车送至收件人。这种方式看上去似乎不太合理,但由于中心分拨理论减少了中间环节,快件的流向简单清楚,所以减少了错误,提高了操作效率,缩短了运送时间。

4. 使用的单据不同

航空货运使用的是航空运单,邮政使用的是包裹单,航空快递业也有自己的独特的运输单据——交付凭证(Proof of Delivery,POD)。交付凭证一式 4 份:第一联留在始发地并用于出口报关;第二联贴附在货物表面,随货同行,收件人可以在此联签字表示收到货物(交付凭证由此得名),但通常快件的收件人在快递公司提供的送货记录上签字,而将此联保留;第三联作为快递公司内部结算的依据;第四联作为发件凭证留存发件人处,同时该联印有背面条款,一旦产生争议时可作为判定当事各方权益,解决争议的依据。

5. 航空快递的服务质量更高

(1) 速度更快。航空快递自诞生之日起就强调快速的服务,速度又被称为整个行业生存之本。一般洲际快件运送在 1~5 天内完成;地区内部只要 1~3 天。这样的传送速度无论是传统的航空货运业还是邮政运输都是很难达到的。

(2) 更加安全、可靠。因为在航空快递形式下，快件运送自始至终是在同一公司内部完成，各分公司操作规程相同，服务标准也基本相同，而且同一公司内部信息交流更加方便，对客户的高价值易破损货物的保护也会更加妥帖，所以运输的安全性可靠性也更好。与此相反，邮政运输和航空货物运输因为都牵扯不止一位经营者，各方服务水平参差不齐，所以较容易出现货损货差的现象。

(3) 更方便。确切地说，航空快递不止涉及航空运输一种运输形式，它更像是陆空联运，通过将服务由机场延伸至客户的仓库、办公桌，航空快递真正实现了门到门服务，方便了客户。此外，航空快递公司对一般包裹代为清关，针对不断发展的电子网络技术又率先采用了EDI(Electronic Data Interchange,电子数据交换)报关系统，为客户提供了更为便捷的网上服务，快递公司特有的全球性计算机跟踪查询系统也为有特殊需求的客户带来了极大的便利。

【任务安排】

(1) 人员分配：收派员 1 人、操作员 7 人(运单审核员、验货贴标签、分拣员、装车员、航班预配、押运员、信息录入)、派送员 1 人、收货人 1 人。
(2) 资料准备：全国交通图；快递运单、货物交接单、货物标签、装车单、发票等。
(3) 器具准备：磅秤、托盘、运输袋、货物、计算机。
(4) 任务执行：以小组为单位，分别以不同角色进行快递业务的始发站操作、中转配载、目的站操作以及派送上门活动。

【任务实施】

航空快递的业务流程如图 4.17 所示。

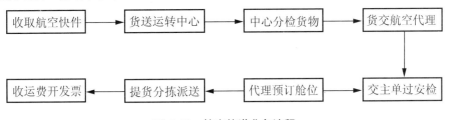

图 4.17 航空快递业务流程

一、始发站操作

1. 与收派员交接

操作员与收派员交接时，务必当面填写交接单，记录清楚货物的客户名称、货物数量和目的地。

单货核对无误后，双方签名确认。

2. 验货审单

查验货物，看是否有快递禁运品。如果发现禁运品，立即扣留，严格按照相关部门规定或政府有关法律执行。

审核运单内容是否完整，物品名称和实物是否一致。

复核货物重量、数量是否填写正确。

检查货物外包装状态是否完好，如果有破损，务必加固加紧。

填写标签并粘贴在货物上。

3．信息录入

将运单上快递货物的信息完整地录入到计算机系统中，内容一定要和实际信息保持一致，不可随意漏录或者简录。

4．快件分拣

按照不同目的地将货物分拣至各条流水线装袋区或码放托盘区域。货物逐件上线，货物不可并排和重叠在流水线输送带上，货物排列不可过于紧密。如果货物在传送过程中需要临时取下，要暂停传送带，取下货物后再启动。

分拣要求：再次核对运单和各个分拣线的目的地是否一致；速度不可过快，准确第一，在确保准确的前提下再讲求熟练。

5．入袋装车

文件和小包裹直接装运输袋，袋口必须扎紧，挂标签，注明目的地、快件数量等信息。大件货物(20kg 以上)要求装托盘，装托盘后对货物捆扎紧固。将已装托盘的货物先装车，装运输袋的货物后装车，然后待运。

6．与司机交接

与司机交接货物清单、装车等相关资料，核对货物数量，然后双方必须在交接单上签名确认。

二、中转配载

1．航班预配

货物离开始发站往航空货运站前，必须了解当次货物配载重量，与始发站操作员确定总实际重量和总体积重量。根据这两个数据向空运代理或航空公司货运站进行航班预先配置。

2．复核检查

复核货物的实际重量和体积重量。以货物原始外包装为单位，核查件数是否正确。检查货物大包装、小包装是否完好，包括运输袋和托盘。

3．出站押运

以上步骤操作完毕后准时出车离开始发站，押运货物到货运站。

4．货物交接

到达货运站后，卸货，进行安全检查。填写空运货物托运单。

与货运站清点货物数量、核对重量后，务必敦促货运站在托运单上签收。换取航空货运运单，然后必须认真核对运单上的货物数量、重量、运费、目的地机场等内容，确保准确无误。

如果有因货物安全或者配载问题被拉下，必须当下押运回始发站，以便及时联系客户采取处理措施。

5. 监督配载

交接货物后,应该向航空代理或航空公司货运站仔细查询整批货物的实际配载状态,确保货物按时转运。

6. 信息录入

转运操作员获得航班信息后,应第一时间在计算机系统中更新货物状态,输入货物配载转运的详细信息。

三、目的站操作

1. 货物进站

操作员根据进站货运清单,详细核对快件的数量等信息,确保货物到齐。双方核对完后签字确认。

货物入站前必须先在站内清理相应货位或仓库,通常应划出固定的区域存放。不可随意堆放或者卸在站门外,以免发生货损。

货物入站后,小心拆开货物托盘,注意不能损坏包装和货物。解开运输袋时,应从里往外搬运包裹和文件,不可提住袋底反倒货物,以免产生货损或挤压文件。

2. 快件分拣

认真核对收件人地址,正确归属货物的派送路段区域,分拣至各路区相应的流水线。需要进一步转运至本地区以外的货物,分拣后务必存放在单独区域,另外及时安排转运。

3. 配货装车

货物分拣至各路区相应的流水线后,先复查货物外包装是否完好,如果有破损,务必加封、加固、加紧。将货物从流水线终端搬下,集中存放在各路区派送装车处,等候派送。

对于运费到付的快件,首先要认真核算到付的金额,然后贴上提示标签,标明到付付款方式和运费金额。

4. 信息录入

以上步骤操作完毕后,及时将快件信息录入计算机,更新货物已经妥善分拣的状态和时间,然后上传至系统网络。

5. 异常处理

对于地址有问题、收件人要求来站自取等异常快件,务必放进专区存放。同时,填写报告,及时将异常信息录入计算机系统。

6. 单据留存

原始单据包括运单留存联、货物入账清单、货物异常报告等,必须于当天内交内勤文管员保管。

四、派送员操作

1. 领取快件

收派员和操作员交接各路区货物清单,详细核对快件的收件人名称、货物数量和运费到付金额等信息。双方核对完毕后签字确认。

2. 核对路单

与操作员交接完快件后，及时打印和核对派送路单，内容包括运单号码、收件人名称、详细地址、联系人、电话号码、货物件数、签收人、签收时间。

3. 联系收件人

对于地址有疑问的快件，按照路单上的信息预先联系收件人确认地址。

对于收件方为非企业的私人快件，要求事先联系对方预约派送时间，以便提高派送的作业效率。

对于运费到付的快件，要求事先联系收件人，确认付款金额，以便对方提前预备运费。

4. 派送快件

根据联系收件人后获得的信息，统筹兼顾所有货物的派送地址和预约的时间，安排本次派送作业的最佳行车路线。

出车派送快件前，务必检查车辆状态是否良好，检查作业装备是否完备。

5. 交接快件

到达客户所在地后，要核对公司名称、联系人名称和相关证件。如果收件人为私人快件，请对方出示居民身份证核对。

对于运费到付的快件，必须当场收齐运费，并开具发票。

对于运费有异议甚至拒付的客户，其货物必须带回公司，由站内相关联络员与发件人、收件人沟通处理，不得私自交货给收件人。

对于收件人不在等原因造成的无法派送，必须放置留言条，写明本公司联系方式，以便客户及时联系。

敦促客户签收，写明姓名、日期和具体时间。

6. 信息上传

回操作站后立即将签收信息完整无误地录入计算机，并上传至信息系统网络。

若配有手持终端，客户一旦签收，收派员当场在扫描枪中输入签收信息，即可通过无线上网第一时间传输到公司网络，以便发件人及时查询到签收人和签收时间等信息。

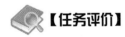

【任务评价】

对完成任务情况进行测评。

学习测评表

组别/姓名		班级		学号	
测评地点		日期			
项目名称		航空货物运输			
任务名称		组织航空快递业务			

续表

测评项目		优秀级评价标准	分值	本组评价30%	他组评价30%	教师评价40%
专业知识	准备工作	资料、道具准备齐全	5			
	随机提问	概念清楚，回答准确	10			
专业能力	收取航空快件	接收委托上门收件，认真检验货物，正确计算运费、填写运单	10			
	货送运转中心	各分点收取航空快件，在规定时间运转到快递企业运转中心	10			
	中心分检货物	运转中心及时分检货物，确定对应机场发货总量同外包装件数	10			
	代理预订舱位	快递企业向航空代理预订舱位，并将航空货物交给航空代理；航空代理根据快递企业要求时效，及时向航空公司预订舱位	10			
	交主单过安检	航空公司批舱后，航空代理在对应的航班起飞前3h交机场主单，对应起飞前2h过完安检	10			
	提货分拣派送	航空代理将到达机场资料给快递企业；快递企业及时提取货物，分检后运到各派送点安排派送	10			
	收运费开发票	对于运费到付的快件，交货时收齐运费，开具发票	10			
专业素养	活动过程	工作态度	5			
		沟通能力	5			
		合作精神	5			
合 计			100			

任务四 计算航空货运运费

【知识要点】

一、运价与运费

1. 运价

承运人为运输货物对规定的重量单位(或体积)收取的费用称为运价。运价指机场与机场间的空中费用，不包括承运人、代理人或机场收取的其他费用。

2. 航空货物运费的组成

(1) 航空运费。货物从始发地机场至目的地机场之间的费用，不包括地面运输等其他运费。计费标准：航空运费＝计费重量×适用的运价。

(2) 声明价值附加费。托运人向承运人声明货物价值以减免运输风险而需支付的费用。

(3) 其他运费。除了航空运费与声明价值附加费之外的费用。包括地面运费、燃油费、运费到付手续费等费用。

3. IATA 航空区划

航空公司制定的国际货物运费与国际航空运输协会所划分的三大业务区有密切关系。

(1) TC1 区。东临 TC2 区，西接 TC3 区，北起格陵兰岛，南至南极洲，主要包括北美洲、拉丁美洲以及附近岛屿和海洋。

(2) TC2 区。东临 TC3 区，西接 TC1 区，北起北冰洋诸岛，南至南极洲，包括欧洲、非洲、中东及附近岛屿。

(3) TC3 区。东临 TC1 区，西接 TC2 区，北起北冰洋，南至南极洲，包括亚洲(除中东的部分国家)、大洋洲及太平洋岛屿的广大地区。

4. 国际货物运价资料及其使用

国际货物运价表(The Air Cargo Tariff，TACT)是由 IATA 出版的一套运价资料，分为规则手册和运价手册。

TACT 规则手册每年出版两期，主要介绍运价计算规则、航空货运单填写规定等内容，其中还包括两字代码、三字代码等常用表格。TACT 运价手册每两月出版一期，公布世界城市之间直达航空运价和比例运价以及使用运价的特殊规定等内容。

5. 有关运价的其他规定

(1) 运价是指从一机场到另一机场，而且只适用于单一方向。

(2) 不包括其他额外费用，如提货、报关、接交和仓储费用等。

(3) 运价通常使用始发国当地货币公布。

(4) 运价一般以"千克"或"磅"为计算单位。

(5) 航空运单中的运价是以出具运单之日所适用的运价为准。

二、计费重量

计费重量是指用以计算货物航空运费的重量。货物的计费重量或者是货物的实际毛重，或者是货物的体积重量，或者是较高重量分界点的重量。

1. 实际毛重

货物的实际毛重是指包括货物包装在内的货物重量。一般情况下，对于高密度货物，应考虑其实际毛重可能会成为计费重量。

2. 体积重量

由于货舱容积的限制，一般对于低密度货物(轻泡货物)，其体积重量可能成为计费重量。轻泡货物是指每千克体积超过 $6\,000\,cm^3$ 或 366cu.in 的货物。

体积重量的折算，以每 $6\,000\,cm^3$ 或 366cu.in 折合成 1kg。例如，在以 cm 为单位时，

体积重量(kgs)＝货物体积÷$6\,000\,cm^3/kg$。

3. 计费重量

一般采用货物的实际毛重与体积重量两者比较取其高者作为计费重量；但当货物按较高

重量分界点的较低运价计算的运费较低时，则可以按较低运价收费，以较高重量分界点的起始重量作为计费重量。

例如，某单位托运一箱普通货物 40kg 从上海到东京，上海到东京的运价为

$$
\begin{array}{ll}
M & 230.00 \\
N & 30.22 \\
45 & 22.71
\end{array}
$$

由此计算出 40×30.22＝1 208.80，45×22.71＝1 021.95。由于 1 021.95＜1 208.80，这时，则应按较低运费收取，以 45kg 为计费重量。

IATA 规定，国际货物的计费重量以 0.5kg 为最小单位，重量尾数不足 0.5kg 的，按 0.5kg 计算；0.5kg 以上不足 1kg 的，按 1kg 计算。

三、最低运费

最低运费(运价代号 M)是指一票货物自始发地机场至目的地机场航空运费的最低限额，是航空公司在考虑办理即使很小的一批货物也会产生的固定费用后制定的。

最低运费在 TACT 中公布，一个公布直达运价就有一个公布的最低运费。

四、货物航空运价、运费的货币进整

1. 货币代号

从 1990 年 1 月 1 日起，货物航空运价、运费使用 ISO(International Standard Organization，国际标准化组织)制定的货币代号。货币代号由 3 个字母组成，前两位是国家两字代码，第三位是货币的简称。例如，人民币代号为 CNY，日元代号为 JPY。

2. 货币的进整

货物航空运价及运费的货币进整，因货币的币种不同而不同。各国货币的进整单位公布在 TACT 规则手册中，进位规则分为最低运费和除最低运费以外的运费两种。

人民币的进位规定为：最低运费进位单位为"5"，除此之外的运价及航空运费的进位单位均为"0.01"。

五、航空运价分类

国际货物运价按公布的形式不同，可分为公布直达运价和非公布直达运价。其中，公布直达运价是承运人直接公布的从运输始发地机场至目的地机场间的直达运价，其按货物性质又可分为普通货物运价、指定商品运价、等级货物运价和集装货物运价。

1. 普通货物运价

普通货物运价是指运输除等级运价和指定商品运价以外的货物所适用的运价。它分为 45kg 以下货物运价和 45kg 以上各个重量等级的运价。运价代号"N"表示 45kg 以下普通货物运价，"Q"表示 45kg 以上普通货物运价。

2. 指定商品运价

指定商品运价是指自指定的始发地至指定的目的地间公布的低于普通货物运价的特定商

品的运价。这类运价的每一个公布运价都有一个最低重量的限制,使用时应遵守规定。指定商品运价代号为"C"。

3. 等级货物运价

等级货物运价是指在指定的地区内或地区之间实行的高于或低于普通货物运价的少数几种商品运价。这类运价以普通货物运价作为基数,附加或附减一定百分比。"R"表示等级运价附减,"S"表示等级运价附加。

4. 集装货物运价

集装货物运价是指适用于货物装入集装器交运而不另加包装的特别运价。本书不做详细介绍。

六、运价的使用顺序

(1) 如果有协议运价,则优先使用协议运价。

(2) 没有双边协议运价时,使用 IATA 运价(多边协议运价)。优先使用公布直达运价。

在相同运价种类、相同航程、相同承运人条件下,公布直达运价的使用顺序如下:

① 使用指定商品运价。但如果适用于普通货物运价的某一重量分界点的运价计算所得的运费低于按指定商品运价计算所得的运费,则使用该普通货物运价。

② 使用等级货物运价。但如果使用普通货物的某一重量分界点的运价计得的运费低于使用等级运价计得的运费,则可按该较低的普通货物运价计收。

③ 使用普通货物运价。

七、航空运费的计算

1. 普通货物运价计算

1) 根据 IATA 运价表找出适用运价

理解 IATA 运价表(表 4-1)的构成,准确地找出适用的运价,是进行运费计算的前提和关键。

表 4-1 IATA 运价表

date/type (8)	note (9)	item (10)	Min. weight	local curr. (11)
BEIJING (1) Y.RENMINBI (4)			CN (2) CNY	BJS (3) KGS (5)
OSAKA (6)		JP (7)	M (12) N (13) 45 (14)	230.00 37.51 28.13

续表

		0 008	300 (15)	18.80
OSAKA (6)		0 300	500	20.61
		1093	100	18.43

说明：(1) ——始发国城市全称；　　　　　　(2) ——始发站国家的二字代码；
(3) ——始发站城市三字代码；　　　　　(4) ——始发站国家的当地货币；
(5) ——重量单位；　　　　　　　　　　(6) ——目的站城市全称；
(7) ——目的站国家二字代码；　　　　　(8) ——运价生效或截止日期/集装器种类代号；
(9) ——备注；　　　　　　　　　　　　(10) ——适用的指定商品品名编号；
(11) ——以当地货币表示的每 kg 的运价数额；(12) ——最低运费；
(13) ——45kg 以下的普货运价；　　　　 (14) ——45kg 以上的普货运价；
(15) ——指定商品运价。

2) 计算步骤

(1) 计算体积重量。

(2) 体积重量与实际毛重比较，取其高者作为暂时的计费重量，计算出一个运费。

(3) 若有重量分界点运价，且货物的计费重量接近于较高重量分界点，则再采用较高重量分界点的较低运价计算出一个运费。

(4) 两次计算出的运费进行比较，取低者作为最终航空运费，其对应的重量为计费重量。

(5) 填制航空货运单的运费计算栏。

【例 4-1】Routing: Beijing, China (BJS)to Tokyo, JAPAN (TYO)
Commodity: MACHINERY
Gross Weight: 2 Pieces EACH 18.9kg
Dimensions: 70cm×47cm×35cm×2

公布运价如下：

BEIJING Y.RENMINBI	CN CNY		BJS KGS
TOKYO	JP	M N 45	230.00 37.51 28.13

解：(1) 按实际重量计算。

Volume：70cm×47cm×35cm×2=230 300cm^3

Volume Weight：230 300÷6 000=38.38kg≈38.5kg

Gross Weight：37.8kg

Chargeable Weight：38.5kg

Applicable Rate：GCR N 37.51 CNY/KG

Weight Charge：38.5×37.51=CNY1 444.14

(2) 采用较高重量分界点的较低运价计算。

Chargeable Weight：45.0kg

Applicable Rate：GCR Q 28.13 CNY/KG

Weight Charge：45.0×28.13=CNY1 265.85

(1)与(2)比较，取运费较低者。

Weight Charge：CNY1 265.85

航空货运单的运费计算栏填制如下：

No. of Pieces RCP	Gross Weight	Kg Lb	Rate Class		Chargeable Weight	Rate/ Charge	Total	Nature and Quantity of Goods (Incl. Dimensions or Volume)
			Commodity Item No.					
2	37.8	K	Q		45.0	28.13	1 265.85	MACHINERY 70cm×47cm×35cm ×2

2．指定商品运价计算

指定商品运价是承运人根据在某一航线上经常运输某一种类货物的托运人的请求或为促进某地区间某一种类货物的运输，经国际航协同意所提供的优惠运价。因此，在使用时，对于货物的起讫地点、运价使用期限、货物运价的最低重量起点等均有严格的规定。

1) 指定商品运价的品名编号及分组

IATA 根据货物的性质、属性等对货物进行分类，共分为 10 个大组，每一组又分为 10 个小组，并对其分组形式用 4 位阿拉伯数字进行编号，该编号即为指定商品货物的品名编号。

0001～0999　　食用动物和植物产品
1000～1999　　活体动物及非食用动物和植物类产品
2000～2999　　纺织品、纤维及其制品
3000～3999　　金属及其制品，但不包括机器、车辆和电器设备
4000～4999　　机器、车辆和电器设备
5000～5999　　非金属矿物质及其制品
6000～6999　　化工品及有关产品
7000～7999　　纸张、芦苇、橡胶和木材制品
8000～8999　　科学仪器、专业仪器、精密仪器，器械及配件
9000～9999　　其他货物

2) 计算步骤

(1) 查询运价表中由始发地至目的地的运价，如有指定商品代号，则考虑使用指定商品运价。

(2) 查找 TACT 运价手册的品名表，确定该货物属于哪一大组和哪一小组，找出与其品名相对应的指定商品编号。

(3) 检查货物的计费重量，如果达到了指定商品运价的最低重量，则使用指定商品运价计算。

(4) 如果货物的计费重量没有达到指定商品运价的最低重量要求，则需要与普通货物运价进行比较计算，取低者。

【例4-2】Routing：BJS—SIN

Commodity：Apple(0007 水果、蔬菜)

Gross Weight：7 Pieces EACH 40kgs

Dimensions：102cm×40cm×26cm×7

公布运价如下：

BEIJING Y.RENMINBI			CN CNY	BJS KGS
SINGAPORE	SG		M	230.00
			N	40.73
			45	30.54
			100	24.38
	0007		250	16.36

解：查找 TACT 运价手册的品名表，品名编号"0007"所对应的货物名称为"水果、蔬菜"，现在承运的货物是 Apple，符合指定商品代码"0007"，且货物重量超过了指定商品运价使用时的最低重量要求。

Volume Weight：$(102cm \times 40cm \times 26cm \times 7) \div 6\,000cm^3/kg = 123.76kg \approx 124.0kg$

Gross Weight：280kg

Chargeable Weight：280kg

Applicable Rate：SCR 0007/Q250 16.36 CNY/kg

Weight Charge：280kg×16.36CNY/kg＝CNY4 580.80

航空货运单的运费计算栏填制如下：

No.of Pieces RCP	Gross Weight	Kg Lb	Rate Class C	Commodity Item No.	Chargeable Weight	Rate/ Charge	Total	Nature and Quantity of Goods (Incl. Dimensions or Volume)
7	280	K		0007	280	16.36	4 580.8	Apple 10cm×40cm ×26cm×7

3．等级货物运价计算

按照 IATA 的规定，等级货物包括活动物、贵重货物、书报杂志类货物、作为货物运输的行李、尸体、骨灰、汽车等。等级货物运价是在普通货物运价基础上附加或附减一定百分比，具体附加或附减规则公布在 TACT 规则手册中，运价的使用须结合 TACT 运价手册。

【例4-3】Routing：BJS—NYC

Commodity：Live dog

Gross Weight：40kg

Dimensions：90cm×50cm×68cm

公布运价如下：

			CN	BJS
BEIJING Y.RENMINBI			CNY	KGS
		US	M	630.00
			N	64.46
NEW YORK			45	48.34
			100	45.19
			300	41.80

解：查找活动物运价表，从北京到纽约，一般的活动物运价构成形式为"110% of Appl. GCR"。

Volume Weight：$(90cm \times 50cm \times 68cm) \div 6\,000 cm^3/kg = 51.0 kg$

Gross Weight：40kg

Chargeable Weight：51.0kg

Applicable Rate：S 110% of Appl. GCR

$110\% \times 48.34\,CNY/kg = 53.17\,CNY/kg$

Weight Charge：$51kg \times 53.17\,CNY/kg = CNY\,2\,711.67$

航空货运单的运费计算栏填制如下：

No. Of Pieces RCP	Gross Weight	Kg Lb	Rate Class		Chargeable Weight	Rate/ Charge	Total	Nature and Quantity of Goods (Incl. Dimensions or Volume)
			S	Commodity Item No.				
1	40	K		Q110	51	53.17	2 711.67	Live dog 90cm×50cm×68cm

八、声明价值附加费

货物毛重每千克价值超过 20 美元时，可以办理声明价值，并支付声明价值附加费。

声明价值附加费＝(声明价值－20 美元×声明价值的货物重量)×0.5%

托运人办理声明价值时需按整票货物来办理，每票货物的声明价值不得超过 10 万美元。

声明价值附加费以"元"为单位，不足元者应进整为元。

九、其他费用

国际货物运输托运人或收货人除了支付航空运费外，还应支付在始发站或目的站发生的其他费用，包括地面运输费、保管费、仓储费、声明价值附加费、代垫付款、代垫付款手续费等，每项费用在填入航空货运单时都有其费用代码。常见的几种其他费用如下所述：

1. 运费到付货物手续费

运费到付货物手续费(Charge Collect Fee，FA)是指在货物的运费、其他费用到付时，由最后一个承运人向收货人收取并归其所有的费用。

到付运费手续费＝(货物的航空运费＋声明价值附加费)×2%

每票货物最低收费标准为 CNY100。

2. 货运单费

货运单费(Air Waybill，AW)又称航空货运单工本费，为填制航空货运单之费用，一般为5美元，归货运单的填制人所有。

例如："AWC"表示由航空公司来销售或填制，此项费用归出票航空公司所有；"AWA"表示由代理人来销售或填制，则该费用归销售代理人所有。

3. 垫付款手续费

垫付款指在始发地机场运输一票货物时发生的由货运代理人垫付的部分其他费用。

垫付款手续费(Disbursement Fee，DB)是基于垫付款而确定的费用，收费标准为

$$垫付款手续费＝垫付款 \times 10\%$$

注意：每一票货物的垫付款手续费不得低于20美元或等值货币。

4. 危险物品处理费

收运危险物品，除按规则收取航空运费外，由于其操作的特殊性和收运的危险性，还应收取危险物品操作手续费(Dangerous Goods Fee，RA)，此项费用归出票航空公司所有，表示为"RAC"。

自我国出发的每票危险品的最低收费标准为CNY400。

【任务安排】

(1) 角色安排：财务人员1人、信息员1人、计费员1人、客服人员1人。
(2) 资料准备：TACT运价手册、TACT规则手册的品名表，航空货运单、快递运单等。
(3) 器具准备：计算机、计算器、货票等。
(4) 任务执行：教师布置(或学生自己设计)航空货运内容(分别以普通货物、指定商品、等级货物为对象)，学生按流程以不同的角色完成运费计算及填制货运单的运费栏。

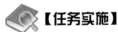【任务实施】

航空货运运费计算流程如图4.18所示。

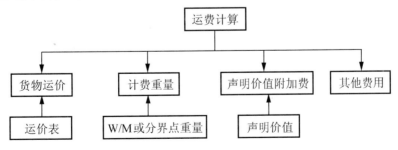

图4.18 航空运费计算流程

一、确定货物适用运价

1. 确定货物种类

根据货物名称，查询品名表，首先判断托运货物是否属于该航线的指定商品；如果不是

指定商品，再按照等级货物的分类，判断是否属于等级货物；如果既不是等级货物，又不属于指定商品，最后则确定为普通货物。

2. 确定货物适用运价

按照确定的货物种类，若是指定商品或普通货物，直接查询运价表确定其适用运价；若是等级货物，则先查询 TACT 规则手册，确定其运价附加或附减的比例，再结合运价表中的普通货物运价计算出其适用的运价。

二、确定计费重量

1. 计算体积重量

轻泡货物以货物包装最长、最宽、最高部位尺寸计算体积，按每 $6\,000\,\text{cm}^3$ 折合 1kg 计算重量。

2. 确定计费重量

体积重量与毛重比较取高者。

3. 考虑较高重量分界点

若采用较高重量分界点的起始重量计算出的运费更低，则用分界点重量为计费重量。

三、计算声明价值附加费

根据货物的毛重和声明价值，按照计算规则，计算出托运货物的声明价值附加费。

四、其他费用

查询运输业务涉及的各项杂费，按实收取。

五、计算运杂费

航空运输费用＝适用运价×计费重量＋声明价值附加费＋其他费用。

【任务评价】

对完成任务情况进行测评。

学习测评表

组别/姓名			班级		学号	
测评地点			日期			
项目名称			航空货物运输			
任务名称			计算航空货运运费			
测评项目		优秀级评价标准	分值	本组评价30%	他组评价30%	教师评价40%
专业知识	准备工作	资料、道具准备齐全	5			
	随机提问	概念清楚，回答准确	10			

续表

测评项目		优秀级评价标准	分值	本组评价 30%	他组评价 30%	教师评价 40%
专业能力	运价	会查询航空运价表,熟悉运价表的构成	10			
	货物分类	正确识别货物种类,选择相应的运价	10			
	计费重量	熟悉计费重量的计算方法,正确计量与折算	10			
	声明价值附加费	会正确计算声明价值附加费	10			
	计算运杂费	正确收取运输杂费,计算方法得当,结果正确	10			
	填制货运单	正确填制货运单运费相关栏目,交接准确	10			
	统计	正确统计营收情况,会做报表	10			
专业素养	活动过程	工作态度	5			
		沟通能力	5			
		合作精神	5			
合　　计			100			

【练习与思考】

一、填空题

1. 货运航班的特点有_____、_____、_____。
2. 航空货运的经营方式有_____、_____、_____。
3. 集装器可看作是飞机结构中可移动的部件,分成 3 类:_____、_____、_____。
4. 集装器编号有 9 位组成,第 1 位是指_____,第 2 位是指底板尺寸,第 3 位是指拱外型、相容性,第 4~7 位是_____,最后两位通常是航空公司的代码。
5. 航空运输货物的包装上应贴挂标签,标签通常分_____和_____两种,并且标签贴挂在货物的_____,不得贴挂在顶部和_____。
6. 国际上著名的快递公司有_____、_____、_____。
7. 航空货运代理人的身份可以是_____、_____、_____。
8. 航空货物运输业务中,涉及的有关当事人主要有_____、_____、_____、_____、_____。
9. 根据运价公布的形式不同分为_____和_____。其中普通货物运价是属于前者。
10. 北京到巴黎的运价不等于巴黎到北京的运价,这体现了运价的_____。

二、单选题

1. 各国航空运输企业之间的联合组织是( )。
   A. 国际货物发运人协会　　　　B. 国际航空运输协会
   C. 国际货代协会　　　　　　　D. 国际民用航空组织

2. IATA 是（　　）
   A. 政府间的国际机构　　　　　　　　B. 企业间的联合组织
   C. 行业间的组织　　　　　　　　　　D. 私人间的组织
3. FIATA 是（　　）。
   A. 国际货物发运人协会　　　　　　　B. 国际航空运输协会
   C. 国际货代协会　　　　　　　　　　D. 国际民用航空组织
4. 航空运输的国际公约是（　　）。
   A.《海牙规则》　　　　　　　　　　B.《维斯比规则》
   C.《汉堡规则》　　　　　　　　　　D.《华沙公约》
5. 航空货运代理不具有（　　）身份。
   A. 货主代理　　　　　　　　　　　　B. 航空公司代理
   C. 货主代理和航空公司代理　　　　　D. 国内外收发货人代理
6. 航空货运代理公司的主要业务是办理（　　）。
   A. 部分包机　　B. 整包机　　C. 集中托运　　D. 联合运输
7. 航空运输方式中最快捷方式是（　　）。
   A. 班机　　　　B. 集中托运　　C. 包机　　　　D. 航空快递
8. 空运的集运商要会填写（　　）。
   A. HAWB　　　　B. MAWB　　　　C. Main Deck　　D. Upper Deck
9. 空运时，国际货物托运单应由（　　）填写。
   A. 货主　　　　B. 货代　　　　C. 承运人　　　　D. 航空公司
10. 托运单上声明价值一栏，如货物毛重每千克未超过 20 美元，则此栏可填（　　）。
    A. 20 美元　　　B. 未超过 20 美元　　C. NVD　　　D. ALSO NOTIFY
11. 航空公司的运价类别，以 "M" 表示（　　）。
    A. 最低运价　　B. 指定商品运价　　C. 附加运价　　D. 附减运价
12. 航空公司的运价类别，以 "N" 表示（　　）。
    A. 最低运价　　　　　　　　　　　　B. 指定商品运价
    C. 45kg 以上普货运价　　　　　　　　D. 45kg 以下普货运价
13. 国际空运货物的计费重量以（　　）为最小单位。
    A. 0.3kg　　　　B. 0.5kg　　　　C. 0.8kg　　　　D. 1kg
14. 空运单共一式十二联，其中正本为（　　）。
    A. 第一联　　　B. 第二联　　　C. 第三联　　　D. 第四联
15. 空运承运人对没有办理声明价值的货物损失，其最高赔偿限额按毛重每千克为（　　）。
    A. 15 美元　　　B. 20 美元　　　C. 25 美元　　　D. 30 美元
16. 空运货物的运输延误，其索赔时限自货物由收货人支配之日起（　　）天之内。
    A. 20 天　　　　B. 21 天　　　　C. 24 天　　　　D. 25 天
17. 空运货物灭失或损坏的索赔时限自填开货运单之日起（　　）之内提出。
    A. 100 天　　　B. 110 天　　　C. 120 天　　　D. 125 天
18. 航空快运中一项必不可少的重要单据是（　　）。
    A. CCA　　　　B. IRP　　　　C. POD　　　　D. AWA

19. 凡属政府禁止和限制运输的无法交付货物,应( )。
   A. 移交政府主管部门 B. 作价移交有关物资部门
   C. 作价移交有关商业部门 D. 承运人酌情处理

20. 由于航空货运单所填内容不准确、不完全,致使承运人或其他人遭受损失,( )负有责任。
   A. 托运人 B. 承运人 C. 代理人 D. 机场服务人员

三、问答题

1. 航空快递与邮政运输有何不同之处?
2. TACT 是什么意思?它分为几部分内容?
3. 直接运输与集中托运的区别是什么?

四、计算题

1. 有4架精密仪器都需从北京空运至香港。它们的重量分别为10kgs、20kgs、35kgs、40kgs。如分别托运,各需多少运费?如集中托运,又需多少运费?(设一般货物的起码运费为 15 港元,45kg 以下每千克 3 港元,45kg 以上每千克 2.5 港元)。

2. 某公司空运出口一批商品(普货)供给 115 箱,每箱重 15kg,体积为 40cm×44cm×60cm,从中国北京运往美国迈阿密。问该批货物的空运运费为多少?(设 M:11.81 美元,N:28.65 美元;Q:21.62 美元;100kg:18.82 美元;500kg:15.35 美元;1 000kg:15.00 美元;2 000kg:14.60 美元)。

3. 北京运往纽约一箱服装,毛重 36.40kg,体积尺寸为 82cm×48cm×32cm,计算该票货物的航空运费。公布运价如下:

BEIJING Y.RENMINBI		CN CNY	BJS KGS
NEW YORK	US	M	630.00
		N	64.46
		45	48.34
		100	45.19
		300	41.80

4. 由上海运往巴黎一件玩具样品 5.3kg,体积为 41cm×33cm×20cm,计算其航空运费。公布运价如下:

SHANGHAI Y.RENMINBI		CN CNY	PVG KGS
PARIS(PAR)	FR	M	320.00
		N	52.81
		45	44.46
		100	40.93

航空货运基础岗位

航空货动基础岗位及职责见表 4-2。

表 4-2 航空货运基础岗位及职责

岗位	职　　责
国际出港收货员	(1) 遵守公司各项规章制度。 (2) 对安全检查完毕的国际出港货物，按照航空公司货物储位分区放置。 (3) 对于特种货物操作，严格按照货服部提供的信息要求放置相应的特种货物库。 (4) 维持收运区域作业秩序。 (5) 对空置的拖盘及时整理归位，定期清理，清点托盘数量。 (6) 有效利用库区平面、立体储位存储货物。 (7) 认真填写工作记录。 (8) 总结工作中的经验，向上级领导提出合理化建议。 (9) 负责验货服务及验货区管理。 (10) 工作间隙组织理货员共同维护国内进港区域地面卫生，确保地面清洁。 (11) 向直接上级提交工作情况汇报，反映意见，提出改进工作的合理化建议
国际出港理货员	(1) 遵守公司各项规章制度。 (2) 协助航控员组织装货，依据各种板、箱、车的类型装载货物。 (3) 码放货物时要做到单货一致，按照大不压小、重不压轻、木不压纸、标签朝外、轻拿轻放，凡属外包装上注明不可倒置货物，要求箭头朝上码放，集装板要加盖塑料薄膜等。 (4) 依据当日航班货量，准备所需的板、箱、车。 (5) 遇货物未放行等特殊情况，积极配合航控员将货物及时卸下并重新打网。 (6) 负责将组板结束后的区域清理及储位整理。 (7) 遵守班组区域管理规定。 (8) 协助航控员完成出库集装板的尺寸丈量。 (9) 工作间隙组织理货员共同维护国内进港区域地面卫生，确保地面清洁。 (10) 向直接上级提交工作情况汇报，反映意见，提出改进工作的合理化建议
国际进港理货员	(1) 遵守公司及部门的各项规章制度。 (2) 了解当日进港航班动态，接收 FFM 报了解进港货量。 (3) 在航控员的指导下按各航班的先后入库顺序进行理货，理货时对加急货、海鲜、活体动物、快件、外交信袋等进行优先拆点。 (4) 理货过程文明搬卸，严格按照理货的三大要素准确理货。发现有破损等异常情况报告航控员处理。 (5) 准确记录货物储位，严格按照 ISO 规定填写《理货记录》。 (6) 负责每月货物清仓。 (7) 维护国际进港库区卫生，对分拣完的空板、空箱及时拖到指定的存放位置。 (8) 总结工作中的经验，向上级领导提出合理化建议
国际进港提发货员	(1) 遵守公司及部门的各项规章制度。 (2) 接收验货申请单，及时将验货货物提到验货区；及时清理验货区，对验毕货物放回原货位。 (3) 每天整理进港货物摆放位置及打扫库区卫生，对分拣完的空板、空箱、托盘及时拖到指定的存放位置。 (4) 根据货服部提货发货货运员提供的货运单提取货物，严禁直接向货主接收提货单，严禁将货直接交予货主。 (5) 总结工作中的经验，向上级领导提出合理化建议

续表

岗位	职　责
国际出港计量员	(1) 严格遵守公司、部门、班组的各项规章制度，按照作业指导书规范操作，确保安全生产和优质服务，避免工作差错。 (2) 根据承运人、局方及 IATA 有关货物运输规定收运由已在货站备案的托运人与货代公司交接运的货物，对已正确粘贴或拴挂货主运单标签的货物进行准确过磅及丈量尺寸，并记录在该票货物的托运书上。 (3) 对包装不符合航空运输要求的货物，应要求货代公司给予更换；对品名不符的货物拒绝交接；对货物有疑问时，要求代理人做出解释，提供书面证明，必要时可开箱检查。 (4) 核对托运书上的货物品名，防止误收危险品、禁运物品。禁止接受国家禁止运输的货物，对限制运输的货物应查验有关准许运输的证明。 (5) 负责向海关发送货物进库信息，做到准确无误。 (6) 货物退运必须在符合海关规定的情况下办理货物退运，办理退运时按规定收取费用，为货代公司出示货物放行单，并做好台账记录。 (7) 检查维护计算机、磅秤等工作设备，使之处于良好的工作状态。 (8) 向直接上级提交工作情况汇报，反映意见，提出改进工作的合理化建议。 (9) 做好工作记录和台账整理。 (10) 完成上级交办的其他工作任务
国内出港收货员	(1) 遵守公司各项规章制度。 (2) 对安全检查完毕的国内货物，按不同航空公司规范分检货物。 (3) 对于出港特殊货物，严格按照货服部提供的信息要求放置相应的特种货物库。 (4) 掌握当日生产使用所需设备数量，及时要求司机人员准备。 (5) 根据航空公司舱位安排情况组织装货，组板高板不超过 3m，中板打板不超过 2.4m，低板不超过 1.63m，网要拉紧、打牢，平板车高度不超过 1.5m。 (6) 码放货物时要做到单、货一致，严格按照大不压小、重不压轻、木不压纸，标签朝外，轻拿轻放的原则。 (7) 指导各代理人包板货物的打板。 (8) 工作间隙维护操作区环境卫生。 (9) 认真填写工作记录。 (10) 总结工作中的经验，向上级领导提出合理化建议
国内进港理货员	(1) 遵守公司及部门各项规章制度。 (2) 熟悉航班动态表，了解相关航班信息。 (3) 配合航控员拆理进港货物，货物码放整齐、有序，标签朝外。 (4) 货物拆点过程中文明操作。 (5) 及时清理空集装器，并放置指定位置。 (6) 根据航控员的要求，将特殊货物放置相应的特殊货物库。 (7) 工作间隙维护国内进港区域地面卫生，确保地面清洁。 (8) 向直接上级提交工作情况汇报，反映意见，提出改进工作的合理化建议
国内组计量员	(1) 遵守公司、部门、班组的各项规章制度，按照作业指导书规范操作，确保安全生产和优质服务，避免工作差错。 (2) 核查《国内货运单交接清单》确认托运人已在货站备案，按承运人及局方规定验收收运货代公司交付的货物、货运单及交接清单，对不符合规定的货物、标签、运单、交接清单需经代理人重新修正后方可交接。 (3) 核对《国内货运单交接清单》单上的货物品名，防止误收危险品、禁运物品或限运物品，贵重物品和其他特种物品的交接必须严格按相关规定办理交接手续，并制作特种货物交接单。 (4) 办理退货、退单手续，并按规定收取有关费用。

续表

岗位	职责
国内组计量员	(5) 与装货货运员进行货单和特种货物交接单的交接。对特种货物的收运条件进行审核并收取货物运输所需的许可证明文件。 (6) 通知货代公司处理不正常航班或其他原因未能如期启运的鲜活货物。 (7) 正确拴挂《货、邮装机指示牌》，去除无关的《货、邮装机指示牌》，监督货代公司的进货过程，及时发现和消除危害航空安全的违规现象。 (8) 检查和维护磅称等设备，使之处于良好状态。 (9) 保持工作场所的环境卫生，维持交货场所的正常秩序。 (10) 负责交运货物的登记、统计工作，做好台账记录和值班记录。 (11) 向上级领导提出改进工作的合理化建议。 (12) 完成上级交办的其他工作任务
国内组装货预配员	(1) 遵守公司、部门、班组的各项规章制度，按照作业指导书规范操作，确保安全生产和优质服务，避免工作差错。 (2) 做好本岗位安全工作，避免工作差错，发现并消除安全隐患。 (3) 了解当日航班动态，掌握出港航班顺序。 (4) 与计量货运员交接特种货物交接单，复核货物和装载情况后，与出港单证员交接，接受计量岗位货运员交付的出港航班货邮运单及货物的货位情况。 (5) 根据代理航空公司预配方案，组织储运部员工，按照要求进行预配，组织储运部员工，将还未装车、箱、板的货邮装配上集装器或散装车，并拴挂指示牌。 (6) 在规定的时间前与航控货运员交接货、邮运单；组织储运部员工对已装车货物进行重量复核；协调机边装机作业，及时处理装机过程中出现的问题。 (7) 填写《国内出港货邮交接记录》与储运部交接有特种货物时，与计量货运员交接特种货物交接单，复核货物和装载情况明确后，与出港单证员交接。 (8) 对已装货、邮的车、箱、板拴挂的《货、邮装机指示牌》进行有效性检查。在货物装机过程中，如需拉货、移舱，应通报平衡室，并填制拉货、移舱通知单；通知不正常货物运输员拍发不正常运输电报。 (9) 计量货运员下班后，负责鲜活货物不正常运输的处理工作。 (10) 做好出港统计工作，记录工作台账。 (11) 处理拉货、加货等其他事项。 (12) 向上级领导提出改进工作的合理化建议。 (13) 完成上级交办的其他工作任务
国内出港单证员	(1) 遵守公司、部门、班组的各项规章制度，按照作业指导书规范操作，确保安全生产和优质服务，避免工作差错。 (2) 做好本岗位安全工作，避免工作差错，杜绝安全隐患。 (3) 与货代交接《国内货运单交接清单》、货运单、邮路单，核对安检章，确保货邮经过安全检查与装货货运员完成货邮运单及货物装载情况的交接。核对货代填开的货运单、邮路单各项内容的准确性。 (4) 根据装货货运员的装载情况制作货邮舱单、装机单、分离货运单等随机文件。 (5) 收到装货员的特种货物交接单并核对货物后，制作特种货物机长通知单，连同已备妥的货邮舱单、装机单、业务袋、特种货物交接单交接给外场货运员司机。将进、出港货运单信息录入货运系统。负责超时费的收取、办理退货手续。 (6) 向上级领导提出改进工作的合理化建议。完成上级交办的其他工作任务

续表

岗位	职　责
国内进港单证员	(1) 遵守公司、部门、班组的各项规章制度，按照作业指导书规范操作，确保安全生产和优质服务，避免工作差错。 (2) 接听受货主的查询电话，处理现场查询，办理提货发货手续。 (3) 及时、准确地将国内进港货、邮运单资料录入计算机。 (4) 分检货运单，在规定时限内向收货人发出到货通知。 (5) 严格审核核对收货人有效身份证件，办理货运单交付手续。 (6) 与各进港货物派送点办理货运单交接手续。 (7) 与国际进港组交接进口转关货物货运单，中转货物交当职人员处理。 (8) 保存货运单、舱单，做好销号工作，做好进港统计和归档工作。 (9) 查找工作中的安全隐患，发现问题及时处理并上报。 (10) 向直接上级提交工作情况汇报，反映意见，提出改进工作的合理化建议。 (11) 完成上级交办的其他工作任务
国内组提货发货员	(1) 遵守公司、部门、班组的各项规章制度，按照作业指导书规范操作，确保安全生产和优质服务，避免工作差错。 (2) 接受货主盖有"可提货"和"处理费收讫"章办妥手续的提货单，按先后顺序交储运员入库提取货物。 (3) 所有逐票核查出库货物，须逐票核查，确认实际货物与货运单内容完全一致方可放行；未经核查的货物，一律不得出库。 (4) 货主提取货物时，若对货物提出异议，在提货人联上标注货物实际破损情况，对于破损严重的货物，请储运部拍照，应同货主当场开箱查验，必要时报不正常货物处理货运员，并做好相关记录。 (5) 负责维持提货发货现场秩序，保持良好的工作环境。 (6) 检查日常安全生产工作，发现问题及时处理，并上报领导。 (7) 向直接上级提交工作情况汇报，反映意见，提出改进工作的合理化建议。 (8) 在货物系统中完成已提取货物的销单工作。 (9) 完成上级交办的其他工作任务

航空快递业务员基础岗位

一、职业定义

使用快递专用工具、设备和应用软件系统，从事国内(包括港澳地区)、国际的快件揽收、分拣、封发、转运、投送、信息录入、查询、市场开发、疑难快件处理等工作的人员。

二、工作要求

本标准对快件收派和处理的初级、中级、高级、业务师、高级业务师的技能和相关知识要求依次递进介绍，高级别涵盖低级别的要求。

1. 快件收派

1) 初级(表4-3)

表4-3　初级快件收派业务员岗位

职业功能	工作内容	技能要求
快件揽收	快件法规及相关知识	(1) 能够了解和掌握《中华人民共和国邮政法》《中华人民共和国合同法》《中华人民共和国消费者权益保护法》《中华人民共和国反不正当竞争法》和《中华人民共和国道路交通安全法》《中华人民共和国航空法》《中华人民共和国国家安全法》等法规的相关规定

续表

职业功能	工作内容	技能要求
快件揽收	快件法规及相关知识	(2) 能够了解和掌握《快递行业服务标准》及其他相关行业标准与规范。 (3) 能够识记本人所在区域行政区划及街巷分布。 (4) 能够了解并正确使用简单交通工具、揽收快件工具和设备,确保职业安全和快件要求。 (5) 能够识别最常用英语单词
快件揽收	快件验收	(1) 能够告知并指导快件寄递客户正确填写快件详情单。 (2) 能够准确告知客户寄递快件的资费和标准。 (3) 能够准确识别和验查禁限递物品,包括种类和范围。 (4) 能够掌握快件重量和尺寸的相关规定并准确计算。 (5) 能够识别 IATA 的通用标识
快件揽收	快件揽收	(1) 能够准确计算国内快件资费标准。 (2) 能够准确识别假币。 (3) 能够检查并正确使用快递设备和度量衡工具。 (4) 能够告知客户负责快件查询、更址、撤回和索赔的相关部门。 (5) 能够徒手搬运单件 30kg 货物或借助工具搬运单件 50kg 货物。 (6) 能够准确结算营业票款
快件派送	投前准备	(1) 能够准确交接快件,并核实快件的数量、重量,检查包装是否完好。 (2) 能够对异常快件进行正确处理。 (3) 能够准确判断快件详情单地址是否准确、详细。 (4) 能够按照投送范围进行分拣。 (5) 能够按规定检查投递相关设备和工具。 (6) 能够识记本派送段街道、里巷位置,主要单位,并选择合理投递路线
快件派送	快件投送	(1) 能够正确捆扎并装运快件。 (2) 能够对 1 个派送段进行投送。 (3) 能够按规定投送异常件。 (4) 能够及时回收相关资费或准确填写客户编码。 (5) 能够掌握安全投送的原则
快件派送	投送后续工作	(1) 能够将投递信息进行录入处理。 (2) 能够完成投递后相关单据的交接手续。 (3) 能够及时上交营业款项

2) 中级(表 4-4)

表 4-4 中级快件收派业务员岗位

职业功能	工作内容	技能要求
快件揽收	快件法规及相关知识	(1) 能够了解《中华人民共和国海关法》的相关规定和通关办理程序。 (2) 能够了解并掌握《海牙公约》《华沙公约》和《万国邮政联盟宪章》的有关规定。 (3) 能够识记全国省、自治区和直辖市、省会/首府和主要中心城市称、简称、代码、电话区号及邮政编码。 (4) 能够识记全国主要航线、铁路和公路干线。 (5) 能够了解并掌握目的地国家(地区)邮政、物流和海关等法规的有关规定。 (6) 能够识别世界主要国家(地区)首都(首府)的英文名称、缩写和电话区号。 (7) 能够识记常用国际口岸名称、缩写和代码。 (8) 能够识记常用国际快递航线和航班。 (9) 能够识记常用国际快件物品的英文名称

续表

职业功能	工作内容	技能要求
快件揽收	快件验收	(1) 能够准确识别和验查国际快件禁限递物品，包括种类和范围。 (2) 能够指导客户正确填写快件详情单。 (3) 能够指导客户正确包装快件。 (4) 能够告知客户准备通关所需的文件。 (5) 能够准确告知客户寄递权利、责任和到达时限。 (6) 能够掌握快件重量和尺寸的相关规定并准确计算。 (7) 能够基本了解海关清关知识
	快件揽收操作	(1) 能够准确计算国际快件资费标准。 (2) 能够用英文准确迅速录入快件信息并及时发送上网。 (3) 能够熟练掌握快件查询、更址、撤回和索赔的程序。 (4) 能够掌握支票基本知识。 (5) 能够达到规定的点钞速率。 (6) 能够及时、准确交接详情单等相关单据。 (7) 能够准确迅速录入快件信息并及时发送上网。 (8) 能够结算国际快件营业票款，完成交接工作
快件派送	派送前准备	(1) 能够对批译的英文名址及单位名称进行简单核对。 (2) 能够掌握国际疑难快件投递的处理程序。 (3) 能够熟记本地区的街道、里巷位置及主要单位，并参与快件细分。 (4) 能够合理规划投递路线
	快件派送后续工作	(1) 能够对3个派送段进行派送。 (2) 能够按规定处理疑难件。 (3) 能够及时准确录入投递信息。 (4) 能够复核快件详情单上的妥投信息
业务推介	快件业务推介	(1) 能够使用规范的服务语言。 (2) 能够用普通话同客户交谈并解答一般性的业务询问。 (3) 能够讲解公司业务范围和服务项目。 (4) 能够及时反馈市场信息

3) 高级(表4-5)

表4-5 高级快件收派业务员岗位

职业功能	工作内容	技能要求
快件收派	揽收	(1) 能够设计国内国际快件的揽收段和路线并进行合理调度。 (2) 能够掌握国际快件清关基本知识。 (3) 能够妥善处理快件揽收中的主要疑难问题。 (4) 能够妥善处理客户的特殊要求。 (5) 能够向客户提供关于包装、产品价值和清关方面的合理建议
	快件派送	(1) 能够处理国内国际快件中的各类疑难问题。 (2) 能够识记本网点和临界网点的街道、里巷位置和主要单位。 (3) 能够熟记本市的行政区划。 (4) 能够对5个派送段进行按址投递。 (5) 具备相关车辆驾驶资质
	业务推介	(1) 能够及时收集和分析市场信息。 (2) 能够识别潜在客户。 (3) 具备一定的客户开发和维护能力

4) 业务师(表4-6)

表4-6 快件收派业务师岗位

职业功能	工作内容	技能要求
管理指导培训	质量管理	(1) 能够熟练使用快递业务工具和设备,并能进行日常维护。 (2) 能够跟踪、分析和协调快件收派环节,提高工作效率。 (3) 能够对各环节出现的问题进行分析,并能在突发事件发生时处理有关紧急问题。 (4) 能够提出合理化建议
	培训指导	(1) 能够为初、中级人员讲授快件揽收、派送和市场开发相关业务知识。 (2) 能够为、中级人员传授快件揽收、派送和市场开发相关技能

5) 高级业务师(表4-7)

表4-7 快件收派高级业务师岗位

职业功能	工作内容	技能要求
管理与指导培训	质量管理	(1) 能够对快件揽收各环节的质量和各类疑难问题进行监控和处理。 (2) 能够对派送各环节的质量和各类疑难问题进行监控和处理。 (3) 能够设计和改进快递流程及操作方式。 (4) 能够对快件的揽收情况进行统计分析。 (5) 能够进行成本分析。 (6) 能够了解行业基本现状和发展趋势
	市场开发	(1) 能够指导高级快件收派员进行市场开发业务。 (2) 能够制定市场谈判计划和备选方案。 (3) 能够通过谈判开发潜在的客户群和扩大市场份额的方案及建议
	培训指导	能够为高级快递业务员讲授快件揽收、派送和市场开发的相关理论和实践业务知识及实际操作技能

2. 快件处理

1) 初级(表4-8)

表4-8 初级快件处理业务员岗位

职业功能	工作内容	技能要求
快件分拣封发	国内快件分拣封发	(1) 能够正确使用扫描设备。 (2) 能够正确装卸、搬运和码放快件。 (3) 能够准确识别 IATA 安全识别。 (4) 能够接收、验视、分拣和封发国内快件总包,了解不合规格总包的处理程序。 (5) 能够检查快件详情单地址是否准确和详细。 (6) 能够检查并正确使用度量衡工具。 (7) 能够对进、出快件进行粗分。 (8) 能够识记全国省级行政区划及省会/首府、直辖市名称、简称、代码、电话区号及邮政编码。 (9) 能够识记主要国家国名、首都英文名称、缩写、邮政编码和代码。 (10) 能够识记我国港澳地区英文名称、缩写、代码、电话区号和邮政编码。 (11) 能够识记全国主要航空公司名称、代码。 (12) 能够徒手搬运单件 30kg 或借助工具搬运单件 50kg 货物。 (13) 能够安全使用消防器材

续表

职业功能	工作内容	技能要求
快件分拣封发	信息录入	(1) 能够简单操作和使用计算机和打印机。 (2) 能够分别把接收、分拣和封发的信息录入计算机

2) 中级(表4-9)

表4-9 中级快件处理业务员岗位

职业功能	工作内容	技能要求
快件分拣封发	国际及港澳台快件分拣封发	(1) 能够识记世界主要城市的英文名称、缩写、邮政编码和代码。 (2) 能够对进、出站快件建总包。 (3) 能够对进、出站快件进行登单。 (4) 能够正确进行快件的经传和直封。 (5) 能够对进站快件进行细分并封发。 (6) 能够制作国际及港澳台快件总包路单。 (7) 能够对进口国际及我国港澳台地区快递件批译名址及单位名称进行简单核对。 (8) 能够识别禁限运快件。 (9) 能够操作专用分拣设备。 (10) 能够对站点的安全及消防设施、设备进行正确操作和简单维护。 (11) 能够按规定完成快件的现场补码。 (12) 能够对不合格包装进行再包装。 (13) 能够正确拆解总包,并核实快件的数量、重量(平衡合拢)。 (14) 能够掌握快件重量和尺寸的相关规定并正确计算。 (15) 能够识记本市的行政区划和街道名称、里巷位置及主要单位。 (16) 能够识别并按规定程序移交疑难快件。 (17) 能够识记全国主要航空公司的航线分布
	快件信息录入统计	(1) 能够将国际及我国港澳台地区快件信息进行录入处理并及时发送上网。 (2) 能够分别把分拣和封发的信息进行统计汇总和分析。 (3) 能够使用系统自查并纠正录入错误
	计算机操作	能够熟练使用计算机办公软件和操作系统

3) 高级(表4-10)

表4-10 高级快件处理业务员岗位

职业功能	工作内容	技能要求
分拣封发	快件分拣封发	(1) 能够对不合规格的快件总包进行处理。 (2) 能够识记国内、国际快件主要经转航空站名、英文缩写和代码。 (3) 能够识记世界主要国际航空公司的标识、英文名称、缩写和代码。 (4) 能够准确验查禁限递物品。 (5) 利用系统能够自查并纠正分拣、封发错误。 (6) 能够按程序处理异常快件和疑难快件。 (7) 能够对快递设备、器材进行简单维护。 (8) 能够对初、中级员工进行现场作业指导

续表

职业功能	工作内容	技能要求
分拣封发	信息录入统计	(1) 能够将国内(包括港澳台地区)、国际快件信息汇总。 (2) 能够对汇总信息进行分类、统计和分析

4) 业务师(表 4-11)

表 4-11 快件处理业务师岗位

职业功能	工作内容	技能要求
质量管理与培训指导	特殊处理	(1) 能够对各类国内(包括港澳台地区)、国际快件复杂差错进行验单或复验。 (2) 掌握主要目的地国家海关对进出口快件的要求。 (3) 熟练掌握国家对各类出口快件的要求。 (4) 能够对国际出口特殊单据进行审核把关。 (5) 能够处理国内(包括港澳台地区)、国际快件中的疑难件
	质量管理	(1) 能够对分拣封发各环节的质量进行监督、检查,并提出改进措施。 (2) 能够对生产现场进行质量监督检查,并提出改进措施。 (3) 能够实时监控快件收派在途生产效率并对相应情况予以协调和处理。 (4) 能够提供在途生产效率报告并进行初步分析。 (5) 能够识记全国主要铁路和公路干线。 (6) 能够对分拣现场进行现场管理
	培训指导	能够为初、中级快递业务人员讲授业务理论和实践知识与技能
客户服务	日常服务	(1) 能够对国际快件的一般差错用英文缮发验单或复验。 (2) 能够将国际验单和复验译成中文。 (3) 能够将国际业务档案进行整理和归档。 (4) 能够处理违反规定寄递的禁限物品或信件。 (5) 能够将客户取件信息准确无误地及时传送给递送员
内部信息查询	国际及港澳台快件服务	(1) 能够受理国际及我国港澳台快件查询及网上查询。 (2) 能够办理国际及我国港澳台快递件的撤回。 (3) 能够对国内业务档案进行整理和归档
	国际及港澳台快件处理	(1) 能够解答各种业务咨询。 (2) 能够处理国际及我国港澳台快件中转过程中的疑难问题。 (3) 了解报关相关程序和知识

5) 高级业务师(表 4-12)

表 4-12 快件处理高级业务师岗位

职业功能	工作内容	技能要求
质量管理与培训指导	特殊处理	(1) 能够用英文缮发国际业务验单。 (2) 能够完成国际业务账单结算和审核。 (3) 能够及时解决操作系统和作业设备出现的各类特殊问题

续表

职业功能	工作内容	技能要求
质量管理与培训指导	质量管理	(1) 能够对新进入公司的调度人员进行业务知识和实践技能的培训指导。 (2) 对途中发生的异常情况包括车辆故障、事故、管制等进行紧急处理。 (3) 能够检查和分析快件处理各环节存在的问题，并能提出改进措施。 (4) 能够合理设计分拣流程。 (5) 能够提出提高效率和实效的合理意见。 (6) 能够合理规划快件处理工艺流程
	培训指导	能够为高级快递业务员讲授快递业务理论和实践知识与技能

项目五

集装箱货物运输

JIZHUANGXIANG HUOWU YUNSHU

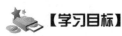【学习目标】

知识目标	技能目标
(1) 描述集装箱的码头、场站、载运工具以及装卸设备的分类与功能。	(1) 能够根据货物类型、货物数量选择合适的集装箱及托运方式。
(2) 描述集装箱的分类、结构与功能,并识记集装箱的国际标准和标记。	(2) 能够进行提箱、装箱、送箱、拆箱、还箱及租箱等业务操作。
(3) 了解国际集装箱进出口货物运输的业务流程以及各机构业务职责。	(3) 能够从事受理托运、审单验货、报价订舱、报关报检等业务。
(4) 识记集装箱运输单证的填制规范以及海运集装箱运费的计算方法。	(4) 能够填写集装箱主要运输单证,计算并核收集装箱运输运费。

任务一　认知集装箱运输系统

【知识要点】

集装箱运输是将货物装在集装箱内，以集装箱作为一个货物集合或成组单元，进行运输(包括船舶运输、铁路运输、公路运输、航空运输以及这几种运输方式的联合运输)、装卸、搬运的运输工艺和运输组织形式。

集装箱货物运输系统的组成如图 5.1 所示。

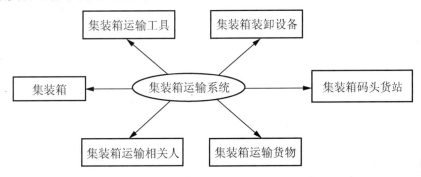

图 5.1　集装箱货运系统

一、集装箱

1. 集装箱定义

集装箱是指具有一定强度、刚度和规格，专供周转使用的大型标准化载货容器，如图 5.2 所示。集装箱应满足下列要求：坚固耐用；途中不需换装；便于装卸和搬运；便于装满和卸空；内容积 $1m^3$ 以上。

图 5.2　集装箱

2. 集装箱分类

常见集装箱分类见表 5-1。

表 5-1　集装箱分类

分类形式	举例说明
按货种分	杂货、散货、液体货、冷藏货集装箱等

分类形式	举例说明
按材料分	木、钢、铝合金、玻璃钢、不锈钢集装箱等
按结构分	折叠式、固定式集装箱等,在固定式集装箱中还可分密闭、开顶、板架集装箱等
按总重分	30t、20t、10t、5t、2.5t集装箱等

海上运输中常见的国际货运集装箱类型有以下几种:

1) 通用干货集装箱

通用干货集装箱也称杂货集装箱,用来运输不需控制温度的件杂货,其使用范围极广。这种集装箱通常为封闭式,在一端或侧面设有箱门。这是平时最常用的集装箱,不受温度变化影响的各类固体散货、颗粒或粉末状的货物都可以由这种集装箱装运。

2) 保温集装箱

保温集装箱用于运输需要冷藏或保温的货物,所有箱壁都采用导热率低的材料隔热制成,可分为以下3种:

(1) 冷藏集装箱。它以运输冷冻食品为主,是能保持所定温度的保温集装箱,如图5.3(a)所示。它专为运输如鱼、肉、新鲜水果、蔬菜等食品而设计。

(2) 隔热集装箱。它是为载运水果、蔬菜等货物,防止温度上升过大,以保持货物鲜度而具有充分隔热结构的集装箱。通常用干冰做制冷剂,保温时间为72h左右。

(3) 通风集装箱。它为装运水果、蔬菜等不需要冷冻而具有呼吸作用的货物,在端壁和侧壁上设有通风孔的集装箱,如将通风口关闭,同样可以作为杂货集装箱使用。

3) 罐式集装箱

罐式集装箱是专用以装运酒类、油类(如动植物油)、液体食品以及化学品等液体货物的集装箱。它还可以装运其他液体的危险货物。这种集装箱有单罐和多罐数种,罐体四角由支柱、撑杆构成整体框架,如图5.3(b)所示。

4) 散货集装箱

散货集装箱是一种密闭式集装箱,有玻璃钢制和钢制两种。前者由于侧壁强度较大,故一般装载麦芽和化学品等相对密度较大的散货;后者则用于装载相对密度较小的谷物。散货集装箱顶部的装货口应设水密性良好的盖,以防雨水侵入箱内。

5) 台架式集装箱

台架式集装箱是没有箱顶和侧壁,甚至连端壁也去掉而只有底板和4个角柱的集装箱。这种集装箱可以从前后、左右及上方进行装卸作业,适合装载长大件和重货件,如重型机械、钢材、钢管、木材、钢锭等。台架式的集装箱没有水密性,怕水湿的货物不能装运,或用帆布遮盖装运,如图5.3(c)所示。

6) 平台集装箱

平台集装箱是在台架式集装箱上再简化而只保留底板的一种特殊结构集装箱。平台的长度与宽度与国际标准集装箱的箱底尺寸相同,可使用与其他集装箱相同的紧固件和起吊装置。这一集装箱的采用打破了过去一直认为集装箱必须具有一定容积的概念。

7) 敞顶集装箱

敞顶集装箱是一种没有刚性箱顶的集装箱,但有由可折叠式或可折式顶梁支撑的帆布、塑料布或涂塑布制成的顶篷,其他构件与通用集装箱类似。这种集装箱适于装载大型货物和重货,如钢铁、木材,特别是像玻璃板等易碎的重货,利用吊车从顶部吊入箱内不易损坏,而且也便于在箱内固定。

8) 汽车集装箱

汽车集装箱是一种运输小型汽车用的专用集装箱,其特点是在简易箱底上装一个钢制框架,通常没有箱壁(包括端壁和侧壁)。这种集装箱分为单层的和双层的两种。因为小汽车的高度为 1.35~1.45m,如装在 8ft (2.438m)的标准集装箱内,其容积要浪费 2/5 以上,所以出现了双层集装箱。这种双层集装箱的高度有两种:一种为 10.5ft (3.2m),另一种为 8.5ft 高的 2 倍。因此,汽车集装箱一般不是国际标准集装箱。

9) 动物集装箱

动物集装箱是一种装运鸡、鸭、鹅等活家禽和牛、马、羊、猪等活家畜用的集装箱。为了遮蔽太阳,箱顶采用胶合板露盖,侧面和端面都有用铝丝网制成的窗,以求有良好的通风。侧壁下方设有清扫口和排水口,并配有上下移动的拉门,可把垃圾清扫出去,还装有喂食口。动物集装箱在船上一般应装在甲板上,因为甲板上空气流通,便于清扫和照顾。

10) 服装集装箱

服装集装箱是在箱内上侧梁上装有许多根横杆,每根横杆上垂下若干条皮带扣、尼龙带扣或绳索,成衣利用衣架上的钩,直接挂在带扣或绳索上。这种服装装载法属于无包装运输,它不仅节约了包装材料和包装费用,而且减少了人工劳动,提高了服装的运输质量,如图 5.3(d)所示。

3. 集装箱标准

(1) 国际标准集装箱。根据 ISO 第 104 技术委员会制定的国际标准来建造和使用的国际通用标准集装箱。ISO 第 104 技术委员对集装箱国际标准做过多次补充和修改,现行的国际标准为第一系列共 13 种,见表 5-2。

(a) 冷藏集装箱

(b) 罐式集装箱

(c) 台架式集装箱

(d) 服装集装箱

图 5.3 几种常见的集装箱

表 5-2　ISO 第一系列集装箱外型规格尺寸和总重量

规格/ft	箱型	长		宽		高		最大总重量	
		公制/mm	英制/in	公制/mm	英制/in	公制/mm	英制/in	公制/kg	英制/lb
40	1AAA 1AA 1A 1AX	12 192	480	2 438	96	2 896 2 591 2 438 <2 438	114 102 96 <96	30 480	67 200
30	1BBB 1BB 1B 1BX	9 125	359.25	2 438	96	2 896 2 591 2 438 <2 438	114 102 96 <96	25 400	56 000
20	1CC 1C 1CX	6 058	238.5	2 438	96	2 591 2 438 <2 438	102 96 <96	24 000	52 900
10	1D 1DX	2 991	117.75	2 438	96	2 438 <2 438	96 <96	10 106	22 400

(2) 国家标准集装箱。各国政府参照国际标准并考虑本国的具体情况，而制定本国的集装箱标准。

(3) 地区标准集装箱。地区组织根据该地区的特殊情况制定的集装箱标准，此类集装箱仅适用于该地区。

(4) 公司标准集装箱。根据本公司的具体情况和条件而制定的集装箱船公司标准，这类箱主要在该公司运输范围内使用。

4．集装箱的标记

1) 必备标记

(1) 识别标。一是箱主代号，如 COSU、APLU、SEAU；二是顺序号，又称箱号，由 6 位阿拉伯数字组成，如"0 53842"；三是核对数字，位于箱号后，以一位数字加一方框表示。如图 5.4 所示。

(2) 作业标记。一是额定重量(MAX.G.W.)，即集装箱总重；二是自重(TARE)，即集装箱空箱质量；三是净载重量(MAX.C.W.)，即有用载重量。单位以千克(kg)和磅(lb)同时表示。如图 5.4 所示。

2) 自选标记

(1) 识别标。一是国家和地区代号，如中国用 CN，美国用 US；二是尺寸和类型代号。如图 5.5 所示。

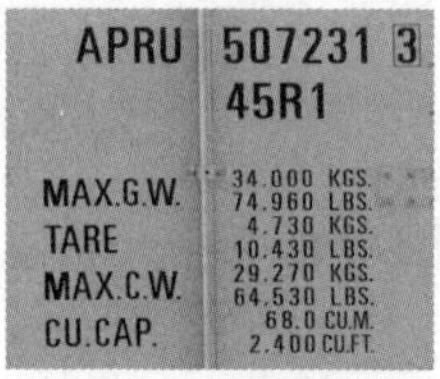

图 5.4　必备标记

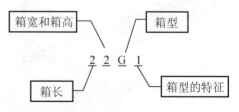

图 5.5　尺寸和类型代号

(2) 作业标记。一是超高标记，超高 2.6m 的集装箱贴此标记；二是国际铁路联盟标记。如图 5.6 所示。

(a) 超高标记　　　　(b) 国际铁路联盟标记

图 5.6　作业标记

5．集装箱计算单位

为使集装箱箱数计算统一化，把 20ft 集装箱作为一个计算单位，以便统一计算集装箱的营运量。一个 TEU 相当于 20ft 的标准集装箱单元，即高和宽约为 8ft (2 438mm)、长 20ft (6 058mm)的集装箱，则 40ft 集装箱＝2 TEU，30ft 集装箱＝1.5 TEU，20 ft 集装箱＝1 TEU，10 ft 集装箱＝0.5 TEU。实际 40ft 的集装箱(A 系列)高采用 102in (2 591mm)的规格，载货量是 20ft 集装箱的 2.25 倍。

二、集装箱运输工具

1．集装箱船舶

集装箱船舶包括全集装箱船、半集装箱船、多用途船，如图 5.7(a)所示。

2．集装箱卡车

集装箱卡车主要用于集装箱公路长途运输、陆上各结点之间的短驳以及集装箱的"末端运输"，如图 5.7(b)所示。

3．集装箱铁路专用车

集装箱铁路专用车主要用于集装箱的陆上中、长距离运输和"陆桥运输"，如图 5.7(c)所示。

4．集装箱运输机

集装箱航空运输采用的是航空专用集装箱，因此集装箱其他运输方式和空运联合运输时必须换箱，如图 5.7(d)所示。

(a) 集装箱船舶　　　　(b) 集装箱卡车

图 5.7　集装箱运输工具

(c) 集装箱铁路专用车　　　　　　　　(d) 集装箱运输机

图 5.7　集装箱运输工具(续图)

三、集装箱装卸设备

1. 集装箱堆高机

集装箱空箱堆高机是集装箱运输的关键设备，广泛用于港口、码头、铁路公路中转站及堆场内的集装箱空箱的堆垛和转运，是岸桥、场桥及正面吊的配套产品，具有堆码层数高、堆垛和搬运速度快、作业效率高、机动灵活、节约场地等特点，如图 5.8(a)所示。目前市场已有起升高度达到 20m、堆码 9 层、门架高度 13m 的空箱堆高机。

重箱堆高机是用于实箱的堆垛和转运，如图 5.8(b)所示。

2. 正面吊运机

集装箱正面吊是专门为 20ft 和 40ft 国际集装箱设计的，主要用于集装箱的堆叠和码头、堆厂内的水平运输。与叉车相比，它具有机动灵活、操作方便、稳定性好、轮压较底、堆码层数高、堆厂利用率高等优点。其可进行跨箱作业，特别适用于中小港口、铁路中转站和公路中转站的集装箱装卸，也可在大型集装箱码头作为辅助设备来使用，如图 5.8(c)所示。

(a)空箱堆高机　　　　　(b) 重箱堆高机　　　　　(c) 正面吊运机

图 5.8　集装箱装卸设备

四、集装箱码头

集装箱码头由码头前沿、集装箱堆场(集装箱前方堆场、集装箱后方堆场和空箱堆场)、指挥塔、大门、货运站、维修车间以及冷藏集装箱电源等组成。

(1) 码头前沿。通常是指从岸壁到堆场前的那块面积，包括停泊船舶的岸线、集装箱装卸桥作业区域等部分，如图 5.9 所示。

(2) 集装箱前方堆场。在集装箱码头前方，为加速船舶装卸作业，暂时堆放集装箱的场地，如图 5.10 所示。

(3) 集装箱后方堆场。集装箱重箱或空箱交接、保管和堆存的场所。

(4) 空箱堆场。专门办理空箱收集、保管、堆存或交接的场地。

(5) 大门。大门又称检查桥(或称闸口)，一般在大门处设有汽车衡，用于集装箱内货物的计量。大门又是集装箱和集装箱货物的交接点，码头内外责任的分界线。在大门处，需对进出码头的集装箱单证进行验查，并检查集装箱的箱号、封箱号以及集装箱的外表情况，如图 5.11 所示。

(6) 指挥塔。指挥塔又称控制塔、控制中心，其职能是指挥和控制码头生产作业，码头的作业计划和调度指挥设在这里，如图 5.12 所示。

(7) 集装箱货运站。集装箱货运站又可称集装箱拆装箱库，用于货物散进或散出时码头拆装箱的货物堆存和作业的场所。拆装箱库一般位于码头的后方，也可将其设置在码头以外。

(8) 维修车间。维修车间是对集装箱和集装箱搬运装卸设备进行检查维修和保养的场所，一般设在不影响码头作业的后方。

(9) 冷藏集装箱电源。冷藏集装箱是一种特殊集装箱，近年来这种集装箱的数量和种类发展很快，有很多集装箱码头都设有专用的冷藏集装箱堆场，其制冷装置由埋入式或地面插口式的专用电源供电。

图 5.9　码头前沿

图 5.10　集装箱前方堆场

图 5.11　大门

图 5.12　指挥塔

五、集装箱货运站

集装箱货运站是指进行集装箱拼箱与拆箱业务的企业或部门，专门处理集装箱拼箱货。集装箱货运站在整个集装箱运输和集装箱多式联运中，发挥了"链接"和"纽带"的作用。

1. 集装箱货运站的分类

1) 设置于集装箱码头内的集装箱货运站

该类货运站主要处理各类拼箱货，进行出口货的拼箱作业和进口货的拆箱作业。托运人托运的拼箱货，凡是出口的，均先在码头集装箱货运站集货，在货运站拼箱后，转往出口堆箱场，准备装船；凡是进口的，均于卸船后，运至码头集装箱货运站拆箱，然后向收货人送货，或由收货人提货。一般的集装箱码头，均设有集装箱货运站。

2) 设置于集装箱码头附近的集装箱货运站

这类集装箱货运站设在码头附近，独立设置，不隶属于集装箱码头。之所以这样设置，一般是缓解码头的场地紧张，作为集装箱码头的一个缓冲地带。有的集装箱码头业务繁忙，自身集装箱货运站规模有限或堆场紧张，一些拼、拆箱作业就拉到码头外集装箱货运站进行。有些拼箱货卸船后，直接拉到码头外集装箱货运站，可提高码头堆场的利用率。例如，上海与香港由于码头狭小，经常有这类集装箱货运站。

3) 内陆集装箱货运站

这类集装箱货运站设于内陆，既从事拼箱货的拆箱、装箱作业，也从事整箱货的拆箱、装箱作业。有的还办理空箱的发放和回收工作，代理船公司和租箱公司，作为空箱的固定回收点。内陆的拼箱货或整箱货，可先在这类集装箱货运站集货、装货，然后通过铁路和公路运输，送往集装箱码头的堆场，准备装船。从口岸卸下的进口箱，经铁路和公路运输，到内陆集装箱货运站拆箱，然后送到收货人处。

2. 集装箱货运站的任务

集装箱货运站的主要任务有：一是集装箱货物的承运、验收、保管和交付；二是拼箱货的装箱和拆箱作业；三是整箱货的中转；四是重箱和空箱的堆存和保管；五是货运单的处理、运费、堆存费的结算；六是集装箱及集装箱车辆的维修、保养。

六、集装箱货物

集装箱货物分类见表 5-3。

表 5-3 集装箱货物的分类

分类标准	货物分类	具体说明
按货物性质分	普通货物	可称为杂货，按货物性质不需要特殊方法保管和装卸的货物。货物批量不大，品种较多
	典型货物	按货物性质和形态本身已包装的、需采用与该包装相适应的装载方法的货物
	特殊货	货物形态上具有特殊性，运输时需要用特殊集装箱装载的货物
按适箱程度分	最适箱货物	货物在物理属性方面完全适合于集装箱运输，且货价高，运价承受能力很大，如医药品、酒、电器、照相机、手表、纺织品等
	适合装箱货	货物基本适合集装箱运输，但与最适箱货物相比，其价格和承受运价的能力要低。因此，运输利润不是很高。这类货物包括电线、袋装食品、屋顶板等
	边际装箱货	货物使用集装箱运输，在物理属性及形态上是可行的，但其货价较低，承受的运价也较低。这类货物包括钢材、生铁、原木等
	不适箱货物	货物由于物理状态和经济上的原因不能使用集装箱，如货价较低的大宗货、长度超过 1 219cm(40ft) 的金属构件、桥梁、废钢铁等

续表

分类标准	货物分类	具体说明
按一票货物是否够装满箱分	整箱货	由发货人负责装箱、计数、积载并加铅封的货运。整箱货的拆箱,一般由收货人办理
	拼箱货	指装不满一整箱的小票货物。由承运人分别揽货并在货运站将多票货物拼装在一个集装箱内。交货通常在目的地的货运站拆箱

七、集装箱运输相关人

1. 实际承运人

船公司作为国际集装箱运输的实际承运人,在各港口之间合理调配集装箱,接受订舱,并以集装箱码头堆场、货运站作为自己的代理人向发货人提供各种服务。从事集装箱海运运输的主要是各集装箱班轮公司,它们组成规模或大或小的船队,在各集装箱干线、支线上进行集装箱航运。另外,从事集装箱运输的公路、铁路以及航空货运公司都为实际承运人,是运输合同的当事人之一。

2. 无船承运人

无船承运人指在集装箱运输中经营集装箱货运,但不经营船舶的承运人。它是随着集装箱多式联运的发展而出现的联运经营人。联运经营人可由参与某一运输区段的实际承运人担任,也可由不参加实际运输的经营者——无船承运人来担任。

无船承运人经营的业务主要有以下4种:

(1) 签发提单。因签发提单而对货物托运人负责。

(2) 代办订舱。根据货物托运人的要求和货物的具体情况洽订运输工具。

(3) 承办货物交接。根据托运人委托,在指定地点接受货物并转交给实际承运人或其他人,如从内陆运输出口货物,则交给指定的海运承运人,在交接过程中,为托运人办理理货、检验检疫、报关等手续。

(4) 代办库场业务。

3. 集装箱租赁公司

集装箱租凭公司购置一定数量的集装箱,专业从事租箱业务,同时进行箱务管理,一般还经营堆箱场,专门满足货主与船公司对集装箱空箱租赁的需求。

4. 集装箱船舶出租公司

由于集装箱运输市场供求关系的变化,航线货流的不平衡,经常会产生短时间的支线集装箱运输需求,这时就需要由集装箱船舶租赁公司提供较小型的集装箱船,通过租船运输满足运输要求。

5. 集装箱码头(堆场)经营人

完成集装箱海运运输起点和终点的装卸任务。集装箱码头通常拥有一定面积的集装箱堆场和集装箱货运站,主要业务是办理集装箱的装卸、转运、拆箱、收发、交接保管、堆存、捆扎、捣载、搬运,以及承揽货源。此外,还办理集装箱的修理、冲洗、熏蒸、衡量等工作。

6. 集装箱货运站经营人

在集装箱货运站从事集装箱拼箱与拆箱业务的企业或部门,专门处理集装箱拼箱货。

7. 国际货运代理人

国际货运代理人在整个集装箱国际多式联运中充当着双重角色：一方面，它充当货物承运人，与货物托运人签订承运合同；另一方面，它又充当货物托运人，与运输企业签订托运合同。

国际货运代理人的主要业务有订舱、揽货、货物装卸业务办理、报关、理货、拆装箱、集装箱代理、货物保险等。

8. 联运保赔协会

一种由船公司互保的保险组织，对集装箱运输中可能遭受的一切损害进行全面统一的保险。这是集装箱运输发展后所产生的新的保险组织。

9. 货主

贸易合同中买卖双方的当事人，是集装箱运输的服务对象。

【任务安排】

(1) 预习相关知识要点。

(2) 上网搜集集装箱、集装箱运输工具、集装箱装卸设备以及集装箱堆场、集装箱货运站的相关图片和资料。

(3) 以小组为单位，制作有关集装箱货运系统的PPT，并练习讲演。

【任务实施】

随机指定小组上台讲演，并接受同学和教师的提问与评价。

(1) 集装箱。讲解集装箱的结构、类型、集装箱国际标准及集装箱标记。

(2) 集装箱运输工具。图片展示并讲解集装箱卡车、船舶及列车的特点与功能。

(3) 集装箱装卸设备。图片展示并讲解集装箱吊车、装卸车分类、特点与功能。

(4) 集装箱码头货站。讲解集装箱货码头的组成与作用；货运站的分类与任务。

(5) 集装箱运输货物。讲解集装箱运输货物的不同分类以及与运输作业的关系。

(6) 集装箱货运相关人。分别扮演不同角色(货运当事人)，简述各自岗位职责。

【任务评价】

对完成任务情况进行测评。

学习测评表

组别/姓名		班级		学号	
测评地点		日期			
项目名称	集装箱货物运输				
任务名称	认知集装箱货运系统				

续表

	测评项目	优秀级评价标准	分值	本组评价 30%	他组评价 30%	教师评价 40%
专业知识	准备工作	资料、道具准备齐全	5			
	随机提问	概念清楚，回答准确	10			
专业能力	集装箱	掌握国际集装箱标准,能识别集装箱标记	10			
	集装箱运输工具	了解集装箱不同运输方式下的载运工具	10			
	集装箱装卸设备	熟悉常见集装箱装卸设备的功能与作用	10			
	集装箱码头	了解集装箱码头的组成及各部分的作用	10			
	集装箱货运站	清楚集装箱货运站的分类与作用	10			
	集装箱货物	清楚集装箱运输货物的分类及与运输的关系	10			
	集装箱运输关系人	了解集装箱运输关系人的定义与工作内容	10			
专业素养	活动过程	表达能力	5			
		沟通能力	5			
		合作精神	5			
合　　计			100			

任务二　组织集装箱出口货运业务

【知识要点】

一、出口商在集装箱出口货运中的业务

1. 订立贸易合同

作为出口货物的一方，出口商首先必须同国外的收货人(买方)订立贸易合同。

2. 备货

出口贸易合同订立后，出口商应在合同规定的装运期限前，备妥全部出口货物，货物的数量、品质、包装等内容必须符合合同的规定。

3. 订舱

在以 CIF 或 CFR(Cost and Freight，成本加运费)条件成交时，出口商负责订舱。在出口特殊货物需要用特殊集装箱时(如冷藏集装箱、牲畜集装箱、开顶集装箱等)，由于一般集装箱船对特殊集装箱的接受数量有限，应尽早订舱。

4. 报关

拼箱货的报关可按普通货物运输的方法报关，整箱货则通常采取统一报关。海关人员到现场审查很方便，既可以更好地发挥集装箱运输的优越性，又可省去一些手续。

5. 货物装箱与托运

货物报关后，在整箱货运情况下，出口商即可着手装箱，并在装箱完毕后将货箱运至集装箱码头堆场，取得经码头堆场签署的场站收据。拼箱货经报关后即将货物运至集装箱货运站，由货运站负责装箱并签署场站收据。

6. 投保

出口货物如果按 CIF 条件成交，出口商则负责办理投保手续，并支付保险费。

7. 支付运费取得提单

如果预付运费，出口商只要出示经码头堆场签署的场站收据，支付全部运费后，船公司或其代理人即签发提单；如系到付运费，出示场站收据即可取得提单。

8. 向进口商发出装船通知

在以 FOB(Free on Board，船上交货)或 CFR 条件成交出口货物时，出口商在货物装船完毕后应向进口商发出装船通知。

此时的装运通知与传统海运中的装运通知同样重要，若因出口商没有及时发出装运通知，导致进口商没能及时投保，货物的灭失或损害有可能由出口商承担责任。

二、集装箱货运站在出口货运中的业务

集装箱运输的主要特点之一就是船舶在港时间短。这就要求有足够的货源在前一航次卸船完毕后，立即装满下一航次开航。集装箱货运站的主要业务就是集、散货物，办理装、拆箱业务。目前，集装箱货运站主要有两种类型，一种是内陆港口型，另一种是货物集散型。

内陆港口型的货运站主要设在港口以外，深入内陆主要工业城市集中的地区。它是为提高集装箱运输经济效益，将港口周围的货物预先集中，进行装箱。装箱完毕后，再通过内陆运输将集装箱运至码头堆场，这种类型的货运站具有海陆联运的作用。

货物集散型货运站与一般的集装箱货运站的不同之处仅仅是在距离港口的运程长短上有所区别。货物集散型货运站又称港口型货运站，距港口较近。

货运站在集装箱运输中的业务主要包括以下 4 个环节：

1. 办理货物交换

在货物不足以装满一整箱，而贸易合同或信用证又规定要用集装箱装载运输时，货物一般都送至集装箱货运站，由集装箱货运站根据托运的货物种类、性质、包装、目的地港，将其与其他货物一起拼装在集装箱内，并运至码头堆场。

货运站在接收货物托运时，应查明这些货物是否已订舱，如货物已订舱，货运站则要求货物托运人提供码头收据，然后检查货物的件数与码头收据记载是否相符，货物的包装是否正常，是否适合集装箱运输，如无异常情况，货运站即在码头收据上签字；反之，应在码头收据的备注栏内注明不正常的情况，然后再签字。如不正常的情况较严重，则可能会影响以后的安全运输，应同有关方联系决定是否接受这些货物。

2. 积载装箱

货运站根据货物到站的情况，在达到一定数量后，即开始装箱。装箱时，应根据货物所运至目的港装箱，不要造成货物损害，尽量不出现亏舱，以充分利用箱子的容积。货物装箱时应注意以下几点：一是集装箱的选择(规格、种类、结构等)；二是拼装时应注意货物的不同性质；三是应注意箱子的最大装载量和单位面积负荷量；四是根据货物包装决定在箱内的堆放高度；五是货物在箱内安全系固等。

3. 制作装箱单

货运站在进行货物装箱时，必须制作集装箱装箱单，制单时必须清楚、准确。

4. 货箱运至码头堆场

货运站在装箱完毕后，货运站代表承运人在海关监管之下，对集装箱加海关封志，并签发场站收据。同时，应尽快与码头堆场取得联系，将已装货的集装箱运至码头堆场。

三、集装箱码头堆场在出口货运中的业务

集装箱码头堆场在集装箱运输中的主要业务是办理集装箱的装卸、转运、拆箱、收发、交接保管、堆存、捆扎、捣载、搬运，以及承揽货源。此外，还办理集装箱的修理、冲洗、熏蒸、有关衡量等工作。在出口货运中其业务环节主要有以下几个方面。

1. 集装箱码头堆场作业

集装箱码头堆场作业是指以集装箱船装卸工作为中心的一系列业务，主要包括集装箱的交接、堆场作业、装卸和其他有关证件业务。下面重点介绍集装箱的交接和堆场作业计划。

1) 集装箱的交接

托运人或集装箱货运站将由其或其代理人负责装箱的集装箱货物运至码头堆场时，设在码头堆场大门的门卫要对进堆场的集装箱货物核对订舱单、码头收据、装箱单、出口证件、设备交接单等单据。同时，还检查集装箱的数量、号码、铅封号等是否与场站收据记载相一致。检查集装箱的外表状况以及铅封有无异常情况，如发现有异常，门卫需在码头收据栏内注明；如异常情况严重，可能影响装卸与运输的安全，应与有关方联系后，再决定是否接受这部分货物。

2) 堆场作业计划

堆场作业计划是对集装箱在堆场内进行装卸、搬运、储存、保管的安排，它是为了更能经济合理地使用码头堆场和有计划地进行集装箱装卸工作而制订的。

堆场作业计划的主要内容如下：

(1) 确定空箱、实箱的堆放位置和堆高层数。

(2) 装船的集装箱应按先后到港顺序，集装箱的种类，载重的轻、重分别堆放。

(3) 同一货主的集装箱应尽量堆放在一起。为了能在最短的时间内完成装船工作，码头堆场在船舶到港受载前，根据订舱单、先后到港的卸箱次序，制订船舶的积载图和装船计划。等船靠泊后，码头堆场根据码头收据和装箱单，按装船计划装船。在装船完毕后，由船方在装箱单、码头收据、积载图上签字，作为确认货物装船的凭证。

(4) 对特殊集装箱的处理。对堆存在场内的冷藏集装箱及时接通电源，每天还应定时检查冷藏集装箱的冷冻机的工作情况是否正常，箱内温度是否保持在货物所需要的限度内，在装

卸和出入堆场时，应及时解除电源。

对于危险品集装箱，则根据可暂时存放和不能暂时存放两种情况分别处理。能暂存的箱子堆放在有保护设施的场所，而且，堆放的箱子数量不能超过许可的限度。对于不能暂存的箱子在装船预定时间进场，然后再装上船舶。

2. 集装箱码头堆场与有关当事人的合作

(1) 与船公司的业务合作。码头堆场与船公司的主要业务：一是收、发箱作业和有关的业务及缮制设备交接单等工作；二是装、卸箱作业，以及船边至堆物之间的箱子搬移、理箱作业，并将缮制的装、卸箱清单、积载图报送代理公司；三是接受装、拆箱交接货物的作业，缮制装箱单；四是堆存、捆扎、转运、冲洗、熏蒸、修理等事项。

为此，码头应做到：一是根据船期表提供合适的泊位；二是船舶靠泊后，及时提供足够的劳力与机械设备，以保证船舶按时完成装卸；三是提供足够的场所，作为集装箱作业及堆存之用；四是适当掌握和注意船方设备，不违章作业。

而船公司应做到：一是向码头确保船期，通常在船舶到港前一定时间(15～20 天)提出预计抵港通知，如发生船期变更，或其他意外原因，应及时通知码头，在船舶到港 24h 前以书面形式提供船舶到港时间；二是出口装船前 10 天提供货运资料；三是及时提供积载图，以便正常作业，如由于船公司不能及时提供单证，则有失去靠泊的可能。

(2) 与托运人的业务合作。 如货物是由托运人自行负责装箱，码头堆场应根据船公司或其代理人的通知向托运人提供空集装箱，并负责填制出场和进场设备交接单。

在由码头堆场负责统一报关的情况下，托运人应保证提供给码头堆场海关申报资料的正确性。由于资料不正确致使码头堆场或使码头堆场对第三者造成损害，则均由托运人赔偿。

四、船公司在集装箱出口货运中的业务

在集装箱运输中，船公司仍占主要地位。船公司作为国际集装箱运输的中枢，如何做好集装箱的配备，掌握货源情况，在各港口之间合理调配集装箱，接受订舱，并以集装箱码头堆场、货运站作为自己的代理人向托运人提供各种服务是极为重要的。从某种意义上说，集装箱运输能否顺利进行，主要依赖于船公司的经营方式。在集装箱出口货运中，船公司的主要业务环节包括以下几个方面。

1. 掌握待运货源

船公司通常采用下述两种方法掌握待运货源情况，并据以制订空集装箱的计划。

(1) 暂定订舱。暂定订舱是指在船舶到港前 30 天左右提出的订舱。由于时间较早，所以对这些货物能否装载到预定的船上，以及这些货物最终托运的数量是否准确，都难以确定。

(2) 确定订舱。确定订舱是指在船舶到港前 7～10 天提出的订舱。这种订舱一般都能确定具体的船名、装船的日期。

2. 配备集装箱

集装箱运输无论使用哪一种交接方式，都必须使用集装箱装载货物。因此，在进行集装箱运输之前，首先要配备集装箱，特别是在采用集装箱专用船运输时，由于这种船舶的特殊结构，只能装载集装箱运输。为此，经营集装箱专用船舶的船公司，需要配备适合专用船装载、运输的集装箱。

当然，在实际业务中并不是所有的集装箱都由船公司负责配备，有的货主自己也备有集装箱。此外，还有专门提供集装箱出租使用的集装箱租赁公司。要有效地利用船舶的载箱能力，船公司应配备最低数量的集装箱，在进行特殊货物运输时，还应配备特殊的集装箱。

3．接受托运

货物托运人根据贸易合同或信用证有关规定，在货物装运期前向船公司或其代理人以口头或书面形式提出订舱。船公司根据托运要求和配备集装箱的情况，决定是否接受这些货物的托运申请。船公司或其代理人在订舱单上签署后，则表示已同意接受该货物的运输，船公司接受托运时，一般应了解以下情况：订舱的货物详细情况；运输要求；装卸港、交接货地点；由谁负责安排内陆运输；有关集装箱的种类、规格等。

4．接受货物

集装箱运输下，船公司接受货物的地点有以下4个：

(1) 集装箱码头堆场。在集装箱码头堆场接收的货物一般都是由发货人或集装箱货运站负责装箱并运至码头堆场的整箱货。

(2) 集装箱货运站。集装箱货运站在作为船公司的代理时接收拼箱货运输。

(3) 发货人工厂或仓库。在由船公司负责安排内陆运输时，则在发货人工厂或仓库接收整箱货运输。

(4) 码头船边。船公司在承运货物的船边接收集装箱货物。这种方式目前已很少见。

在上述各种接收方式中，船公司要了解以下情况：是否需要借用空集装箱；所需集装箱的数量及种类；领取空箱的时间、地点；由谁负责安排内陆运输；货物具体的装箱地点；有关特殊事项。

5．装船

通过各种方式接收的货物，按堆场计划在场内堆存，待船舶靠泊后即可装船。装船的一切工作均由码头堆场负责进行。

6．制送主要装船单证

为了能及时向收货人发出装船通知，以及能使目的港集装箱码头堆场编制卸船计划和满足有关内陆运输等工作的需要，在集装箱货物装船离港后，船公司或其代理人即行缮制有关的装船单证，及时送至卸货港。

通常，由装货港船公司代理人缮制和寄送的单据有提单副本或场站收据副本、集装箱号码单、货物舱单、集装箱装箱单、积载图、装船货物残损报告、特殊货物清单。

【任务安排】

(1) 角色安排：发货人1人、货运代理1人、船舶代理1人、运单受理员1人、理货员1人(监装、监卸)、收货人1人。

(2) 资料准备：托运委托书、订舱单、场站收据、装货单、设备交接单、装货清单、提单等。

(3) 器具准备：集装箱、集装箱卡车、货物等。

(4) 货运内容：由教师布置或由学生查询货运信息网自行设计。

(5) 任务执行：以小组为单位，按流程以不同的角色模拟组织集装箱整箱及拼箱出口货运业务。

【任务实施】

集装箱出口货运业务流程如图 5.13 所示。

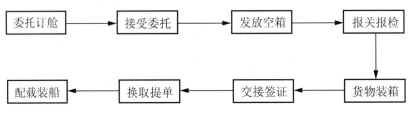

图 5.13 集装箱出口货运流程

一、委托订舱

托运人(货主)将托运委托书连同报关单据(包括退税单、外汇核销单、商业发票以及不同商品海关需要缴验的各类单证，如托运时间紧迫，也可先交委托书，随后补交报关单据)交货运代理人。发货人(出口商或托运人)也可自己填制订舱单向船公司或其代理人申请订舱。

货代核阅委托书及有关报关单据后缮打托运订舱单(场站收据、装货单)送船公司或船舶代理订舱。

二、接受委托

船公司或船舶代理根据航线、船舶、运输要求、港口条件、运输时间等情况决定是否接受委托，一旦接受托运申请，应着手编制订舱清单，配载后将场站收据、或装货单等联退给货运代理。

三、发放空箱

通常，整箱货运输时，空箱由发货人或其代理人向船公司或船代领取集装箱设备交接单到集装箱码头堆场领取，拼箱货运输时则由集装箱货运站负责领取。

四、报关报检

货运代理向海关办理计算机报关预录，并提交全套报关单据向出境海关申报出口。海关核运后在装货单上盖章放行，将装货单、场站收据等联退给货代。货运代理将盖章放行的装货单、场站收据交码头配载室。

五、货物装箱

不足一整箱的货物交由集装箱货运站，由货运站根据订舱清单的资料，核对货主或其代理人填写的场站收据，负责整理装箱。

整箱货由货主或其代理人装箱。货运代理到委托单位储货地点装箱(或托运人送货到货运代理仓库装箱)后，将集装箱货物连同集装箱装箱单、设备交接单送到码头，由码头堆场根据订舱清单，核对场站收据和装箱单验收货物。

六、交接签证

验收货箱后即在场站收据上签字，并将签署的场站收据交还给货代，货运代理据此换取提单。

七、换取提单

船公司或船舶代理凭场站收据签发装船提单给货运代理，货运代理将装船提单送交托运人，托运人凭提单办理结汇。

八、配载装船

码头将船公司或船舶代理提供的装货清单及集装箱装箱单送海关，供海关监管装船。码头收货后根据预配船图和预配清单配定载位，缮制装船顺序单，等船靠泊后即行装船。

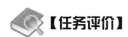【任务评价】

对完成任务情况进行测评。

学习测评表

	组别/姓名		班级		学号	
	测评地点		日期			
	项目名称	集装箱货物运输				
	任务名称	组织集装箱出口货运业务				
	测评项目	优秀级评价标准	分值	本组评价30%	他组评价30%	教师评价40%
专业知识	准备工作	资料、道具准备齐全	5			
	随机提问	概念清楚，回答准确	10			
专业能力	订舱	发货方采用合适的方式向船公司订舱；船公司确定是否接受	10			
	报关报检	货代正确提交全套报关单据向海关申报出口，海关审核放行	10			
	发放空箱	凭集装箱设备交接单到码头堆场领箱，认真检查箱子的状况	10			
	货物装箱	合理配载，正确装箱，送交堆场	10			
	交接签证	码头认真验收货箱，签署场站收据交还给货代	10			
	换取提单	货代凭场站收据到船公司换取装船提单，再送交委托单位，委托单位凭提单办理结汇。操作无差错	10			
	配载装船	码头正确缮制装船顺序单，待船靠泊后即行装船。操作无差错	10			

续表

测评项目		优秀级评价标准	分值	本组评价 30%	他组评价 30%	教师评价 40%
专业素养	活动过程	工作态度	5			
		沟通能力	5			
		合作精神	5			
合　　计			100			

任务三　组织集装箱进口货运业务

【知识要点】

一、进口商在集装箱进口货运中的业务

与传统海运货物进口相比较，进口商在集装箱进口货运中的业务环节变化不大，但也稍有不同。

1．签订贸易合同

进口商首先同国外的出口商签订贸易合同。

2．订舱

如果贸易合同是以 FOB 条件成交，进口商则负责订舱，并将船名、装船期通知出口商。特别是在采用特殊集装箱运输时，更应尽早预订舱位。

3．申请开立信用证

如果贸易合同约定以信用证结算，进口商必须在贸易合同规定的期限内向银行提出开证申请，并按合同的内容填写开证申请书，请开证行开证。由于集装箱运输的特点，一般应在信用证中明确是否必须提交已装船提单。

4．投保

进口货物如以 FOB 或 CFR 条件成交，进口商则负责投保、支付保险费。一般情况下，进口货物采用预约保险，因此，只要接到出口商的装运通知，其货名、数量、价值等一经确定，进口商即应正式投保。

5．付款换取货运单据

进口商按贸易合同约定的付款方式(信用证或托收等)向银行支付货款(或承兑票据)换取货运单据，其中最主要是提单，以备提货。

6．换取提货单

收货人在提货前应将提单交还给卸货港船公司或其代理人，据以换取提货单。在货物从船上卸下后，凭提货单即可提货。

7．提取货物

若为整箱货，进口商应到码头堆场去提货；若为拼箱货则应在货运站提货。必须注意，

整箱货物应连同箱子一起提走,同时,还应办理有关集装箱的设备交接单。

8. 索赔

提取货物时,如发现有关货物的灭失或损坏,进口商即应按合同和有关法律的规定向出口商、承运人或保险人提出索赔。

二、集装箱货运站在进口货运中的业务

如果进口货物为拼箱货,则由货运站从码头堆场领取货箱后,在货运站拆箱,并按提单分类,将货物交给前来提货的人。集装箱货运站的主要进口货运业务有以下6个环节。

1. 交货准备工作

集装箱货运站在船舶到港前几天,从船公司或其代理人处取到下列单证:提单副本或场站收据副本、货物舱单、集装箱装箱单、装船货物残损报告、特殊货物清单等。

集装箱货运站根据上述单据做好拆箱交货准备工作。

2. 发出交货通知

在确定了船舶进港时间和卸船计划后,集装箱货运站与码头堆场联系确定提取集装箱的时间。根据这个时间,货运站制订出拼箱交货计划。

集装箱船舶在港期间,集装箱货运站同时要进行拆箱交货、接货装箱的作业,业务相当繁忙紧张。为使拆箱的货物尽快让收货人提走,货运站向收货人发出交货日期通知,以使收货人做好提货准备。

交货日期的通知,也是集装箱货运站计算集装箱保管费或再次搬移费的依据。

3. 从码头堆场领取载货的集装箱

集装箱货运站在与码头堆场取得联系后,即从堆场领取载货的集装箱。在进行交接时,码头堆场与集装箱货运站在集装箱装箱单上共同签字。另外,对出堆场的集装箱应办理设备交接手续,由堆场出具设备收据,双方共同签字。

4. 拆箱交货

集装箱货运站从堆场领取集装箱货后,即开始拆箱作业。在从箱内取出货物时,应按装箱单记载由末尾向前的顺序进行,这是因为箱内的货物是由装箱地按货物装箱的顺序记载的。拆箱后,应将空箱退还给码头堆场。

当收货人前来提货时,集装箱货运站将要求收货人出具船公司签发的提货单,在提货单记载的内容与货物核对无误后,即可交货。交货时货运站与收货人应在交货记录上签字,如发现货物有异状,则应将这种情况记入交货记录的备注栏内。

这种交货记录与普通船货物运输下的船舶记录具有同样的性质,且交货完毕的凭证、船公司对货物的责任以双方在交货记录上的签署为准。

5. 收取有关费用

集装箱货运站在交付货物时,核查该货物有无保管费和再次搬运费,如已发生,则应收取后再交付货物。

6. 制作交货报告和未交货报告

集装箱货运站在交货工作结束时，要制作交货报告寄送船公司，船公司据以处理有关货物的损害赔偿责任。对未交货积压在货运站的货物，则应制作未交货报告寄送船公司，船公司据此催促收货人迅速提货；如收货人在船公司催促后仍未前来提货，船公司可对货物采取必要的措施。

三、集装箱码头堆场在进口货运中的业务

1. 集装箱的卸船准备

如果到达目的港的集装箱船是定期班轮，则根据协议或业务章程的规定，在一定时间内将该轮船期计划告知码头，在船舶靠泊前(通常为两个星期)正式通知码头；如由于气候或其他原因未能按期到港应提前通知。在船舶抵港前几天，船公司或其代理人应将下述单证交码头业务部门：货物舱单、集装箱号码单、积载图、集装箱装箱单、装船货物残损报告、特殊货物清单等。

码头堆场根据这些单证安排卸货准备，并制订出集装箱卸船计划、堆场计划、交货计划。

(1) 集装箱卸船计划。为了能缩短船舶在港时间，卸船与装船往往需要同时进行。卸船计划的制订就是为了能在最短的时间内使大量的集装箱能顺利地装上或卸下。

(2) 集装箱堆场计划。集装箱能否合理地安置在集装箱码头堆场内，除了会影响卸船计划的执行外，还会严重影响交货计划的执行。因此，码头堆场应充分考虑卸船的集装箱数量、种类以及向内地运输和交给收货人的数量，有条不紊地将集装箱卸下，并且立即交给内陆运输的承运人或收货人。为达到这一目的，码头堆场要制订堆场计划。

(3) 集装箱交货计划。交货计划是为了使船上卸下的集装箱不积压在堆场内，并向最终目的地继续运输或直接交给收货人所制订的计划。

2. 卸船与堆放

码头堆场根据制订的卸船计划从船上卸下集装箱，并根据堆场计划堆放集装箱。从船上卸下的集装箱如存放在码头堆场时，应做到以下几点：一是空箱与实箱应分开堆放；二是了解实箱内货物的详细情况；三是考虑安排中转运输；四是考虑在码头堆场交货或在货运站交货；五是预定交货的日期。

3. 交货

从船上卸下的集装箱货，交货对象大致可分为收货人、集装箱货运站、内陆承运人3种。根据不同的交货对象，交货环节将会有所不同。

(1) 交给收货人。当收货人或其代理人前来提取装有货物的集装箱时，应出具船公司或其代理人签发的提货单，经核对无误后，码头堆场将集装箱交给收货人。交货时，码头堆场和收货人双方在交货记录上签字交接。如对所交接的货物有批注时，应将该批注记入交货记录。交货记录是证明承运人责任终止的重要单证。

(2) 交给集装箱货运站。如系拼箱货，则由集装箱货运站从码头堆场将集装箱货物运至货运站，并由其拆箱将货物交收货人。一般情况下，进行集装箱货物交接时，由码头堆场和货运站共同在集装箱装箱单上签字，作为货物交接的依据。如码头堆场和货运站是各自独立的，交接时应制作交货记录，并由双方签署，以明确对集装箱货物的责任。

(3) 交给内陆承运人。如集装箱货物原箱不动地运往内地最终交货地点，码头堆场必须在与船公司或其代理公司取得联系后，把集装箱交给内陆承运人。在这种情况下，如海上承运人的责任终止于码头堆场，则以交货记录进行交接；如内陆承运人作为海上承运人的分包承运人，海上承运人则对全程运输负责，码头堆场和内陆承运人只需办理内部交接手续，在集装箱货物运至最终交货地点后再办交货记录。

4．收取有关费用

码头堆场在将集装箱货物交给收货人时，应核查该货物是否发生了保管费、再次搬运费。另外，集装箱的使用是否超出了免费使用期，如已超出则应收取滞期费。在发生上述费用的情况下，码头堆场应在收取了这些费用后，再交付集装箱货物。

5．制作交货报告与未交货报告

码头堆场在交货工作结束后，根据实际情况制作交货报告送交船公司，作为日后船公司处理收货人提出的关于货物灭失或损坏索赔的依据。

如收货人一时未能前来提货，码头堆场则应制作未交货报告送交船公司，船公司据以催促收货人早日提货；如收货人仍不能前来提货，船公司可对货物采取必要措施。

四、船公司在集装箱进口货运中的业务

集装箱船舶不仅船型大、运输速度快，而且挂靠港口少。船公司为提高经济效益必须合理地组织工作程序。船公司在集装箱进口货运中的业务主要有以下4个环节。

1．卸船准备工作

由于集装箱船舶要求在最短时间内卸完集装箱，所以没有一个完整的卸船计划，集装箱则有可能滞留在码头上，影响船舶装卸，使码头工作陷入混乱，延迟对收货人的交货，从而在一定程度上削弱集装箱运输能力。

为此，船公司在船舶从装货港开出后，即着手制订船舶预计到港的计划，并从装货港代理人处得到有关货运单证。与此同时，与港方、收货人、海关和其他有关部门取得联系，一旦船舶靠泊稳妥，应尽快将集装箱卸下，并办理海关手续，做好交货准备工作。从装货港代理人处取得的主要单证有以下几种：

(1) 提单副本或场站收据副本。提单副本或场站收据副本可作为船舶预计到港通知书。船公司取得交货通知书、交货凭证、货物舱单、动植物清单等，并据此答复收货人有关货物方面的各种咨询。

(2) 积载图。在进口的情况下，积载图可作为编制集装箱卸船计划、集装箱在码头堆场的安置、保管和交货计划，以及有关设备管理的资料。

(3) 集装箱装箱单。该单作为办理保税、内陆运输、货物从码头堆场运出的手续，以及集装箱货运站办理拆箱、取货、分类的依据。

(4) 集装箱号码单。该单作为向海关办理集装箱暂时进口手续、设备管理的依据，以及与其他单据核对的凭证。

(5) 装船货物残损报告。这是处理货损事故的主要单证之一。

(6) 特殊货物清单。特殊货物清单是向海关和有关方面办理危险品申报，以及冷藏货物、活牲畜等特殊货物的交货凭证。

2. 制作寄送有关单据

船公司或其代理人在收到装货港寄来的单据后，制作下列有关单证并寄送有关方。

(1) 船舶预计到港通知书。该通知书是向提单副本所记载的收货人或通知人寄送的单据，其内容和提单大致相同，除货物情况外，还记载该船预计抵港日期。

在普通船运输下，船公司一般没有给收货人船舶预计到港通知书的义务。但在集装箱运输下，为使码头堆场能顺利进行工作，防止货物积压，有效利用集装箱，加速其周转，则有必要将货物预计到达的日期早日通知收货人，让收货人在船舶抵港前做好提货准备工作，等集装箱货物一从船上卸下即可尽快提走。

(2) 交货通知。交货通知是货物具体交付日期的通知，是在确定了船舶抵港日期和时间，并且决定了集装箱的卸船计划和时间后，船公司或其代理人将货物交付的时间通知给收货人的单据。货物交付通知习惯上先用电话通知，然后寄送书面通知。

(3) 货物舱单。该单作为向海关申请批准卸货之用。

3. 卸船与交货

集装箱的卸船与交货计划，主要由码头堆场负责，但如收货人在接到船公司寄送的船舶预计到港通知后，有时会通知船公司，提出在其方便的时间提供提货的可能机会。对收货人的这种要求，船公司应转告集装箱码头堆场，在交货时，尽可能满足收货人的要求。

4. 签发提货单

除特殊情况外，船公司或其代理人只要收到正本提单，便有义务对提单持有人签发提货单。因此，提货单的签发是采用与正本提单相交换的形式进行的。提货单仅仅具有作为交货的凭证，并不具有提单那样的流通性。

签发提货单时，船公司或其代理人应认真核对正本提单签发人的签署、签发的年月日、背书的连贯性、判断提单持有人是否合法，然后再签发提货单。提货单具有提单所记载的内容，如船名、交货地点、集装箱号码、铅封号、货物名称、收货人名称等交货所必须具备的内容。在到付运费和未支付其他有关费用情况下，原则上应收妥后再签发提货单。此外，如收货人要求更改提单上原指定的交货地，船公司或其代理人在收回全部正本提单后，才能签发提货单。

【任务安排】

(1) 角色安排：收货人 1 人、货运代理 1 人、船舶代理 1 人、集拼经营人 1 人、仓库理货员 1 人。
(2) 资料准备：订舱单、场站收据、装货单、提货单、设备交接单。
(3) 器具准备：集装箱、吊车、集卡、货物等。
(4) 货运内容：由教师布置或由学生查询货运信息网自行设计。
(5) 任务执行：以小组为单位，按流程以不同的角色模拟组织集装箱进口货运业务。

【任务实施】

集装箱进口货运业务流程如图 5.14 所示。

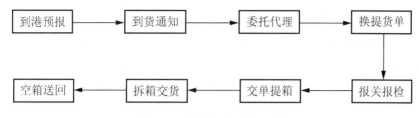

图 5.14 集装箱进口货运流程

一、FCL 进口货运业务

(1) 船舶在到港前 72h 向船公司(或其代理)、港方发出到港预报和进口舱单,到港前 24h 发出到港确报。

(2) 船公司(船代)向收货人发出《到货通知书》。

(3) 收货人与货代签订《代理委托协议》,递交相关资料、提单(正本)、委托书、进口许可证、加工贸易手册等。

(4) 货代凭一份正本提单到船公司或船代换取提货单 D/O、设备交接单、交货记录。

(5) 货代进行报关,报检,海关放行章盖在提货单上。

(6) 货代到码头办理提箱手续,办理交接。

(7) 货箱运至收货人处,进行拆箱卸货作业。

(8) 货代负责将空箱送至船公司指定场站。

(9) 货代凭交接手续到船公司或船代处取回提箱押金。

二、LCL 进口货运业务

(1) 船舶在到港前 72h 向船公司(或其代理)、港方发出到港预报和舱单,到港前 24h 发出到港确报。

(2) 船公司向集拼经营人发出《到货通知书》。

(3) 集拼经营人向各收货人发出《到货通知书》。

(4) 集拼经营人凭一份正本提单到船公司处换取提货单、设备交接单。

(5) 集拼经营人凭提货单将集装箱运至海关监管的集装箱货运站仓库。

(6) 各收货人的代理凭一份正本 House B/L 提单到集拼经营人处换取提货单。

(7) 箱内货物在集装箱货运站仓库拆箱,分票堆放。

(8) 各收货人代理进行报关,报检。

(9) 各收货人代理到集装箱货运站仓库提货。

(10) 集装箱货运站将空箱送回船公司指定场站。

【任务评价】

对完成任务情况进行测评。

学习测评表

组别/姓名			班级		学号	
测评地点			日期			
项目名称			集装箱货物运输			
任务名称			组织集装箱进口货运业务			
测评项目		优秀级评价标准	分值	本组评价 30%	他组评价 30%	教师评价 40%
专业知识	准备工作	资料、道具准备齐全	5			
	随机提问	概念清楚,回答准确	10			
专业能力	到货通知	船公司向收货人或集拼经营人及时准确发出《到货通知书》	10			
	委托代理	收货人备齐相关资料与货代签订《代理委托协议》	10			
	换提货单	货代(或集拼经营人)凭正本提单到船公司或船代换取提货单、设备交接单、交货记录。操作无差错	10			
	报关报检	货代备齐相关资料报关、报检,海关查验放行;拼箱货各收货人代理进行报关、报检。操作无差错	10			
	交单提箱	货代凭提货单、设备交接单到码头办理提箱;拼箱货集拼经营人凭提货单将集装箱运至海关监管的集装箱货运站仓库。操作无差错	10			
	拆箱交货	货箱运至收货人处,拆箱交货;拼箱货各收货人代理凭提单到集拼经营人处换取提货单,到集装箱货运站仓库提货。操作无差错	10			
	空箱回送	货代(或CFS)将空箱送至船公司指定场站,凭交接手续到船公司或船代处取回提箱押金。操作无差错	10			
专业素养	活动过程	工作态度	5			
		沟通能力	5			
		合作精神	5			
	合 计		100			

任务四 计算集装箱海运运费

【知识要点】

一、集装箱运费的构成

1. 海运运费

(1) 基本运费。拼箱货按计费等级和计费标准计费;整箱货按计费等级或箱计费。

(2) 附加费。查找航线运价本。

2．堆场服务费

接货、搬运、堆存及单证等费用。

3．拼箱服务费

装、拆箱，理货、搬运、堆存等费用。

4．集散运费

内河、沿海集散港至集装箱堆场的运输费用。

5．内陆运费

(1) 承运人负责。区域运费、无效拖运费、变更装箱地点、装箱延迟费、清扫费。
(2) 货主负责。集装箱装卸费、超期使用费、内陆运输费。

二、集装箱班轮运费的计算

关于集装箱班轮运费的计算基本上分为两个大类，一类是采用件杂货运费计算方法，即以每运费吨为单位(俗称散货价)，另一类是以每个集装箱为计费单位(俗称包箱价)。

1．件杂货基本费率加附加费

(1) 基本费率参照传统件杂货运价，以运费吨为计算单位，多数航线上采用等级费率。
(2) 附加费除传统杂货所收的常规附加费外，还要加收一些与集装箱货物运输有关的附加费。

2．包箱费率

这种费率以每个集装箱为计费单位，常用于集装箱交货的情况，即 CFS-CY 或 CY-CY 条款，常见的包箱费率有以下 3 种表现形式。

1) 均一包箱费率(Freight of All Kinds，FAK)
(1) 不分货类(指普通货物)。
(2) 特殊货物。一般化工品、半危险品、全危险品、冷藏品。
(3) 不计重量(不超过集装箱额定载重量)。
(4) 按不同箱型的包箱费率计算。
一般适用于短程特定航线的运输和以 CY-CY、CFS-CY 方式交接的货物运输。

2) 等级包箱费率 (Freight of Class，FCS)
(1) 把普通货物的 1～20 级分为 4 档。
(2) 特殊货物。一般化工品、半危险品、全危险品、冷藏品 4 类。
(3) 按不同的交接方式。
(4) 按不同的箱型取得运价。

3) 等级、标准包箱费率(Freight for Class and Basis，FCB)
按不同货物等级、不同计算标准、不同交接方式、不同集装箱类别查每个集装箱的运费。

三、附加费的计算

(1) 货物附加费包括超长附加费、超重附加费。该附加费只对拼箱货收取，如果采用 CFS-CY 条款，减半计收。

(2) 变更目的港附加费仅适用于整箱货,按箱计收。

(3) 选卸港附加费仅适用于整箱货物,按箱收取。

(4) 燃油附加费。

(5) 绕航附加费指因战争、运河关闭、航道阻塞等原因造成正常航道受阻,必须临时绕航才能将货物送达目的港需增加的附加费。

(6) 港口拥挤附加费。

(7) 币值附加费是在货币贬值时,船方为保持其实际收入不致减少,按基本运价的一定百分数加收的附加费。

(8) 超额责任附加费。

除以上各种附加费外,还有一些附加费需船货双方议定,如洗舱费、熏舱费、破冰费、加温费等。各种附加费是对基本运价的调节和补充,可灵活地对各种外界不测因素的变化做出反应,是班轮运价的重要组成部分。

附加费的计算一般有两种规定:一是以基本运费率的百分比表示;二是用绝对数字表示,取每运费吨增收若干元。

根据一般费率表规定:不同的商品如混装在一个包装内(集装箱除外),则全部货物按其中收费高的商品计收运费;同一种货物因包装不同而计费标准不同,但托运时如未申明具体包装形式,全部货物均要按运价高的包装计收运费;同一提单内有两种以上不同计价标准的货物,托运时如未分列货名和数量时,计价标准和运价全部要按高者计算。这些是在包装和托运时应该注意的。

四、不定期船运费或租金的计算方法

1. 不定期船运费计算方法

凡供需双方签订运输合同的不定期船,不论是包舱运输航次租船、整船运输的程租船或期租船,通常是按照船舶的全部或一部分舱位及运费率收取一笔包租运费,也称整笔运费,即航次租船运费等于船舶(或某舱)的承载能力乘以合同所定的运费率。船舶承载能力是指航次最大载货量,应结合航次条件及所运货载确定。当货物的积载因数(每吨货物所占的体积)小于舱容系数(每一净载重量所占的舱容)时,即货物属轻泡货,最大载货量等于货舱总容积除以货物平均积载因数(此时满舱不满载)。按船舶装载能力计算运费的方法,即使实际装船的数量少于承载能力,即所谓出现亏舱时,托运人仍需悉数支付全部运费,不会退还因短装所造成的"亏舱费"。但是,在有些情况下"亏舱费"也可以按协商或规定托运人负担其中的一部分。

另外,还有一种不指明特定船舶的不定期船运输,是按合同所定的货吨乘以合同所定的运费率计算运费。

2. 不定期船的租金计算方法

凡供需双方签订租船合同的期租船,不论租船的长短,租金＝每载重吨每日租金率×船舶夏季总载重量×合同租期。在不定期船运费构成中,除了上述的基本运费或租金以外,在合同中还应明确地写明有关费用(如装卸费)由谁承担的条款和有关佣金计算及支付办法的条款。

3. 程租船运输费用

1) 程租船运费

程租船运费指货物从装运港至目的港的海上基本运费。

计算方法：按运费率、整船包价。

2) 装卸费

规定装卸费由租船人还是船东承担的方法有以下几种：

(1) 船方负担装卸费用(Gross/Liner/Berth Terms)。

(2) 船方管装不管卸(Free Out，FO)。

(3) 船方管卸不管装(Free In，FI)。

(4) 船方不管装和卸(Free In and Out，FIO)。

(5) 船方不管装、卸和平舱费(Free In and Out，Stowed and Trimmed，FIOST)。

3) 装卸时间、滞期费和速遣费

(1) 装卸时间(装卸期限)指租船人承诺在一定期限内完成装卸作业，是程租船合同的一项重要内容。

计算方法：按日或连续日或时；按工作日(通常订明节假日除外)；按晴天工作日；连续24h晴天工作日。

(2) 滞期费。在规定的装卸期间内，如果租船人未能完成装卸作业，为了弥补船方的损失，对超过的时间租船人应向船方支付一定的罚款。

(3) 速遣费。如果租船人在规定的装卸期限内，提前完成装卸作业，则所节省的时间船方要向租船人支付一定的奖金(相同的时间下，速遣费一般为滞期费的一半)。

注意：装卸时间、滞期费和速遣费一定是在程租船的运输方式下才采用的。在班轮运输方式下，不需要这3个方面的规定；负责运输的进出口商与船方订立租船合同时，必须注意租船合同与进出口合同有关装运时间的一致性。

【任务安排】

(1) 角色安排：财务人员2人、信息员1人、客服人员1人。

(2) 资料准备：航线集装箱费率表(FAK)、航线集装箱费率表(FCS)、货物分级表和集装箱货物托运单等。

(3) 器具准备：计算机、计算器、货运发票等。

(4) 任务执行：教师布置(或学生自己设计)集装箱货运内容，学生按流程完成运费计算及填制货票任务。

【任务实施】

集装箱海运运费计算流程如图5.15所示。

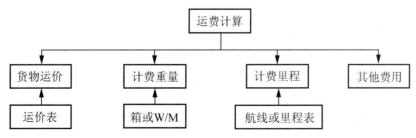

图5.15 集装箱海运运费计算流程

一、拼箱货海运运费的计算

拼箱货海运运费的计收方法基本和杂货计收方法相同，但拼箱货费率水平是按照集装箱费率水平确定的。

1．查询货物等级

根据货物名称，查询货物的等级(1～20 级)和运费计算标准[重量吨(W)、尺码吨(M)或重量、尺码择大(W/M)以及从价费率(Ad.Val)]几种标准，见表 5-4。

表 5-4　货物分级表

货　名	计算标准	等　级
农业机械(包括拖拉机)	W/M	9
棉布及棉织品	M	10
小五金及工具	W/M	10
玩具	M	20
…	…	…

2．查询基本运价

根据货物的装运港、目的港，查询相应的航线，按货物的等级查询基本运价，见表 5-5。

表 5-5　中国—东非航线等级费率表(单位：港元)

等级(Class)	费率(Rates)	等级(Class)	费率(Rates)
1	243.00	8	367.00
2	254.00	9	404.00
3	264.00	10	443.00
4	280.00	11	477.00
5	299.00	20	1 120.00
6	314.00	Ad.Val	290.00
7	341.00		

基本港口：路易港(毛里求斯)、达累斯萨拉姆(坦桑尼亚)、蒙巴萨(肯尼亚)等

3．查询附加费

查出该航线和港口所要收取的附加费项目和数额(或百分比)及货币种类。

4．确定计费吨

根据计费标准确定货物的计费吨。

5．列式计算

根据货物的基本运价、计费吨以及附加费算出应付运费总额。

拼箱货海运运费＝基本运费＋各项附加费＝基本运价×计费吨＋各项附加费

此外，拼箱货也规定起码运费吨，并按提单上记载的货物计收。例如，中远集团 1 号运价表规定，每一提单不足 1 运费吨时，则按 1 运费吨计收运费。

二、整箱货海运运费的计算

1. 按货物等级和计费标准计算

在由托运人自行装箱整箱托运的情况下,托运人除了可按包箱费率计算支付海运运费外,也可采用按普通杂货班轮运输海运运费的计算方法计算海运运费;在由托运人委托集装箱班轮公司或船舶代理人装货整箱托运情况下,托运人还要支付装箱费。

2. 按箱计算

采用航线包箱费率,以箱为计费单位。整箱货包箱费率通常包括集装箱海上运输费及港口码头装卸费用。

1) 均一包箱费率

(1) 确定货物的种类、集装箱的箱型以及集装箱的交接方式。

(2) 查询所属航线集装箱费率表(表 5-6),确定基本费率。

表 5-6 中国—菲律宾航线集装箱费率表(FAK)

基本港:马尼拉
BASE PORT:MANILA

装港 PORT OF LADING	货名 COMMODITY	LCL W/M	CY/CY 20ft/40ft
黄浦 HUANG PU	GENERAL CARGO	64.00	850.00/1 550.00
	SEMI-HAZARDOUS	81.00	1 150.00/2 100.00
	HAZARDOUS		1 400.00/2 600.00
	REEFER		1 900.00/3 550.00
上海 SHANG HAI 青岛 QING DAO	GENERAL CARGO	86.00	1 250.00/2 250.00
	SEMI-HAZARDOUS	111.00	1 700.00/3 100.00
	HAZARDOUS		2 100.00/3 850.00
	REEFER		2 400.00/4 500.00

(3) 查询所属航线的附加费及计费方式。

(4) 列式计算求得集装箱海运运费。

2) 等级包箱费率

(1) 根据货物品名查找货物等级。

(2) 确定集装箱的箱型以及集装箱的交接方式。

(3) 在航行运价表中按 FCS 包箱费率中货物分级的大类、不同交接方式及集装箱箱型查得相应每个集装箱的运价,见表 5-7。

(4) 查询所属航线的附加费及计费方式。

(5) 列式计算求得集装箱海运运费。

此外,还有等级、标准包箱费率(Freight for Class and Basis,FCB)和商品费率(Commodity Rate,CR)两种费率。

表 5-7 中国—澳大利亚航线集装箱费率表(FCS)

基本港：墨尔本、悉尼、布里斯班
BASE PORT：MELBOURNE、SYDNEY、BRISBANE

装港 PORT OF LADING	货名 COMMODITY	LCL W/M	CY-CY 20ft/40ft
上海/青岛/大连/南京/南通/宁波/厦门/福州/张家港/广州/连云港/烟台	1~7	106.00	1 600.00/3 050.00
	8~10	110.00	1 700.00/3 250.00
	11~15	116.00	1 800.00/3 400.00
	16~20	128.00	2 000.00/3 800.00
	GENERAL CARGO	116.00	1 800.00/3 400.00
	SEMI-HAZARDOUS	142.00	2 250.00/4 300.00
	HAZARDOUS		3 600.00/3 850.00
	REEFER		3 100.00/5 900.00

注：表中数据摘自中远集团 1 号运价表，以上数据代表目前实际运价水平。

三、最低运费与最高运费计算

1．适用情况

(1) 整箱货运。

(2) 按货物等级和不同计费标准计费。

(3) 箱内货物未达最低运费吨。

(4) 采用均一包箱费率不实行此规定。

2．最低运费

(1) 规定最低运费吨。整箱货根据箱子的种类和规格规定最低运费吨，见表 5-8。例如，远东航运公司规定，20ft 箱最低运费吨 W 为 17.5t，M 为 21.5m^3，W/M 为 21.5t。

(2) 规定最低运费等级。

(3) 规定最低箱载利用率。

表 5-8 远东航运公会最低运费吨

箱子种类、规格	最低运费吨		
	重量吨	尺码吨	运费吨
20ft 干货箱	17.5	21.5	21.5
20ft 开顶箱	17.5	21.5	21.5
20ft 散货箱	17.5	90%内容积	—
20ft 板架箱	16.5	21.5	21.5

3．最高运费

规定最高计费吨，见表 5-9。

(1) 最高计费吨一般按箱子内容积的 85% 计算。

(2) 当实装货物尺码大于规定计费吨时，按规定计费吨收费。

(3) 箱内货物等级不同时，免较低货物等级的运费。

(4) 绝对不允许超重。

表 5-9 3 种箱型的最高计费吨

箱　型	最高计费吨/t
8ft×8ft×40ft	43
8ft×8.5ft×40ft	43
8ft×8ft×20ft	21.5

【任务评价】

对完成任务情况进行测评。

学习测评表

	组别/姓名		班级		学号	
	测评地点		日期			
	项目名称		集装箱货物运输			
	任务名称		计算集装箱海运运费			
	测评项目	优秀级评价标准	分值	本组评价 30%	他组评价 30%	教师评价 40%
专业知识	准备工作	资料、道具准备齐全	5			
	随机提问	概念清楚，回答准确	10			
专业能力	货物分级	根据托运货物，查询货物分等表，正确分类、分级	10			
	计费重量	当以货物等级和不同计费标准计费时，正确计量运费吨	10			
	查询费率	会根据货物类别、集装箱箱型以及不同交接方式查询集装箱费率表	10			
	附加费	正确查询附加费，计算方法得当，结果正确	10			
	计算海运费	公式选用得当，计算结果正确	10			
	计算最低运费	能根据不同箱型及重量吨和尺码吨正确计算最低运费	10			
	计算最高运费	能根据不同箱型的最高运费吨规定正确计算最高运费	10			
专业素养	活动过程	工作态度	5			
		沟通能力	5			
		合作精神	5			
	合　计		100			

【练习与思考】

一、填空题

1. 集装箱的标记分为_____、_____。
2. 集装箱的识别标记由_____、_____、_____组成。
3. 集装箱按用途可分为_____、_____、_____、_____、_____、_____、_____、_____。
4. 集装箱货物按适箱程度分为_____、_____、_____、_____。
5. 集装箱标准根据其使用范围分为_____、_____、_____和_____。
6. 集装箱计算单位,有_____和_____两种。
7. 集装箱计算单位换算成 6.1 m(20 ft)用_____表示,换算成 12.2 m(40 ft)用_____表示。
8. 集装箱码头组成有_____、_____、_____、_____。
9. 集装箱运输的交接地点_____、_____、_____、_____。
10. 集装箱运输工具主要有_____、_____、_____。

二、单选题

1. 为装运不需冷冻且具有呼吸作用的水果、蔬菜等货物而设计的集装箱被称为(   )集装箱。
   A. 冷藏   B. 散货   C. 通风   D. 开顶
2. 在拼箱货物运输时,空箱是由(   )到指定集装箱码头堆场领取。
   A. 发货人   B. 收货人   C. 集装箱货运站   D. 船公司
3. 凡是高度超过(   )的集装箱,应贴上超高标记。
   A. 2.2m   B. 2.4m   C. 2.6m   D. 2.8m
4. 集装箱整箱货装箱地点一般是在(   )
   A. 码头堆场   B. 码头作业区
   C. 发货人的仓库   D. 货运站
5. CY-CY 集装箱运输条款是指(   )。
   A. 一个发货人,一个收货人   B. 多个发货人,多个收货人
   C. 一个发货人,多个收货人   D. 多个发货人,一个收货人
6. 海洋集装箱运输网络中枢纽港间的运输称(   )。
   A. 中转运输   B. 干线运输   C. 支线运输   D. 直达运输
7. 集装箱箱号"COSU 8001215"中,最后一位的"5"为(   )。
   A. 箱主序号   B. 箱型代号   C. 核对数   D. 航次代码
8. 集装箱的识别标记是(   )。
   A. 箱主代号   B. 超高标记   C. 重量标记   D. 容积标记
9. 集装箱长、宽、高的外部尺寸分别是:40′、8′、9′6″,这种集装箱是(   )。
   A. 1AA   B. 1AAA   C. 1BB   D. 1CC

10. 集装箱进出港区时确定箱体交接责任的单证是( )。
    A. 提单　　　　　B. 大副收据　　　C. 提货单　　　　D. 设备交接单
11. ( )是承运人委托集装箱堆场、货运站或内陆中转站在收到集装箱货物后签发的收据，是集装箱运输专用出口单据。
    A. 货票收据　　　B. 货场收据　　　C. 场站收据　　　D. 货运收据
12. 航次租船由( )负责船舶营运管理。
    A. 买方　　　　　B. 卖方　　　　　C. 船东　　　　　D. 租船人
13. 计滞期费/速遣费的运输方式是( )。
    A. 程租船　　　　B. 期租船　　　　C. 包运租船　　　D. 班轮运输
14. 凡运往非基本港的货物，达到或超过规定的数量，船舶可直接挂靠，但要收取( )。
    A. 转船附加费　　B. 直航附加费　　C. 港口附加费　　D. 选港附加费
15. FAK 费率是指( )。
    A. 不同等级费率　B. 均一费率　　　C. W/M 费率　　　D. 商品费率

三、问答题

1. 集装箱货运站的业务包括哪些？
2. 集装箱及集装箱船舶租赁业务的意义何在？
3. 国际集装箱班轮运价的影响因素主要有哪些？

四、计算题

1. 某 20ft 干货集装箱装载两种货物：电器尺码吨 $8m^3$，重量吨 4t，费率 USD28.00M；小五金尺码吨 $6m^3$，重量吨 7t，费率 USD30.00W。求运费。

2. 有一票货物，总共 40 件，35t，每件货物的长宽高为 1m×1m×1m，现有 1AA、1CC 两种箱型的集装箱可供选用，且已知海运费分别为 1 000USD/TEU、1 800USD/FEU。试问：
(1) 从经济的角度，应选用何种箱型的集装箱？
(2) 选用集装箱的数量为多少？
(3) 该票货物的海运费总额为多少？

集装箱运输基础岗位

集装箱运输基础岗位及职责见表 5-10。

表 5-10　集装箱运输基础岗位及职责

岗　位	职　责
集装箱订舱员	一、岗位目的 保证客户在集装箱船的订舱、签单及货物顺利出运。 二、岗位职责 1. 报价、订舱 (1) 接听询价电话，对相关客户进行报价，解释航程、ETD(Expected Time of Delivery，预计交货时间)、ETA(Expected Time of Arrival，预计到达时间)等相关信息。 (2) 审核客户订舱委托。 (3) 反馈给船公司相关订舱信息。

续表

岗 位	职 责
集装箱订舱员	(4) 申请运价、特价，对超尺寸箱、危险品进行询价。 (5) 确认每个航次舱位。 (6) 协调客户用箱。 2. 签单、录入运费 (1) 从网上下载所有待签提单。 (2) 确认签单日期。 (3) 确认客户付清相关费用后签单。 (4) 计算机录入相关运费。 3. 制作相关单证 (1) 安排验箱，将场地送来的验箱单返给客户。 (2) 反馈箱封号。 (3) 向外拖箱的车队提供背箱单。 (4) 和客户确认提单，再和货运公司确认提单。 (5) 计算机预录入报关。 (6) 制作一份入港清单备查。 (7) 全船签单完毕，归档。 4. 维护相关客户 (1) 经常与客户沟通，做客户档案记录。 (2) 每个月根据计算机数据向科长上报利润。 (3) 对运价变化、船期变化及时与客户沟通。 三、知识技能 1. 业务知识 (1) 熟悉海、陆、空运输知识。 (2) 熟悉海关、商检的规定及其他相关法律、法规。 (3) 熟悉国际贸易知识。 2. 业务技能 (1) 外语水平。能用英语进行工作交流。 (2) 计算机水平。能使用办公软件和办公操作系统，进行文字、图表、办公信息的处理
箱管业务员	一、岗位目的 完成船公司的箱管任务，加强集装箱的周转，使之得到最有效的利用，并把持箱体完好。 二、岗位职责 1. 进口集装箱管理 (1) 根据各家船公司进口集装箱清单，录入箱管系统。 (2) 根据货主的不同需求，整箱放给协议车队或给货主办理拆箱手续。 (3) 安排进口空箱报关，及时疏港到指定堆场。 (4) 跟踪进口重箱返空、拆提箱的拆空时间及安排拆空箱的疏港。 (5) 根据场地的日报表，录入系统，用以查询及结算费用。 (6) 根据船公司的要求，给船公司发进口箱盘存报表。 2. 出口集装箱管理 (1) 根据出口部门及船公司的定舱确认，放箱给协议车队；安排发送内支线及铁路。 (2) 根据出口部门提供的实际装船明细及场站码头提供的报表，及时跟踪集装箱的动态。 (3) 平衡进出口箱量，及时保证出口用箱量，对于长期箱，请示船公司，安排出口到指定港口；当保有量不能满足出口需求时，联系船公司安排特定空箱调进。 (4) 根据空箱调运的方式，办理不同的海关及其他手续。 3. 起租、退租箱管理及集装箱修理 (1) 申请起租、退租号，安排有关场地、车队提、还箱并取得设备交接单。 (2) 分清残损箱责任，将船东负担的修理费报送确认后，安排场地修理。

续表

岗 位	职 责
箱管业务员	4. 费用结算 (1) 审核、结算滞箱费：根据滞箱费的结算标准审核结算滞箱费的各种单据，向货主或其他责任方收取滞箱费；滞箱费收取后，会同财务部门定期与船公司结算。 (2) 根据船公司与堆场签订协议的费用标准，审核场站每月的费用账单，经确认无误后，授权财务与场站结费。 (3) 根据船公司要求，向需要办理拆箱手续的货主收取短途运费，并会同财务定期与船公司对账结费。 (4) 分清各条船的箱量名细，划分不同的船公司，提供给财务用以与港方核对装卸费用。 5. 对船东主场地及协议车队的管理 (1) 监督场地按照国际出租商协会标准检验并收箱，按时转递设备交接单。 (2) 监督场地在使用箱体时先进、先出。 (3) 监督场地及时保送各种箱体动态。 (4) 监督协议车队履行协议规定的各项职责。 三、知识技能 1. 业务知识 (1) 熟悉海运知识。 (2) 熟悉贸易知识。 (3) 了解法律知识。 2. 业务技能 (1) 外语水平。能够运用外语进行工作交流。 (2) 计算机水平。能进行简单操作
集装箱拼箱助理	一、岗位职责 (1) 与船公司、箱主公司保持良好的合作关系，并以协议形式使这种关系得到稳定，确保箱子和舱位的及时供给以及较低的拼箱价和箱子使用费。 (2) 备有拼箱货运需要的各类单证。处理目的港的拼箱货运业务和单证事宜。 (3) 保证拼箱货运活动的资金需求和业务的正常进行。 (4) 拼箱货运市场的开拓、业务、协调和管理工作。建有海外代理网和信息网，保证货运信息流通，以及物流、货物拆拼和交付过程出现问题得到及时解决。 (5) 进行过程服务和事后服务，并在货主、船东、库站、海关等货运进出口相关关系中形成自己的业务准则与信誉。 二、工作流程 1. 确定集装箱运输方式 集装箱运输可分为直拼与混拼两种方式。因直拼运输比混拼运输有明显的优点，所以有条件的应采用直拼运输方式。 影响直拼运输的主要因素：出运港直抵目的港的航班及时间，货物数量和备货时间，买卖合同和信用证的规定等。 影响混拼运输的主要因素：除直拼条件与要求外，转运港货物滞留时间、费用与服务情况。有时，为使货物及时出运，宜采用转拼方式，即把承接的货物转移给具有拼装能力的其他货运代理商并由其为货物安排拼装运输。 2. 办理货物进站单证 货物进站单证，由一套多联组成，每一联都有其相应的作用与功能。经当事人签署的单证是货物交接和责任划分的重要凭据。因此，操作人员须正确缮制和填写单证，按已审核清楚、正确的托运单内容为依据，使货物实体与单证相符合。

续表

岗 位	职 责
集装箱 拼箱助理	3. 货物进站或入库 集装箱拼箱助理应及时通知货运站或仓库经管部门有关货物进站或入库时间和情况，并要求在现场按照提交单证的内容，对进站的货物进行查验、点数，包括货物实体与包装是否符合拼箱和运输的各项要求、货运文件是否齐备，货物是否办理检验、报关等出口手续。对于站、库人员采用不合理的度量和计算方法，可以提出自己的看法和纠正的要求，必要时可以聘请技术专家和公证行进行监装和监理。 4. 监管货物的拼箱过程 视拼装货物的性质与要求，在现场对整个货物拼箱过程进行监察和协助工作，指导箱内货物置放，核实货物拼装的箱子及实际承运人、入箱货物的数量等。拼装过程中如发现或发生涉及托运人权益相关的事宜，应及时联系托运人并经其同意(书面)后做出相应处理。 5. 绘制积载图并贴放 货物拼箱完毕，根据海关要求应及时绘制箱内货物积载图并按规定进行贴放。检查箱门和铅封情况，确保安全和牢固。及时获得货物拼箱记录，更正已备制的装箱单及其他相关单证。拼箱货物应及时订舱和送至约定地点，按规定进行出口申报和文件报备。 6. 备制与签发提单 掌握货物在码头及装船情况，做好拼箱货的提单备制工作，同时按规定签发各票拼箱货货运提单给各相关托运人。 7. 提供文件与资料 通知转运港或目的港代理人有关拼箱货运抵的情况及要求，及时提供有关文件与货运资料，包括提取整箱货所要求的海运提单，或采用电报放货的明示文件，分票货物的载货清单、装箱单、提单副本及原先约定的其他详细资料，以便货物在转运港或目的港的各项进出口通关、转运或提货、拆箱、分拨和交付事项得到及时安排和处理
班轮航次 结算员	一、岗位目的 为了降低企业风险，负责及时与承运人对账，掌控应收、应付款项；为了避免船东不合理费用的支出，严格审核费用，向船东提供准确的船舶使费结算单。 二、岗位职责 1. 登记船舶基本情况 (1) 掌握船舶抵离港时间。 (2) 核对、登记申报基本信息，包括航次、净吨等。 2. 单据处理 (1) 接到港口收费单位单据时及时核对计费标准、节假日加班收费等项目，无误后支付。 (2) 其他收费单位单结费用时，确认有签字、正式发票方可支付。 (3) 基本收费项目单据及分账单未能及时送达时，应及时催送。 3. 处理船东委办事项 及时安排船长借支，按时支付油款等，保证船舶正常运行。 4. 缮制寄送航次账单 (1) 制作代理费、手续费单据。 (2) 录入整理各类单据，检查单据与数据是否相符。 (3) 汇总单据，按航次结账顺序排序单据。 (4) 打印单据留底，进行审核。 (5) 经审核后，单据结账，打印航次结账单，加盖财务结算章。 (6) 将单据粘贴、整理、装订、编号，复核，经审核签字后，登记入账，缮制所有凭证，记账。 (7) 将缮制成的航次账单寄送委托方指定地址。

续表

岗 位	职 责
班轮航次结算员	5. 处理其他日常性事物 (1) 及时将商务转来的使费入委托方账户。 (2) 打印所填制的会计凭证并转交航次业务主管审核。 (3) 定期或按委托方要求进行对账。 (4) 及时向船公司催收使费款。 6. 档案归集 (1) 每月按时将已结完船舶的申报、副本、往来函电及相关留底集中留存。 (2) 月底打印留底封皮，将当月留底排序、装订、保存、归档。 三、知识技能 (1) 掌握会计电算化知识。 (2) 熟悉相关业务法律和规定。 (3) 能够借助外语工具阅读本专业的外文资料。 (4) 能使用办公软件和办公操作系统，进行文字、图表、办公信息的处理
非班轮航次结算员	一、岗位目的 为了降低企业风险，保证企业收入实现，及时与委托方对账，掌控应收、应付款项。 二、岗位职责 1. 测算预算备用金 (1) 在接到对方委托电时，检查船舶规范(国籍、净吨、船长)和装卸条款等。 (2) 核对船舶来自港口，装、卸货物的种类、数量，有无超重、超长件及未列名货物或危险品。 (3) 根据《中华人民共和国交通部港口收费规则》《中华人民共和国航行国际航线船舶代理费收项目和标准》计算港口使费。 (4) 根据船舶到港日期，具体货物情况，计算节假日、夜间加班费和超长、超重附加费等。 (5) 向委托方预报港口使费。 2. 索要备用金 (1) 当接到《船舶进口岸申报单》时，对船舶规范、装卸货种类、来自港/开往港及预抵日期进行复查。 (2) 检查是否有装卸条款，有无特殊委办事项，如加油、船检、借支、遣返、伙食供应、物料供应等，同时，将有关信息发到 OPS，供其他部门参考使用。 (3) 对于采取一船一结方式的船公司，要根据实际情况随时增加所要备用金。 3. 落实备用金 (1) 索汇电发出后，要以收到银行进账单作为备用金进账依据。 (2) 如果船舶抵港后，备用金仍未收到，要及时汇报并继续向委托方催索。 (3) 船舶在港期间，如发生非正常港口费用的通知，如：供应伙食、困难作业、燃料、3个月吨税、借支、熏蒸等，应及时追加索要备用金。 (4) 对于船舶离港时，备用金仍未收到的，则根据委托方信誉情况，经有关领导批准后，才可放行。 (5) 收到备用金后，制作财务凭证。 4. 备用金的控制使用 (1) 按照备用金汇达限额，严格控制备用金的使用情况。 (2) 如产生非正常港口使用费的费用超支，则在索款到后才可支付。 5. 单据处理 (1) 接到国家口岸监管的行政机关转来发票后，认真审核。船名、单据发票是否有船长签字和印章；日期、计费是否准确，是否有重复收费；对没有英文加注的单据，要加注英文。

续表

岗 位	职 责
非班轮航次结算员	(2) 对于非本方公司分包方的费用，经有关业务部门确认后，才可支付。 (3) 复审无误后，通过 A-400 系统，录入单据，制作相关单据。 (4) 将录好的单据，按单船分单据，并且按照"专家型代理，人性化服务"标准，粘贴、整理单据。 (5) 船舶离港 7 日后，向委托方报大约发生费用。 6. 缮制航次账单 (1) 制作代理费单据，手续费单据。 (2) 汇总所有已付的单据，按账单排序，缮制成册，加盖结算章和附件章。进行复查。 (3) 打印航次结算单，加盖财务结算章。 (4) 制作航次结算报告，装订单据并存档。 (5) 将账单经审核签字后，登记入账，缮制所有凭证记账。 7. 账单的审核和邮寄 对账单最后审核，检查有英文填写、外代制作的单据是否有误。 8. 汇总 (1) 对账，按照不同委托方一段时期内所发生的各种费用进行汇总，打印对账单，如有欠款，找出原因，及时处理。 (2) 通过电子邮件形式，通报委托方，并得到委托方的回电证实。 (3) 退款，对于委托方要求退款，在接到委托方指示电后，给予答复。 (4) 退款后，立即电告委托方，款已退，并要求对方收款后给予来电证实。 (5) 退款后，应立即制作会计凭证，并记账。 (6) 尤其注意，一定经过确认无误后，方可退款。 9. 归档 (1) 将每月结完船舶的《航次结账单》副本及申报单，集中装档，按月份装订，保存。 (2) 往来电函随航次留底一并保存备查。 三、知识技能 (1) 掌握会计电算化知识。 (2) 了解外贸与海运知识。 (3) 熟悉港口状况。 (4) 熟悉相关业务法律和规定。 (5) 有较好的分析判断能力。 (6) 有一定的沟通协调、商务谈判能力。 (7) 能够运用英语进行工作交流。 (8) 能使用办公软件和办公操作系统，进行文字、图表、办公信息的处理

项目六

货物联合运输

HUOWU LIANHE YUNSHU

 【学习目标】

知识目标	技能目标
(1) 描述联运的工具和设备、联运场站、联运线路的分类与作用。 (2) 了解国内联合运输组织形式、业务形式以及联运经营人职责。 (3) 了解国际联运组织形式、业务流程以及多式联运经营人职责。 (4) 识记联运合同、联运单据的填制规范以及联运运费计算方法。	(1) 能够采用多种方式揽货,并能够制订合适的联合运输方案。 (2) 能够合理安排承运人,协调组织各区段运输及其衔接工作。 (3) 能够审核联运单证、签发多式联运单据,并能核收联运运费。

任务一 认知货物联运系统

【知识要点】

联合运输是由一个机构或一个运输经营人对全程运输负责,完成和组织从起运地到最终目的地为止的期间内所涉及的运输、运输线路衔接和运输服务等业务。货方只要与这个机构或经营人订立一份全程运输合同,一次交付费用,办理一次保险就可以实现货物的全程运输。

货物联运系统的构成如图 6.1 所示。

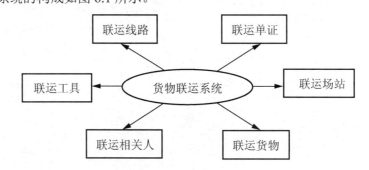

图 6.1 货物联运系统

一、联运工具

1. 运输工具

联运是指多种运输方式的联合运输,所以联运运输工具涉及公路车辆(集装箱卡车)、铁路列车(集装箱列车)、水运轮船(集装箱船舶)以及航空飞机(货运飞机),如图 6.2 所示。

(a) 公路车辆

(b) 铁路列车

(c) 水运船舶

(d) 航空飞机

图 6.2 联运运输工具

2. 运输设备

(1) 集装箱。联合运输多以集装箱为运输设备,国际多式联运的集装箱采用国际标准集装箱。航空运输采用集装板、网套、集装棚和空运专用集装箱(空运和其他运输方式的联运需要转换集装箱)。

(2) 公铁拖车。在公铁联运中,公铁拖车就像一个标准拖车,当同气压系统连接时,将车轮提起,公铁拖车与一部铁路拖轮相连接,然后再将拖车同列车连接,如图6.3所示。

(a) 铁路拖轮

(b) 公铁拖车

图 6.3 公铁拖车与铁路拖轮

二、联运线路

联运是在联运经营人组织下的多种运输方式的组合,即在充分考虑运输的安全性、经济性、时效性的基础上,合理选择运输路线,规划运输方案。因此,联运线路是公路、铁路、水路及航空线路的有机结合。

三、联运单证

在国内联运中使用的票据有《全国联运行业货运统一发票》《全国联运行业统一货运委托书》《运输交接单》《中转交接单》《货物储运单》《联运运单》等。

四、联运场站

联运站的主要业务有以下6个方面。

1. 零担货物的集结运输

零担货物的集结运输(指联运货物)包括货物的接取、集结装运、不同运输工具间的货物中转和到达分送等运输环节。

2. 代办货物中转

联运服务公司作为货主的代理人,为货主办理在不同运输工具的货物转运业务。代办货物中转业务可以由货主按批向联运服务公司提出委托或通过签订定期委托书(合同)的方式来办理。

3. 笨重货物运输

这类货物对运送条件、装运工具等有特殊的要求,需要作为特种货物运输来办理。

4．工厂或成套设备承包运输

联运服务公司对由各地区的新建工厂全部设备或改、扩建工厂的某方面成套设备的系统承包运输。联运服务公司与厂方订立运输合同，根据合同要求，组织联运业务网内各地区联运服务公司，共同完成任务，并按完成运输量的大小分配运输收入。

5．仓库保管

联运服务公司如果有一定数量的仓储设备和相应的仓储保管、经营人才，可以开展仓库保管、仓储经营业务，拓展经营渠道。

6．货物包装

联运服务公司开展货物包装业务主要指货物的运输包装，根据货物特征、运输条件、运输工具和运输距离进行设计(包装的外形、包装材料、加固等)。

五、联运货物

根据货物联运方式和联运工具的不同，货物的定义也会有些区别，见表6-1。

表6-1 不同运输方式的货物

序号	运输方式	货物的定义
1	国际多式联运	主要是指集装箱(均指国际标准箱)货物，以集装箱为基本运输单元，有时也包括工程货物(大多是项目工程的成套设备等)
2	国内多式联运	可以是各种类别，分别可以按整车、零担或集装箱方式组织运输。在可能使用的不同运输方式中对整车或零担货物各有不同的要求
3	铁路	一批货物的重量、体积和形状需要以一辆30t以上货车运输的，按整车货运输，不够该条件，按零担货物托运。每批零担货物不得超过3件，每件体积不得小于$0.02\ m^3$
4	公路	一次托运3t以上为整车运输，不足3t为零担或拼装运输。零担货每件重量以小于40 kg为宜，以不超过250 kg为限，超过250 kg为大件货物
5	水路	一票托运5t以上为整批运输，不足5t为零担货物。凡货物每件重量超过1t或长度超过7m为超重或超长货物

六、联运相关人

1．多式联运经营人

多式联运经营人是指本人或通过其代表与发货人订立多式联运合同的任何人，他是事主，而不是发货人的代理人或代表，或参加多式联运的承运人的代理人或代表，负有履行合同的责任。多式联运经营人负责履行或者组织履行多式联运合同，对全程运输享有承运人的权利，承担承运人的义务。

2．发货人

发货人是指以本人或以其名义或其代表，与多式联运经营人订立多式联运合同，并按多式联运合同将货物交给多式联运经营人的任何人。

3. 契约承运人与实际承运人

根据目前国际运输公约规定，承运人是指与货主订立运输合同的人，或者实际完成运输的人。契约承运人是指与货主订立运输合同的人，在多式联运中是指与发货人订立多式联运合同的人(多式联运经营人)。实际承运人是指掌握运输工具并参与集装箱运输的承运人。

4. 收货人

收货人是指有权提取货物的人。在国际多式联运中一般是指多式联运提单持有人。在国内多式联运中一般是指合同票据中记名的收货人。

【任务安排】

(1) 预习相关知识要点。
(2) 搜集有关货物联运的运输工具、设备、联运站等的图片及资料。
(3) 以小组为单位，制作有关联合货物运输系统的 PPT，并练习讲演。

【任务实施】

随机指定小组上台讲演，并接受同学和教师的提问与评价。
(1) 联运工具。以不同联运方式为例，讲解联运的载运工具、装货设备。
(2) 联运线路。讲解联运线路的定义以及安排联运线路所要考虑的内容。
(3) 联运单证。介绍联运合同、联运运单的分类及作用。
(4) 联运场站。讲解联运站的分类、功能及作业流程。
(5) 联运货物。讲解不同联运方式对货物的定义。
(6) 联运相关人。简述联运经营人、契约承运人和实际承运人、联运代理人以及收发货人的职责。

【任务评价】

对完成任务情况进行测评。

学习测评表

组别/姓名			班级		学号	
测评地点			日期			
项目名称			联合货物运输			
任务名称			认知联合货运系统			
测评项目		优秀级评价标准	分值	本组评价30%	他组评价30%	教师评价40%
专业知识	准备工作	资料、道具准备齐全	5			
	随机提问	概念清楚，回答准确	10			
专业能力	联运工具	正确描述联合运输工具	10			
	联运设备	清楚联运相关设备的功能及使用方法	10			

续表

测评项目		优秀级评价标准	分值	本组评价30%	他组评价30%	教师评价40%
专业能力	联运站	说明联运站的分类、作用与作业流程	10			
	联运方式	正确描述国内及国际不同的联运方式	10			
	联运单证	正确理解联运合同、联运单据的内容与作用	10			
	联运相关人	明确联运经营人、契约承运人和实际承运人及收发货人的职责	10			
	联运货物	正确理解不同联运方式对货物的定义	10			
专业素养	活动过程	表达能力	5			
		沟通能力	5			
		合作精神	5			
合　　计			100			

任务二　组织国内货物联运

【知识要点】

一、联合运输的内容

联合运输是综合运输思想在运输组织领域的体现，是综合性的运输组织工作。这种综合组织是指在一个完整的货物运输过程中，不同运输企业、不同运输区段、不同运输方式和不同运输环节之间衔接和协调组织，其内容见表6-2。

表6-2　联合运输的内容

运输种类	具体解释
多方式运输	货物全程运输中使用两种或两种以上运输工具(方式)的运输衔接
多程运输	货物全程运输中使用同一种运输工具两程或两程以上运输的衔接
多经营人运输	货物全程运输中使用一种运输方式多家经营和多种运输方式联合经营的组织衔接
多行业协作	货物全程运输所涉及的货物生产、供应、运输、销售企业的运输协作组织

二、联合运输分类

联合运输的最主要形式是衔接式联运，一般是指由一个联运企业综合组织的两种或两种以上运输工具的连续运输，或者由一个联运企业综合组织的以同一种运输工具，但由多家经营的两程或两程以上的连续运输。衔接式联运可以按不同原则进一步进行分类，见表6-3。

表 6-3　联合运输的分类

分类标准	分类结果	各分类结果的定义
按全程运输使用的运输方式分	单一方式联运	指一个联运经营人或机构综合组织的、由使用同一方式(运输工具)的不同运输企业完成的、两程或两程以上的全程连续运输
	多种方式联运	简称多式联运,是指根据多式联运合同,使用两种或两种以上的运输方式,由联运经营人组织完成的全程连续运输
按联运起点和终点位置分	国内联运	指联运合同中规定的联运经营人接受货物的地点与交付货物的地点是在一个国家之内的联运
	国际联运	指联运合同规定的联运经营人接受货物的地点与交付货物地点不在同一个国家之内的联运
按多式联运的组织类型分	协作式联运的组织	计划经济体制下的一种特有的组织类型,一般指为了保证指令性计划的货物、重点物资和国防、抢险、救灾等急需物资顺利到达指定地点,在国家和地区计划指导下,统一组织的合同运输
	衔接式联运的组织	指企业通过与货主订立的联运合同,开展的两种或两种以上运输方式衔接的经营性业务全程联合运输。这种全程运输组织业务多是由多式联运经营人(多式联运经营企业)完成的

三、多式联运含义

多式联运是联运经营人根据单一的联运合同,使用两种或两种以上的运输方式,负责将货物从指定地点运至交付地点的运输。一般来讲,构成多式联运应具备下面几个主要条件:一是必须具有一个多式联运合同;二是必须使用一份全程的多式联运单据(多式联运提单、多式联运运单等);三是全程运输过程中必须是两种或两种以上不同运输方式的连续运输;四是必须使用全程单一费率;五是必须有一个多式联运经营人对货物的运输全程负责;六是如果是国际多式联运,则多式联运经营人接受货物的地点与交付货物的地点必须属于两个国家。

四、多式联运组织形式

1. 协作式多式联运

协作式多式联运的组织者是在各级政府主管部门协调下,由参加多式联运的各种方式运输企业和中转港站共同组成的联运体系或系统,并设综合协调管理办公室,货物全程运输计划由该办公室制订。这种联运组织下的货物运输过程如图 6.4 所示。

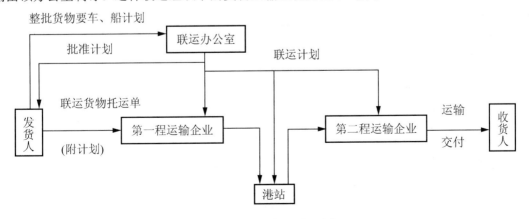

图 6.4　协作式多式联运流程

这种多式联运的组织体制，是国内过去和当前多式联运(特别是大宗且稳定重要物资运输)中主要采用的体制。

2. 衔接式多式联运

衔接式多式联运的全程运输组织业务是由多式联运经营人(多式联运企业，即 Multi-model Transportation Operator，简称 MTO)完成的，这种联运组织下的货物运输过程如图 6.5 所示。

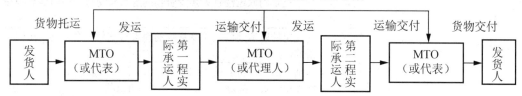

图 6.5　衔接式多式联运流程

五、多式联运合同

多式联运合同是指货物托运人与多式联运经营人就运输对象全程联运达成的协议。

六、多式联运单据

在国际多式联运中，多式联运单据(票据)是指"证明多式联运合同，以及证明多式联运经营人接受货物并按合同条款交付货物的单证"，一般称为多式联运提单。在国内多式联运中使用的票据类型见表 6-4。

表 6-4　国内多式联运中使用的票据

序号	票据名称	票据作用
1	全国联运行业货运统一发票	各联运企业间业务结算票据
2	全国联运行业统一货运委托书	委托单位与管理单位就货物联运的合同
3	运输交接单	办理货物交接和结算各项运输费用的依据
4	中转交接单	货物在港站换装交接和结算中转费用的依据
5	货物储运单	货物在库场保管交接及结算仓储费用的依据
6	联运运单	多式联运合同，也是办理货物运输与货物交付的依据。一般来说，运单不是物权证明，也不是有价证券，不能流通转让

七、国内联运业务形式

1. 水陆干线联运

水陆干线联运指铁路与沿海、长江和几条内河之间的联运。它所完成的货运量在所有联运方式中居第一位，是最主要的一种联运形式。交通部、原铁道部联合颁发了《铁路和水路货物联运规则》，对水陆联运工作的组织原则，办理联运货物的车站、港口和换装地点，联运货物种类和数量，联运货物运输计划，联运货物的运送条件，换装作业以及联运货物的赔偿处理等，都做了明确的规定。联运的实质是：一个计划，一次托运，一票到底，一次收费，统一理赔，全程负责。该规则不但是水陆联运必须贯彻执行的法规，也是联运服务企业开展联运业务的工作指南。联运的主要形式有水—铁联运、水—铁—水联运、铁—水—铁联运。

2. 海江河联运

海江河联运指水路运输企业内部各航区之间的联运。它是仅次于水、铁联运的另一种联运方式。我国交通部颁发的《水路货物运输规则》对海江河联运作了具体规定，主要形式有江—河联运、江—海联运、江—海—河联运(通常把注入内海或者湖泊的河流叫河，把注入外海或大洋的河流叫江)。

3. 地方干支联运

地方干支联运指港、站枢纽在城市组织的铁路、公路、内河、江海相衔接的联合运输。干线一般是指办理联运的铁路、沿海、长江等干线；支线一般是指各省、市、自治区已开办营运业务的地方公路和内河支流。干线联运是以交通枢纽城市为中心，以港站为依托，以网点为基础，以疏通港站、加快集散、确保畅通为主要任务的"接力式"运输。地方干支联运主要形式有铁路—公路联运、海—公路联运、河—公路联运、公路—航空联运、水路—航空联运、地方铁路—铁路联运、地方铁路—公路联运。

4. 水路、公路联运

水路、公路联运指由地方水运业与汽车运输业以联运合同形式开展的联运。这种联运合同只对当事人有效，对其他地方和运输企业无效。

5. 市内短途的联合运输(共同配送)

为了在物资的集散点或交通枢纽，能以最佳方式进行物资的集并和疏运，方便货主和为用户服务，各地区常常采用由各种运输业共同联运的方法进行运输服务。这种联合运输服务是集并、疏运物资，节约运输资源的较好形式。

【任务安排】

(1) 角色安排：托运人1人、货运代理1人、受理员1人、联运经营人1人、理货员1人(监装、监卸)、收货人1人。

(2) 资料准备：全国铁路运输地图、全国公路交通地图、多式联运报价单、货物运输委托书、货运提单(有编号)、货物标签等。

(3) 器具准备：磅秤、货运车辆、叉车、集装箱等。

(4) 货运内容：由教师布置或由学生查询货运信息网自行设计。

(5) 任务执行：以小组为单位，按流程以不同的角色模拟组织国内货物联运的业务。

【任务实施】

国内多式联运流程如图6.6所示。

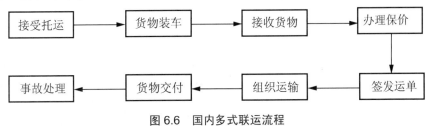

图6.6 国内多式联运流程

一、接受托运

发货人与多式联运经营人签订《多式联运合同》。国内多式联运，如果是协作式多式联运，则使用《全国联运行业统一委托书》；若属于衔接式多式联运，则多数是使用联运企业签发的《联运运单》(与《国际多式联运合同》相似)。

多式联运经营人根据货主或其委托代理人提出的托运申请和自己的运输路线等情况，判断可以接受该托运申请，双方议订有关事项。多式联运经营人交给发货方场站收据(货物情况可暂时空白)副本上签章，证明接受托运申请，多式联运合同已经订立并开始执行。

发货方根据双方就货物交接方式、时间、地点、付费方式等达成的协议，填写场站收据(货物情况可暂空)，并把其送至多式联运经营人进行编号。编号后，多式联运经营人留下货物托运联，将其他联交还给发货人或其代理人。

二、货物装车

车辆按约定时间到托运人仓库装车，托运人方自行组织装车。进行货物装车时，注意合理积载，重不压轻。

三、接收货物

货物验收装车后，联运经营经办人在场站收据正本上签章，并将其交给发货人。

四、办理保价

发货人对货物进行保价，约定费率后由多式联运经营人向保险公司投保货物责任险。

五、签发运单

多式联运经营人在收取货物后，向发货人签发《联运提单》(多式联运提单)。在把提单交给发货人前，应注意按双方议定的付费方式及内容、数量向发货人收取全部应收费用。

六、组织运输

多式联运经营人在合同订立之后，即制定合同涉及的货物的运输计划，该计划包括货物的运输路线，区段的划分，各区段实际承运人的选择确定及各区段衔接地点的到达、起运时间等内容。在接收货物后，组织安排各区段的运输及各区段之间的衔接工作。

七、货物交付

当货物运至目的地后，通知收货人提货。收货人需凭《多式联运提单》(联运运单)提货。经营人或其代理人需按合同规定，收取收货人应付的全部费用，收回提单后办理货物交接手续，完成运输任务。

八、事故处理

若联运过程中发生货物灭失、损害及运输延误等情况，先由联运经营人赔偿发货人，再由联运经营人向各实际运输段责任人追偿。

【任务评价】

对完成任务情况进行测评。

学习测评表

测评项目		优秀级评价标准	分值	本组评价30%	他组评价30%	教师评价40%
组别/姓名			班级		学号	
测评地点			日期			
项目名称		公路货物运输				
任务名称		组织货物国内联运				
专业知识	准备工作	资料、道具准备齐全	5			
	随机提问	概念清楚，回答准确	10			
专业能力	托运受理	签订联运合同，正确填写和审核《联运运单》	10			
	配载装车	遵循配载装车(箱)原则,正确制作装箱单	10			
	接受货物	采用合适方法，审单验货，办理交接手续	10			
	签发提单	收货收费后，正确签发《联运运单》给发货人	10			
	组织运输	合理划分区段，订立分运合同，组织到位，衔接得当	10			
	货物交付	正确履行交货手续，无差错	10			
	事故处理	正确履行全程运输中的货损、货差及延期交付的赔偿责任	10			
专业素养	活动过程	工作态度	5			
		沟通能力	5			
		合作精神	5			
	合　　计		100			

任务三　组织国际多式联运

【知识要点】

一、国际多式联运

1. 国际多式联运的定义及特征

《联合国国际货物多式联运公约》中规定："国际多式联运是指按照多式联运合同，以至少两种不同的运输方式，由多式联运经营人将货物从一国境内接管货物的地点运至另一国境内指定交付货物的地点。"

2．国际多式联运的特征

(1) 一次托运。发货人只要办理一次托运即可实现从起运地到目的地的全程运输。

(2) 一份合同。联运经营人与发货人订立国际多式联运合同约束整个多式联运过程。

(3) 一份单据。多式联运经营人收到货物后签发给发货人《国际多式联运单据》。

(4) 一个运价。多式联运经营人以单一费率向货主收取全程运费。

(5) 一次保险。对货物全程运输投保货物责任险和集装箱保险。

(6) 一个承运人。多式联运的全程运输都是由多式联运经营人完成或组织完成的，多式联运经营人要对运输的全程负责。

(7) 两种以上运输方式。国际多式联运全程运输中至少是用两种不同的运输方式，而且是不同运输方式不同运输区段的连续运输。

(8) 两个以上国家或地区。

二、国际多式联运经营人

多式联运经营人是其本人或通过其代表订立多式联运合同的任何人。他是事主，而不是发货人的代理人或代表，或参加多式联运承运人的代理人或代表，并且负有履行合同的责任。

根据是否拥有运输船舶，国际多式联运经营人可以分成有船国际多式联运经营人和无船国际多式联运经营人两大类。

1．有船国际多式联运经营人

有船国际多式联运经营人指拥有自己的船舶，并实际参加联运全程中一个或一个以上区段海上运输的经营人。例如，像中国远洋运输(集团)总公司、中国海运(集团)总公司等，均拥有海上运输船队，在提供港到港服务的同时，将服务扩展到陆上运输甚至空运在内的门到门服务。一般情况下，它们可能不拥有也不从事公路、铁路、航空货物运输，而是通过与相关承运人订立分合同来安排相关的运输。此外，它们也可能不拥有也不从事场站运输，而是与场站经营人订立装卸和仓储合同来安排相关服务。

2．无船国际多式联运经营人

根据是否拥有运输工具和场站设施，无船国际多式联运经营人可以分成以下3类：

(1) 承运人型。这类国际多式联运经营人不拥有运输船舶，但却拥有汽车、火车或飞机等运输工具，并实际参加联运全程中一个或一个以上区段的运输，对于自己不拥有或经营的运输区段则需要通过与相关的承运人订立分包合同来实现该区段的运输。这类经营人由陆运或航空运输企业发展而来。

(2) 场站经营人型。这类国际多式联运经营人自身拥有货运站、堆场、仓库等设施。他与货主订立国际多式联运合同后，除了利用自己的设施完成装卸、仓储服务外，还需与相关的各种运输方式的承运人订立分合同，由这些承运人来完成货物运输。该类经营人多由仓储、装卸等企业发展而来。

(3) 代理人型。这类国际多式联运经营人不拥有任何运输工具和场站设施，需要通过与相关的承运人、场站经营人订立分合同来履行自己与货主订立的国际多式联运合同。

三、国际多式联运的组织形式

1. 海陆联运

海陆联运是国际多式联运的主要组织形式,也是远东/欧洲方向国际多式联运采用的主要组织形式之一。目前,主要有班轮公会的三联集团、北荷、冠航和丹麦的马士基等国际航运公司,以及非班轮公会的中国远洋运输公司、中国台湾长荣航运公司和德国那亚航运公司等组织和经营远东/欧洲海陆联运业务。海陆联运以海运公司为主体,签发联运提单,与航线两端的内陆运输部门开展联运业务。

2. 陆桥运输

采用集装箱专用列车或卡车,把横贯大陆的铁路或公路作为中间"桥梁",使大陆两端的集装箱海运航线与专用列车或卡车连接起来的一种连贯运输方式。

1) 大陆桥运输

大陆桥运输指利用横跨大陆的铁路、公路作为中间桥梁,把大陆两端的海洋连接起来组成一个"海—陆—海"的连贯运输方式。

(1) 西伯利亚大陆桥。西伯利亚大陆桥把太平洋远东地区与前苏联波罗的海、黑海沿岸及西欧大西洋岸连接起来,为世界最长的大陆桥,如图 6.7 所示。这条大陆桥运输路线的西端已从英国延伸到了包括西欧、中欧、东欧、南欧、北欧的整个欧洲大陆和中东各国,其东端也不只是到日本,而发展到了韩国、菲律宾、中国和中国香港特别行政区等地。从西欧到远东,经大陆桥为 13 000km,比海上经好望角航线缩短约 1/2 的路程,比经苏伊士运河航线缩短约 1/3 的路程,同时,运费要低 20%~25%,时间也可节省 35 天左右。

图 6.7 欧亚大陆桥运输示意图

目前,经过西伯利亚往返于欧亚之间的大陆桥运输路线主要有 3 种:

① 铁—铁路线。由日本、中国香港特别行政区等地用船把货箱运至俄罗斯的纳霍德卡和东方港,再用火车经西伯利亚铁路运至白俄罗斯西部边境站,经伊朗、东欧或西欧铁路再运至欧洲各地,或按相反方向的运输。

② 铁—海路线。由日本等地把货箱运至俄罗斯纳霍德卡和东方港,再经西伯利亚铁路运

至波罗的海的圣彼得堡、里加、塔林和黑海的日丹诺夫、伊里切夫斯克，再装船运至北欧、西欧、巴尔干地区港口，最终运交收货人。

③ 铁—卡路线。由日本等地把货箱装船运至俄罗斯纳霍德卡和东方港，经西伯利亚铁路运至白俄罗斯西部边境站布列斯特附近的维索科里多夫斯克，再用卡车把货箱运至德国、瑞士、奥地利等国。

(2) 新欧亚大陆桥。也称欧亚第二大陆桥，东起中国连云港，经陇海线、兰新线，接北疆铁路，出阿拉山口，途径中国、哈萨克斯坦、俄罗斯、白俄罗斯、波兰、德国和荷兰7个国家，最终抵达荷兰鹿特丹，全长约10 800km，可辐射30多个国家和地区，参见图6.7。

新欧亚大陆桥为亚欧开展国际多式联运提供了一条便捷通道。远东至西欧，经新亚欧大陆桥比经苏伊士运河的全程海运航线缩短运距 8 000km；比通过巴拿马运河缩短运距 11 000km。远东至中亚、中近东，经新亚欧大陆桥比经西伯利亚大陆桥缩短运距 2 700～3 300km。

(3) 北美大陆桥。北美大陆桥是指利用北美的大铁路从远东到欧洲的"海—陆—海"联运。该陆桥运输包括美国大陆桥运输和加拿大大陆桥运输。美国大陆桥有两条运输线路：一条是从西部太平洋沿岸至东部大西洋沿岸的铁路和公路运输线；另一条是从西部太平洋沿岸至东南部墨西哥湾沿岸的铁路和公路运输线。

美国大陆桥是北美大陆桥的组成部分，是最早开辟的从远东至欧洲水陆联运线路中的第一条大陆桥。但后因东部港口和铁路拥挤，货到后往往很难及时换装，反而抵销了大陆桥运输所节省的时间。目前，美国大陆桥运输基本陷于停顿状态，但在大陆桥运输过程中，却又形成了小陆桥和微型陆桥运输方式，而且发展迅速。

2) 小陆桥运输

小陆桥运输比大陆桥的"海—陆—海"运输缩短一段海上运输，成为"陆—海"或"海—陆"联运方式的运输。

美国小陆桥，如远东至美国东部大西洋沿岸或美国南部墨西哥湾沿岸的货运，即可由远东装船运至美国西海岸，转装铁路(公路)专列运至东部大西洋或南部墨西哥湾沿岸，然后换装内陆运输运至目的地。

3) 微陆桥运输

微陆桥运输只利用了部分陆桥区段，是比小陆桥更短的海陆运输方式，又称为半陆桥运输。

美国微型陆桥，如远东至美国内陆城市的货物，改用微型陆桥运输，则货物装船运至美国西部太平洋沿岸，换装铁路(公路)集装箱专列可直接运至美国内陆城市。微型陆桥比小陆桥的优越性更大，它既缩短了时间，又节省了运费，因此近年来发展非常迅速，我国也已开始采用这种方式。

3．海空联运

海空联运又称"空桥运输"，以海运为主，交货运输区段由空运完成。在运输组织方式上，空桥运输与陆桥运输有所不同，陆桥运输在整个货运过程中使用的是同一个集装箱，不用换装，而空桥运输的货物通常要在航空港换入航空集装箱。目前，国际海空联运线主要有以下3条：

(1) 远东—欧洲。远东与欧洲间的航线有以温哥华、西雅图、洛杉矶为中转地，也有以香港、曼谷、海参崴为中转地,还有以旧金山、新加坡为中转地。

(2) 远东—中南美。近年来,远东至中南美的海空联运发展较快,因为此处港口和内陆运输不稳定,所以对海空运输的需求很大。该联运线以迈阿密、洛杉矶、温哥华为中转地。

(3) 远东—中近东、非洲、澳洲。这是以香港、曼谷为中转地至中近东、非洲的运输服务。在特殊情况下,还有经马赛至非洲、经曼谷至印度、经中国香港至澳洲等联运线,但这些线路货运量较小。

四、国际多式联运单据

1．多式联运单据的概念

多式联运单据(Multimodal Transport Document,MTD)是指证明多式联运合同以及证明多式联运经营人接管货物并负责按合同条款交付货物的单据。多式联运经营人在接管货物时,应由本人或其代理人签发多式联运单据。多式联运单据的作用:一是运输合同的证明;二是接管货物的证据;三是提交货物的凭据;四是物权凭证。

2．多式联运提单的签发

(1) 签发的形式:一是可转让提单,包括提示提单和不记名提单;二是不可转让提单,即记名提单。

(2) 签发的时间、地点:一是"门"收货后;二是"站"收货后;三是"场"收货后。

3．多式联运提单与联运提单的区别

多式联运提单与联运提单的签发人、签发的时间和地点以及两种运输单据下的责任都有不同,见表6-5。

表6-5 多式联运提单与联运提单的区别

对比项目	提单类别	
	联运提单 Trough B/L	多式联运提单 CTB/L、MTB/L、ITB/L
运输方式	海—海、海—其他方式	海—海、多式联运
责任期间	船—船	收货—交货
提单类型	已装船提单	收货待运提单
签发人	海上承运人	多式联运经营人
签发时间	装船后	收货后
签发地点	装港或承运人所在地	收货地或经营人所在地

【任务安排】

(1) 角色安排:托运人1人、货运代理1人、受理员1人、联运经营人1人、理货员1人(监装、监卸)、收货人1人。

(2) 资料准备:相关交通地图、多式联运报价单、货物运输委托书、多式联运单据、设备交接单、场站收据、装箱单、报关单、出口许可证等。

(3) 器具准备:磅秤、货运车辆、叉车、集装箱等。

(4) 货运内容:由教师布置或由学生查询货运信息网自行设计。

(5) 任务执行：以小组为单位，按流程以不同的角色模拟组织国际多式联运的业务。

【任务实施】

国际多式联运流程如图 6.8 所示。

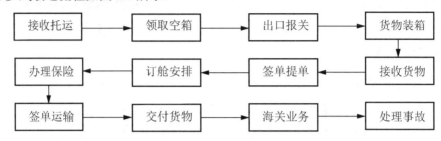

图 6.8 国际多式联运流程

一、接收托运

多式联运经营人根据货主提出的托运申请和自己的运输路线等情况，判断是否接受该托运申请。如果能够接受，则双方议订有关事项后，在交给发货人或其代理人的场站收据(货物情况可暂时空白)副本上签章(必须是海关能接收的)，证明接受托运申请，多式联运合同已经订立并开始执行。

发货人或其代理人根据双方就货物交接方式、时间、地点、付费方式等达成协议填写场站收据(货物情况可暂空)，并把其送至联运经营人处编号，多式联运经营人编号后留下货物托运联，将其他联交还给发货人或其代理人。

二、领取空箱

多式联运中使用的集装箱一般应由经营人提供。如果双方协议由发货人自行装箱，则多式联运经营人应签发提箱单，或者将租箱公司或分运人签发的提箱单交给发货人或其代理人，由他们在规定日期到指定的堆场提箱，并自行将空箱拖运到货物装箱地点，准备装货；如发货人委托，也可由经营人办理从堆场装箱地点的空箱拖运(这种情况需加收空箱拖运费)。

若是拼箱货(或是整箱货但发货人无装箱条件不能自装)时，则由多式联运经营人将所用空箱调运至接受货物集装箱货运站，做好装箱准备。

三、出口报关

若联运从港口开始，则在港口报关；若从内陆地区开始，应在附近的海关办理报关。一般由托运人办理，也可委托多式联运经营人代办。报关时应提供场站收据、装箱单、出口许可证等有关单据和文件。

四、货物装箱

1. 自行装箱

若是发货人自行装箱，发货人或其代理人提取空箱后在自己的工厂和仓库组织装箱，装箱工作一般在报关后进行，并请海关派员到装箱地点监装和办理加封事宜。如需理货，还应请理货人员现场理货并与之共同制作装箱单。

2．委托多式联运经营人或货运站装箱

若是发货人不具备自行装箱条件，可委托多式联运经营或货运站装箱(指整箱货情况)，发货人应将货物以原来形态运至指定的货运站由其代为装箱；如是拼箱货物，发货人应负责将货物运至指定的集装箱货运站，由货运站按多式联运经营人的指示装箱。无论装箱工作由谁负责，装箱人均需制作装箱单，并办理海关监装与加封事宜。

3．多式联运的配积载

1) 配积载的概念

货物配积载是指根据货物种类、特性、数量、流向等多种货物的既定运输任务，通过合理配装以充分利用运输工具的容积及载重能力的作业环节。它是联合运输的一项重要的技术性较强的工作，相应的工作人员应对运输程序、货物调运方法、车船性能及容积或载重量、货物拼配拼装条件等情况清楚明了。

2) 配积载的要求

(1) 掌握发运顺序。做到先急后缓，先重点后一般，先计划内后计划外，先远后近，先进先出，后进后出。

(2) 掌握不同货物的拼配范围，确保货物安全。

(3) 掌握轻重配积载原则，提高车船容积利用。

(4) 掌握等级起票，节约运输费用。尤其是零担货物的配积载，因为零担整车的运价是按拼配货物最高的运价等级计收运费，故应尽量将运价等级相同或相近的货物拼配在一起。

3) 配积载的形式

(1) 见单配积载。在货物提交联合运输时，先集中托运单据，后集中货物。也就是在见到托运单据时先对货物进行配积载计划，待确定装车装船期限时，再将货物送到车站码头。见单配积载工作比较主动，一般不占用流转性的仓库，车站、码头货位的利用率高，但遇到大量货物发运时，短途运输压力较大。

(2) 见货配积载。把需要联运的货物先集中到流转性的仓库或车站、码头货位上，再根据货物的流量、流向进行配积载。见货配积载可方便货主、减少货主负担，装车、装船的时间有保证，短途运输压力小，但易造成仓库堵塞不畅。

五、接收货物

对于由货主自装箱的整箱货物，发货人应负责将货物运至双方协议规定的地点，多式联运经营人或其代理人(包括委托的堆场业务员)在指定地点接收货物。如是拼箱货，经营人在指定的货运站接收货物。验收货物后，代表联运经营人接收货物的人应在场站收据正本上签章并将其交给发货人或其代理人。

六、签发提单

多式联运经营人在收取货物后，向发货人签发《多式联运提单》。在把提单交给发货人前，应注意按双方议定的付费方式及内容、数量向发货人收取全部应收费用。

七、订舱安排

经营人在合同订立之后,即应制订合同涉及的集装箱货物的运输计划,该计划包括货物的运输路线、区段的划分、各区段实际承运人的选择确定及各区段衔接地点的到达、起运时间等内容。这里所说的订舱泛指多式联运经营人要按照运输计划安排洽定各区段的运输工具,与选定的各实际承运人订立各区段的分运合同。这些合同的订立由经营人本人(派出机构或代表)或委托的代理人(在各转接地)办理,也可请前一区段的实际承运人作为代表向后一区段的实际承运人订舱。

八、办理保险

在发货人方面,应投保货物运输险。该保险由发货人自行办理,或由发货人承担费用由经营人代为办理。货物运输保险可以是全程,也可分段投保。在多式联运经营人方面,应投保货物责任险和集装箱保险,由经营人或其代理人向保险公司或以其他形式办理。

九、签单运输

多式联运经营人的代表收取货物后,经营人应向发货人签发《多式联运提单》。在把提单交给发货人前,应注意按双方议定的付费方式及内容、数量向发货人收取全部应付费用。多式联运经营人有完成和组织完成全程运输的责任和义务。在接收货物后,要组织各区段实际承运人、各派出机构及代表人共同协调工作,完成全程中各区段的运输及各区段之间的衔接工作,运输过程中所涉及的各种服务性工作和运输单据、文件及有关信息等组织和协调工作。

十、交付货物

当货物运至目的地后,由目的地代理通知收货人提货。收货人需凭多式联运提单提货,经营人或其代理人需按合同规定,收取收货人应付的全部费用。收回提单后签发提货单(交货记录),提货人凭提货单到指定堆场(整箱货)和集装箱货运站(拼箱货)提取货物。

如果整箱提货,则收货人要负责至掏箱地点的运输,并在货物掏出后将集装箱运回指定的堆场,运输合同终止。

十一、海关业务

按惯例,国际多式联运的全程运输(包括进口国内陆段运输)均应视为国际货物运输。因此,该环节工作主要包括货物及集装箱进口国的通关手续、进口国内陆段保税(海关监管)运输手续及结关等内容。如果陆上运输要通过其他国家海关和内陆运输线路时,则还应包括这些海关的通关及保税运输手续。

这些涉及海关的手续一般由多式联运经营人的派出所机构或代理人办理,也可由各区段的实际承运人作为多式联运经营人的代表办理,由此产生的全部费用应由发货人或收货人负担。

如果货物在目的港交付,则结关应在港口所在地海关进行;如在内陆地交货,则应在口岸办理保税(海关监管)运输手续,海关加封后方可运往内陆目的地,然后在内陆海关办理结关手续。

十二、处理事故

如果全程运输中发生了货物灭失、损害和运输延误,无论是否能确定发生的区段,货主均可向多式联运经营人提出索赔,多式联运经营人根据提单条款及双方协议确定责任并做出赔偿。如能确知事故发生的区段和实际责任者时,可向其进一步进行索赔。如不能确定事故发生的区段时,一般按在海运段发生处理。如果已对货物及责任投保,则存在要求保险公司赔偿和向责任者进一步追索问题。如果受损人和责任人之间不能取得一致,则需通过诉讼时效内提起诉讼和仲裁来解决。

国内多式联运与国际多式联运的业务流程的不同,主要在于是否需要报关和办理保险的迫切性。国际多式联运必须报关,办理货物运输保险的迫切性更大。

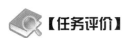【任务评价】

对完成任务情况进行测评。

学习测评表

组别/姓名			班级		学号	
测评地点			日期			
项目名称		联合货物运输				
任务名称		组织国际多式联运				
测评项目		优秀级评价标准	分值	本组评价30%	他组评价30%	教师评价40%
专业知识	准备工作	资料、道具准备齐全	5			
	随机提问	概念清楚,回答准确	10			
专业能力	托运受理	会签订国际多式联运合同,正确填写和审核《多式联运运单》	10			
	出口报关	正确及时整理报关所需的场站收据、装箱单、出口许可证等有关单据和文件	10			
	货物装箱	合理配载、装箱并正确制作装箱单	10			
	计收运费	计算方法得当,结果正确;发付、到付、分付合理运用	10			
	组织运输	合理划分区段,选择实际承运人、订立分运合同,组织到位	10			
	货物交付	正确履行交货手续,无差错	10			
	事故处理	正确履行全程运输中的货损、货差及延期交付的赔偿责任	10			
专业素养	活动过程	工作态度	5			
		沟通能力	5			
		合作精神	5			
合　计			100			

任务四 计算多式联运费用

【知识要点】

多式联运费用主要包括运费、杂费、中转费和服务费。

一、运费

货物联运运费包括铁路运费、水路运费、公路运费、航空运费、管道运费 5 个类别。按货物通过的运输工具而按照国家或各省、市、自治区物价部门规定的运价计算运费。联运服务公司向货主核收的运输费用包括以下 3 个方面：

(1) 发运地区(城市)内的短途运输运费(接取费)。
(2) 由发运联运服务公司至到达联运服务公司之间的全程运费。
(3) 到达地区(城市)内的短途运输运费(送达费)。

二、杂费

多式联运杂费的种类包括装卸费、换装包干费、货物港务费和货物保管费。

联运杂费的计算公式如下：

(1) 铁路(水路)装卸费＝货物重量×适用的装卸费率。
(2) 换装包干费＝货物重量×适用的换装包干费率。
(3) 港务费＝货物重量×港务费率。
(4) 货物保管费＝货物重量(或车数)×天数×适用的保管费率。
(5) 公路装卸费＝车吨(货物重量)×适用的装卸费率。

三、中转费

(1) 中转费主要包括装卸费、仓储费、接驳费(或市内汽车短途转运费)、包装整理费等。
(2) 计算方式分实付实收和定额包干两种方式。实付实收方式是在中转过程中发生的各项运杂费用，采用实报实销的办法。这种方式除了收取固定的中转服务费外，其他费用均属于代收代付。定额包干方式是指确定一定的额度，包含所有中转费用。这种方式除了按一种费率包干外，还有按运输方式包干、按费用项目包干和按地区范围包干等。

四、服务费

(1) 服务费是指联运企业在集中办理运输业务时支付的劳务费用。一般采取定额包干的形式。按不同运输方式和不同的取送货方式，规定不同费率。
(2) 服务费的组成一般包括业务费和管理费。业务费是指用于铁路、水路、公路各个流转环节所发生的劳务费用。管理费是指从事联运业务人员的工资、固定资产折旧和行政管理费等方面的支出。

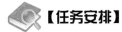【任务安排】

(1) 角色安排：财务人员 2 人、信息员 1 人、客服人员 1 人。
(2) 资料准备：联运价目表、多式联运单据、相关货运单证。
(3) 器具准备：计算机、计算器、全国联运行业货运统一发票等。
(4) 任务执行：教师布置国内、国际多式联运费用核算题，学生按项目完成运杂费计算及填制货票任务。

【任务实施】

计算多式联运的费用项目如图 6.9 所示。

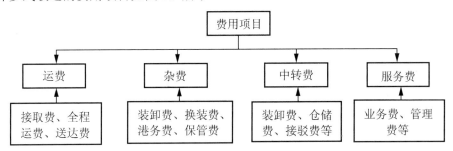

图 6.9　多式联运费用项目

一、国内货物水陆联运费用核算

水陆联运是指货物从起运地到目的地的全程运输，由一个或几个航运公司和一个或几个铁路局，以及一个或几个港口来完成。水陆联运有"水—铁"联运、"水—铁—水"联运、"铁—水"联运以及"铁—水—铁"联运 4 种方式。

水陆联运的结算方法分为水路全程一次计费和铁路、水路分别计费两种。现行办法规定，属于九大类整车物资，实行由水路起运或铁路起运站一次计收全程运费和中转站、中转港的换装费，但到达港或到达站的收费和运输途中由发货人责任所造成的垫付款，由到达港或到达站向收货人计收。其他物资，无论整车或零担，都由铁路和水陆分别计收。

1．水陆全程一次收费的结算方式

水陆和铁路之间的结算在第一换装地由车站和港口进行清算。

2．铁路、水路联运计费的结算方式

(1) "水—铁"联运的计费结算方式。采用水路起收，铁路到收的方法，即起运港在货票上加盖"铁路到收"戳记，并向发货人核收水路运输区段的运费、港杂费和中转港的换算费，到达站向收货人计收铁路区段的运费和车站杂费。

(2) "水—铁—水"联运的计费结算方式。采用水路起收、铁路委托到达港代收的方法，即起运港向发货人计收所有水运区段的运费、港杂费和换装费，铁路区段的运费和车站杂费由到达港向收货人计收后解缴给铁路接运的第一换装站。到达港代收的铁路区段的运费和车站杂费数额应由第一换装站填入联运票据内。

(3)"铁—水"联运的计费结算方式。采用铁路起收、水路到收的方法,即发运站在货票上加盖"水路到收"戳记,并向发货人计收铁路区段的运费和车站杂费,到达港向收货人计收水运区段的运费、港杂费和换装费。

(4)"铁—水—铁"联运的计费结算方式。采用铁路起收、水路委托到达站代收方法,即铁路起运站发货人核收所有铁路区段运费和站站杂费,水陆区段的换装费和运费委托铁路到达站向收货人核收后结算给第一换装港,到达站代收水陆区段的换装费和运费数额应由第一换装港填入联运票据。

二、国际货物多式联运费用核算

1. 计费办法

发运联运服务公司至到达联运服务公司之间的全程运费是联运货物运输费用的主要组成部分,联运服务公司向货主核收这部分运费的计费办法主要有两种。

(1)按运输合同规定的运输线路及有关运输工具的运费标准,分别计算单项运输阶段运费,全程运费等于各单项运费之和。

(2)按联运服务公司自行规定的运费标准计算全程运费。

采用第(1)种方法计算运费时,联运服务公司是以货主运输代理人的身份,为货主代办联运货物的全程运输;而采用第(2)种计算运费方法时,联运服务公司是以货物联运经营人的身份,向货主承包联运货物的全程运输。

2. 收费方式

(1)发付。即由发货人在发货地向发运联运服务公司支付一切运输费用。

(2)到付。即由收货人在收货地向到达联运服务公司支付一切运输费用。

(3)分付。即由发货人在发货地向发运联运服务公司支付发货地发生的杂费和运费;由收货人在收货地向到达联运服务公司支付到达地发生的费用。

【任务评价】

对完成任务情况进行测评。

学习测评表

组别/姓名			班级		学号	
测评地点			日期			
项目名称			货物联合运输			
任务名称			计算多式联运运费			
测评项目		优秀级评价标准	分值	本组评价 30%	他组评价 30%	教师评价 40%
专业知识	准备工作	资料、道具准备齐全	5			
	随机提问	概念清楚,回答准确	10			
专业能力	运费	正确计收接取费、运费、送达费	10			
	杂费	正确计收装卸费、换装费、港务费、保管费等	10			

续表

测评项目		优秀级评价标准	分值	本组评价 30%	他组评价 30%	教师评价 40%
专业能力	中转费	正确计收装卸费、仓储费等	10			
	服务费	正确计收业务费、管理费等	10			
	计算总运费	计算方法得当，结果正确	10			
	收费方式	发付、到付、分付恰当	10			
	货票	正确填制货票，交接准确	10			
专业素养	活动过程	工作态度	5			
		沟通能力	5			
		合作精神	5			
合　计			100			

 【练习与思考】

一、填空

1. 国际多式联运在运输过程中一般以_____作为运输的基本单元。
2. 构成多式联运应具备的主要条件有_____、_____、_____。
3. 国内多式联运的组织形式有_____、_____。
4. 无船国际多式联运经营人有_____、_____、_____。
5. 陆桥运输的组织形式有_____、_____。
6. 多式联运单据的作用有_____、_____、_____、_____。

二、单选题

1. 我国最主要的一种联运形式是(　　)。
   A. 海江河联运　　B. 水陆干线联运　　C. 国际多式联运　　D. 水路、公路联运
2. 衔接方式联运的全程运输组织者——多式联运经营人在第一程的身份是(　　)。
   A. 货运代理人　　B. 承运人代理人　　C. 承运人　　D. 收货人
3. 联运方式是指(　　)。
   A. 不同运输方式之间　　　　　　B. 同一种运输方式之间
   C. 必须是公路与海运之间　　　　D. 必须是铁路与公路之间
4. 多式联运经营人对货物承担的责任期限是(　　)。
   A. 自己运输区段　　　　　　　　B. 全程运输
   C. 实际承运人运输区段　　　　　D. 第三方运输区段
5. 国际货运代理企业经营多式联运并签发多式联运提单时，其法律地位是(　　)。
   A. 代理人　　B. 承运人　　C. 发货人　　D. 收货人
6. 已知运输条款 CY-CY，提单内容记载装船港、卸船港，该提单是(　　)。
   A. 直达海运提单　　　　　　　　B. 海海转运提单
   C. 海海联运提单　　　　　　　　D. 多式联运提单

7. 根据我国海商法的规定，下列运输方式的组合不属于国际多式联运范畴的是(　　)。
   A. 铁路/海运　　　B. 公路/海运　　　C. 铁路/空运　　　D. 空运/海运
8. 提货单的签发表明(　　)。
   A. 已交货完毕　　　　　　　　B. 发货人责任终止
   C. 收货人有权提货　　　　　　D. 承运人责任已终止
9. 亚欧大陆桥东起(　　)，西至荷兰鹿特丹港，是连接太平洋西岸与大西洋东岸，跨越欧亚大陆的又一欧亚大陆桥。
   A. 中国连云港　　　B. 印度加尔各答　　　C. 美国纽约港　　　D. 加拿大温哥华
10. 世界上出现最早的一条大陆桥是(　　)。
    A. 南亚大陆桥　　　B. 北美大陆桥　　　C. 南美大陆桥　　　D. 新亚欧大陆桥

三、问答题

1. 构成国际多式联运的基本条件是什么？
2. 联合运输和多式联运有何关系？
3. 什么是无船承运人？其特征和业务范围是什么？
4. 衔接式多式联运如何组织货物运输？

四、讨论题

查阅资料，讨论我国集装箱多式联运的发展现状与前景。

联合运输基础岗位

联合运输基础岗位及职责见表6-6。

表6-6　联合运输基础岗位及职责

岗　位	职　责
运输市场调查员	一、职责范围 1. 运输市场资源情况调查 调查本地区各种运输方式的运力规模、运输量及服务质量，其他运输经营者的经营方式、运力构成、生产结构、布局、技术水平等现状及发展趋势，以及了解本企业在同类运输生产中所处的地位和市场占有率等。 2. 市场经营行为调查 (1) 市场行为调查，如交易的方法、场所、手续的办理、合同的签订等基本情况。 (2) 开业经济技术条件调查，如市场需求情况，申请者所提供文件的真实性，可行性情况等。 (3) 服务质量的调查，包括运输的服务质量和汽车维修质量、货主、车主的满意程度、意见反应等。 (4) 价格执行情况调查，包括对国家定价、国家指导价执行情况的调查。 (5) 经营者困难情况调查，包括燃料供应以及其他一些问题的调查。 3. 组货方式调查 通过调查市场组货的数量与其组货过程的劳动消耗之比，从而分析各种组货方式、各种组货措施的效果(是否适应复杂多变的市场需要)。 4. 市场竞争调查 (1) 竞争对手的情况，包括他们的经营规模、营运方式种类、营运区域、配套措施、技术与管理水平、近年内的变动与发展趋势等。

续表

岗　位	职　责
运输市场调查员	(2) 市场占有率情况。本企业与竞争对手各自的市场占有率的大小，相互转移的概率与态势。 (3) 各种运输方式的竞争程度。竞争最激烈的产品不一定是赢利最多的产品，汽车运输企业要依据各种运输方式竞争程度的大小，采用对本企业有利的营运方式。 二、操作流程 1. 确定预测目标 这是市场预测最先解决的问题，包括预测的目的、原因、对象、期限、范围等。 2. 拟定预测计划 预测计划包括具体业务内容(如货源预测、所需车型预测、或编制行业长远规划而组织的预测等)以及参加预测的人员及分工等。 3. 收集、分析和整理资料 通过对资料的整理、分析，剔除由于偶然因素造成的不正常情况，保证资料的可靠性。 4. 选择预测方法，建立预测模型 预测方法的选择服从预测的目的。根据占有效率的数量和可靠程度，一般同时采用两种以上的方法，比较、鉴别预测结果的可信度。 5. 调查 运用最佳方式向被调查地区或用户(企业)全面搜集资料。 6. 整理调查资料 围绕调查目的，对收集的资料进行统计分析，整理成专题意见。 7. 提出调查报告 说明调查目的及其达到的程度、采访的方法、调查结果分析、发现的问题、提出结论性建议。 8. 追踪 追踪调查报告和建议被重视程度、采纳程度、实际效果，从而得出调整调查的方法。 三、操作方法 1. 询问法 根据所拟定的调查事项，与调查对象接触、进行询问，以获得所需要的资料，这是运输市场调查中运用较多的一种方法，具体方式有4种。 (1) 走访调查。它指调查人员走访被调查者，当面提出问题，被调查者当面做出相应的回答以收集资料的方法，包括个别面谈、小组访问、召开座谈会等方式。 (2) 信访调查。它指将设计好的问卷寄给被调查者，请对方填好寄回。 (3) 电话调查。它包括两种方法：一种是由调查人按调查需要选择一定的样本与被调查者建立长期的资料供给关系，以定期或不定期方式用电话联系；另一种则是调查人员根据抽样调查要求及规定样本范围，用电话向对方询问。 (4) 留置调查。它指调查人员把调查表或问卷交给被调查者，并说明调查要求，然后约期去取回或由被调查人寄回。留置调查的优点是迅速及时，调查面广，准确性高；缺点是调查问卷难以全部收集齐全。调查问卷的内容应根据调查的目的确定，一般有两项选择法、多项选择法和分等选择法几种类型。 2. 观察法 由调查人员或通过电子设备，对调查对象的行为、反应及感受进行侧面观察和记录的一种调查方法。调查人员亲赴托运单位，主要站、港口或参加订货会，工矿企业生产计划制定会议等，观察了解运输质量、运输价格、运输速度及客货运输的需求情况。其形式有直接观察、动作观察、流量观察、迹观察等。观察法也是运输市场调查中运用较多的一种方法，适合对车流的动态性调查。具体可分为直接观察法和行为记录法两种。 (1) 直接观察法。派人对调查对象直接进行观察。例如，调查人员以货主为名义直接深入到货物托运站、物流公司等观察和了解运输市场的各种动态。 (2) 行为记录法。在征得被调查者的同意后，记录他在运输市场中从事的所有活动，以便在必要时做典型分析，其主要手段是采用电视录像等设备。

续表

岗 位	职 责
运输渠道专员	3. 资料研究法 资料研究法是一种间接调查的方法，即利用已有的市场统计资料，对调查的内容进行分析研究，以了解市场情况。一般采用发展趋势分析、相关因素分析、市场占有率分析几种方法进行。 运用资料研究法，应尽量将各种资料收集齐全，请熟悉业务活动的人员共同分析。此方法简便易行，可弥补直接调查的不足 一、职责范围 (1) 负责调研物流行业动态、国内外竞争对手的物流管理模式，完成相关分析、评估，引入先进物流管理模式。 (2) 掌握区域物流市场信息，提供平台物流配送所需的运输渠道资源。 (3) 共同完成部门下达的物流网络规划目标的落实和新物流模式的试点工作；负责对承运商日常运营的监控和运作协调、指导、培训，提出对本企业有利的营运方式建议。 (4) 负责解决运作问题，跟进解决及防范措施的落实，做到风险控制，预防为主。 (5) 完善服务，不断提高对内部、外部客户需求的反应能力。 二、操作流程 1. 确定运输线路 对分离的、单个始发点和终点的网络运输线路选择问题，最简单和直观的方法是最短路线法。即根据线性规划的原理，在运输线路图上将可以选择的运输路线一一画出，形成由节点和线组成的网络图，点与点之间由线连接，线代表点与点之间的运行成本。通过分析计算运输里程，选择最佳的运输线路，使商品经过的总里程最小。 2. 运输路线优化 在实际工作中，为了综合利用各种运输方式，合理负担运输任务，需要根据技术经济、运力、运量等因素对各种运输方式之间进行调整平衡，以达到运输方式、线路的优化、合理。 3. 运输渠道维护 一个企业无论是从事自营运输，还是代理运输，除公路汽车运输外，都会碰到一个如何正确处理同铁路、航空、轮船公司的关系问题。尤其是从事国际运输的企业，能否处理好这个问题，牵扯到它能否打开国际市场和在国际市场上发展、壮大。 运输渠道的选择与维护对运输企业的发展极为重要。企业间沟通、合作得好不好，是处理与运输工具提供方关系的关键，也是企业进军国际运输市场的一个关键所在

项目七

特种货物运输

TEZHONG HUOWU YUNSHU

【学习目标】

知识目标	技能目标
(1) 描述特种货运设施设备以及从业者的要求。 (2) 识记各类危险货物的特性和运输注意事项。 (3) 描述超限货物等级及超限货物的运输组织。 (4) 识记鲜活易腐货物的承运条件和注意事项。	(1) 能够确认危险货物类别，制订危险货物运输方案。 (2) 能够确定超限货物等级，制订超限货物运输方案。 (3) 能够确定鲜活易腐货物承运条件，合理组织运输。

 任务一 认知特种货物运输系统

【知识要点】

特种货物运输主要包括危险货物运输、超限货物运输以及鲜活易腐货物运输。
特种货物运输系统的组成如图 7.1 所示。

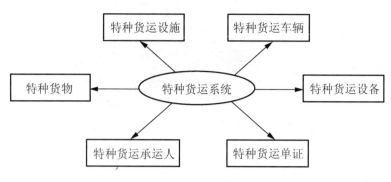

图 7.1 特种货物运输系统

一、特种货物

货物按性质分为普通货物和特种货物，特种货物又分为危险货物、超限货物和鲜活易腐货物。

1. 危险货物

危险货物是指具有爆炸、易燃、毒害、腐蚀、放射性等性质，在运输、装卸和储存保管过程中，容易造成人身伤亡和财产损毁而需要特别防护的货物。

2. 超限货物

超限货物是指货物外形尺寸和重量超过常规(指超长、超宽、超重、超高)车辆、船舶等运输工具装载规定的大型货物。

3. 鲜活易腐货物

凡在运输中需要采取特殊措施(冷藏、保温、加温以及饲料、上水等)，以防止腐烂变质或病残死亡的货物，均属鲜活易腐货物。

二、特种货运设施

1. 危险品仓库

公路危险货物运输设施，主要包括供危险货物运输使用的汽车场、汽车站、停车场、专用仓库等建筑物、场地及其他从事公路危险货物运输生产作业、经营活动的场所。

公路危险货物运输设施建设，在选址、布局、结构、功能等方面，既要适应危险货物运输的技术条件、生产安全的要求，又必须符合环境保护、消防安全、劳动保护、交通管理等方面的规定。公路危险货物运输设施，一般应建设在人口稀少的郊区，远离工厂企业、机关团体、商业网点密集及居民密集地区。建筑设计中，应充分考虑危险货物作业场所对消防措施、安全防护、三废处理、生态环境的特殊要求及万一发生事故的应急措施等问题。

为了使储存危险货物的仓库一旦发生燃烧等危险事故时，能限制灾情的扩大，各个储存危险货物的仓库之间，要保持一定的防火安全距离，危险货物仓库之间，一般要保持防火间距 20~30m。如果是储存爆炸物品和放射性物品，则必须按国家有关规定办理。

储存危险货物的仓库，在建筑设施上也有一定的要求。如仓库面积不要太大，一般不超过 400~600m^2；仓库区必须与行政管理、生活区分开；每间库房应设有 2 个或不少于 2 个的安全出入口，库门应朝外开启。储存危险货物的仓库，还应有通风、防潮、防汛和避雷设施。

仓库的电源装置必须采用防爆、隔离、密封式的安全设置。公路危险货物运输的主管机关及运输企业都应当分别制订和实施各层次的运输设施管理制度,并按照制度的要求,切实加强运输设施的使用监督和技术状况的检查、维护工作,保证运输设施技术状况的完好。

2. 冷库

冷库又称冷藏库,指利用降温设施创造适宜的湿度和低温条件的仓库,是加工、储存产品的场所。冷库能摆脱气候的影响,延长各种产品的储存期限,以调节市场供应。

冷库的工作原理:一是采取降低温度的方法(−25～+5℃)降低病源菌的发生率和果实的腐烂率,使其不会变质;二是通过低温减缓果品的呼吸代谢过程,从而达到阻止衰败,延长储藏期的目的。冷库按结构形式、性质、容量及温度可分为以下4类:

(1) 按结构形式分,冷库可分为土建冷库(固定冷库)、组合冷库(活动冷库)。

(2) 按使用性质分,冷库可分为生产性冷库、分配性冷库、零售性冷库。

(3) 按冷库冷藏容量分,冷库可分为大型冷库(冷藏容量在10 000t以上)、中型冷库(冷藏容量在1 000～10 000t)、小型冷库(即小冷库,冷藏容量在1 000t以下)。

(4) 按冷库温度,冷库可分为高温冷库(冷藏温度在−2～8℃)、中温冷库(冷藏温度在−23～−10℃)、低温冷库(冷藏温度在−30～−23℃)、超低温冷库(冷藏温度在−30℃以下)。

三、特种货运车辆

特种货物运输需要有特种运输工具,如特种公路车辆、特种铁路车辆和特种运输船舶。特种公路车辆包括危险品运输车,如图7.2所示;超限运输车,如图7.3所示;冷藏运输车,如图7.4所示。

(a) 仓栏式运输车

(b) 槽罐式运输车

图7.2 危险品运输车

(a) 大件运输车

(b) 组合式平板车

图7.3 超限运输车

(a) 冷藏运输车

(b) 冷藏挂车

图 7.4　冷藏运输车

1．危险品运输车辆的技术要求

危险货物具有燃烧、爆炸、毒害、腐蚀及放射等危险性质。这些性质的存在，就决定了运输危险货物车辆的结构、性能和装备必须符合一些相应的特殊要求。

(1) 车辆排气管应有隔热罩和火星熄灭装置。

(2) 装运大型气瓶，可移动式槽罐的车辆必须装备有效的紧固装置。

(3) 车厢底板必须平整完好，周围栏板必须牢固。

(4) 在装运易燃易爆危险品时，一般应使用木质底板车厢，如是铁质底板，就应采取衬垫防护措施，例如铺垫胶合板、橡胶板等，但不能使用稻草片、麻袋等松软材料。

(5) 装有易燃易爆危险品的车辆，不得使用明火修理或采用明火照明，不得和易产生火花的工具敲击。

(6) 装运放射性同位素的专用车辆、设备、搬运工具、防护用具，必须定期进行放射性污染程度的检查，当污染量超过规定允许水平时，不得继续使用。

(7) 根据所装危险货物的性质，车辆要配备相应的消防器材和捆扎、防散失、防水等工具、用具。

(8) 装运危险品的车辆应具备良好避震性能的结构和装置。

(9) 装运危险货物的车辆必须按国家标准《道路运输危险货物车辆标志》(GB 13392—2005)规定设置"危险品"字样的信号装置，即三角形磁吸式"危险品"字样的黄色顶灯和车尾标志牌。

2．超限运输车辆的技术要求

(1) 高度从地面算起 4m 以上(集装箱车货总高度从地面算起 4.2m 以上)。

(2) 车货总长 18m 以上。

(3) 车货总宽度 2.5m 以上。

(4) 单车、半挂列车、全挂列车车货总质量 40 000kg 以上；集装箱半挂列车车货总质量 46 000kg 以上。

(5) 车辆轴载质量在下列规定值以下：单轴(每侧单轮胎)载质量 6 000kg；单轴(每侧双轮胎)载质量 10 000kg；双联轴(每侧单轮胎)载质量 10 000kg；双联轴(每侧各一单轮胎、双轮胎)载质量 14 000kg；双联轴(每侧双轮胎)载质量 18 000kg；三联轴(每侧单轮胎)载质量 12 000kg；三联轴(每侧双轮胎)载质量 22 000kg。

3. 冷藏运输车辆的技术要求

(1) 货车。目前市场上的冷藏车多数是通过车辆改装厂在普通货车的基础上改装而成的，货车的大小型号可以根据用户的要求进行选择。

(2) 制冷机组。制冷机组是冷藏车的制冷来源。制冷效果完全取决于制冷机的功率和质量。目前，比较常见的制冷机大多是进口的，有三洋、比泽尔等品牌。

(3) 保温箱。冷藏车都需要保温箱，保温箱由专业生产厂家提供。如果温度要求不高，也可以不需要制冷机组，称为保温车。目前，国内比较有名的冷藏车品牌有程力、福田驭菱等。

四、特种货运设备

1. 危险货物运输设备

危险货物运输设备主要是各种固定与移动式储气容器、储气罐、储气瓶以及各类安全装卸设备。罐式集装箱是适用于运输气体和液体的常见设备。

国际标准罐是一种安装于紧固外部框架内的不锈钢压力容器。罐体内胆大多采用不锈钢制造。多数罐箱有蒸汽或电加热装置、惰性气体保护装置、减压装置及其他流体运输及装卸所需的可选设备。罐体四周有起保护和吊装作用的角部承力框架，如图 7.5 所示。

2. 冷藏货物运输设备

冷藏货物运输设备主要是各类冷藏柜和冷藏箱。冷藏集装箱是常见的冷藏运输设备。

冷藏集装箱是具有良好隔热、气密，且能维持一定低温要求，适用于各类易腐食品的运送、储存的特殊集装箱。它是专为运输要求保持一定温度的冷冻货或低温货而设计的集装箱，分为带有冷冻机的内藏式机械冷藏集装箱和没有冷冻机的外置式机械冷藏集装箱，适用装载肉类、水果等货物。冷藏集装箱造价较高，营运费用较高，使用中应注意冷冻装置的技术状态及箱内货物所需的温度，如图 7.6 所示。

图 7.5 罐式集装箱

图 7.6 冷藏集装箱

3. 超限货物运输设备

超限货物运输设备常见的是特种柜，特种柜有很多种，主要分为开顶柜和平板柜。

开顶柜主要装载大型机械产品、机器设备、金属管材、玻璃制品、不便于人工装卸的货物，如大型机器设备运输，工程机械运输，钢材、大件设备运输等，如图 7.7 所示。

平板柜主要装载超长、超宽、超高的大型机械设备运输和重量较重的大件货物运输，如重型机械、钢材、木材等，如图 7.8 所示。

图 7.7 开顶柜　　　　　　图 7.8 平板柜

五、特种货运主要单证

1. 危险品运输单证

危险品托运除需《危险货物托运单》外，还需《危险货物说明书》，内应有品名、别名、分子式、性能、运输注意事项、急救措施、消防方法等内容，供港口、船舶装卸、运输危险货物时参考。

2. 超限货物运输单证

超限运输需提交《车辆行驶公路申请表》，由路政部门逐级上报省级公路路政部门审批，不跨路段的由所属公路路政部门审批。公路路政部门对经批准进行超限运输的车辆，应发给《超限运输车辆通行证》。

六、特种货运承运人

1. 危险品承运人的条件

(1) 有符合下列要求的专用车辆及设备：一是自有专用车辆 5 辆以上，专用车辆技术性能符合国家相关标准；二是有符合安全规定并与经营范围、规模相适应的停车场地；三是配备有与运输的危险货物性质相适应的安全防护、环境保护和消防设施设备；四是运输剧毒、爆炸、易燃、放射性危险货物的，应当具备罐式车辆或厢式车辆、专用容器，车辆应当安装行驶记录仪或定位系统；五是罐式专用车辆的罐体应当经质量检验部门检验合格，运输爆炸、强腐蚀性危险货物的罐式专用车辆的罐体容积不得超过 $20m^3$，运输剧毒危险货物的罐式专用车辆的罐体容积不得超过 $10m^3$，但罐式集装箱除外；六是运输剧毒、爆炸、强腐蚀性危险货物的非罐式专用车辆，核定载质量不超过 10t。

(2) 有符合下列要求的从业人员：一是专用车辆的驾驶员须有 2 年以上安全驾驶经历或安全行车里程达到 50 000km 以上，年龄不超过 60 周岁；二是直接从事道路危险货物运输的驾驶员、押运员、装卸员及有关业务管理人员，必须掌握危险货物运输的有关知识，持有经当地地(市)级以上道路运输管理机构或危险货物运输管理机构考核颁发的《道路危险货物运输操作证》。

2．超限货物运输的相关责任人

（1）总指挥。对运输全过程负责，包括车辆配备、人员组织、运输指挥、重大问题决断、运输过程对外协调。

（2）副总指挥。对运输全过程负责，包括运输指挥、重大问题决断。

（3）运输指挥。对运输工作负责实施。

（4）商务指挥。负责业务衔接。

（5）质保总监。全面监督。

（6）质保工程师。对运输质量负总责，监督各环节是否按方案、按计划实施，对影响安全、质量的操作或事项可行驶一票否决权。

（7）车辆工程师。对运输全过程车辆技术负全责，包括工程部施工方案制定，车辆技术保障、车辆装载，临时故障指挥排除等。

（8）现场调度。现场协调，并负责运输辅助工作的实施。

（9）主驾驶。对主车检查、使用负全责。

（10）副驾驶。协助主驾驶工作，负责通信、观望。

（11）挂车主操。对挂车检查、使用负责，对运行时动力机组的观察、使用负全责。

（12）挂车工。对挂车主操负责。根据工位要求，做好瞭望、绑扎、测量挂车高度、故障排除、测量挂车运行高度的具体工作。

（13）工具车驾驶员。驾驶工具车并保管好车上物品。

（14）生活保障。负责项目工作人员的后勤供给、临时采购等事项，包括劳动用品的供给。

【任务安排】

（1）预习相关知识要点。

（2）上网搜集危险品、超限货物、冷藏货物运输车辆及设备的相关图片及资料。

（3）以小组为单位，制作有关特种货物运输系统的PPT，并练习讲演。

【任务实施】

随机指定小组上台讲演，并接受同学和教师的提问与评价。

（1）特种货物。讲解危险品的分类和主要特性、超限货物的规定与等级、鲜活易腐货物的分类与特性。

（2）特种货运设施。讲解危险货物货运场站及冷藏库的设施要求与安全管理。

（3）特种运输车辆。利用图片及视频讲解危险品运输车、超限运输车及冷藏车的特性。

（4）特种货运设备。图片展示并讲解常见危险货物、冷藏货物及超限货物的运输设备。

（5）特种货运单证。讲解危险货物运输和公路超限货物运输主要单证的内容。

（6）特种货运承运人。讲解危险货物运输和公路超限货物运输承运人的资质与职责。

【任务评价】

对完成任务情况进行测评。

学习测评表

组别/姓名		班级		学号	
测评地点		日期			
项目名称		特种货物运输			
任务名称		认知特种货物运输系统			
测评项目		优秀级评价标准	分值	本组评价 30%	他组评价 30%	教师评价 40%
专业知识	准备工作	资料、道具准备齐全	5			
	随机提问	概念清楚,回答准确	10			
专业能力	特种货运车辆	讲清特种货运车辆的技术要求	10			
	危险货物	明确危险货物的定义与确认	10			
	超限货物	明确超限货物的分类与等级	10			
	鲜活易腐货物	明确鲜活货物分类与运输温度	10			
	特种货运场站	了解危险品货运场站的技术要求	10			
	特种货运承运人	清楚危险品承运人的资格与责任	10			
		清楚超限货物运输承运人的职责	10			
专业素养	活动过程	表达能力	5			
		沟通能力	5			
		合作精神	5			
合　　计			100			

任务二　组织危险货物运输

【知识要点】

一、危险货物的定义

危险货物是指具有爆炸、易燃、毒害、腐蚀、放射性等性质,在运输、装卸和储存保管过程中,容易造成人身伤亡和财产损毁而需要特别防护的货物。它包括以下3层含义:

(1) 具有爆炸、易燃、毒害、腐蚀、放射性等性质。这是危险货物能造成火灾、中毒、灼伤、辐射伤害与污染等事故的基本原因。

(2) 容易造成人身伤亡和财产损毁。这是指危险货物在物流过程中,在一定外界因素作用下,比如受热、明火、摩擦、震动、撞击、洒漏以及与性质相抵触物品接触等,发生化学变化所产生的危险,不仅使货物本身遭到损失,而且危及人身安全和破坏周围环境。

(3) 需要特别防护。它主要指必须针对各类危险货物本身的物理化学特性所采取的"特别"防护措施,这是危险货物安全运输的先决条件。

因此,上述3项要素必须同时具备的货物方可称为危险货物。

二、危险货物确认

仅凭危险货物的定义和危险品的分类标准来确认某一货物是否为危险货物,在具体操作上常有困难，承托双方也不可能对众多的危险品在需要运输时再做技术鉴定和判断，而且有时还会引起承托各方的矛盾。因此，各种运输方式在确认危险货物时，都采取了列举原则，各运输方式都颁布了本运输方式的危险货物运输规则，如《汽车危险货物运输规则》《铁路危险货物运输规则》《水路危险货物运输规则》等(后文简称《危规》)。各《危规》都在所附的《危险货物品名表》中收集列举了本规则范围内具体的危险货物的名称。在此基础上，国家发布了国家标准《危险货物品名表》(GB 12268—2012)，列举了危险货物的具体品名表。据此，各运输方式结合自身的特殊性，也相继发布了各自的《危险货物品名表》。因此，危险货物必须是本运输方式《危险货物品名表》所列明的，方予确认、运输。

三、危险货物分类与标志

为适应国际贸易运输的需要，使危险货物运输在分类、标志、包装和运输条件等方面与国际接轨，我国国内铁路、公路、水路、民航等在制订或修订《危规》时，原则上都采用按联合国推荐的《联合国关于危险货物运输的建议书》提出的危险货物分类方法所制订的国家标准《危险货物分类和品名编号》(GB 6944—2005)所规定的危险货物分类，使国内各种运输方式的《危规》的危险货物分类得到统一。

我国国家标准将危险货物分成 9 类，危险货物类别与标志见表 7-1。

表 7-1 危险货物分类与标志

危险品分类	危险品标志	典型危险品
1. 爆炸品		黑火药、TNT、硝化棉、雷汞、烟火制品
2. 气体		易燃气体：H_2、CO、CH_4 非易燃无毒气体：N_2、O_2 毒性气体：Cl_2、NO、NH_3
3. 易燃液体		乙醚、汽油、酒精、煤油、樟脑油、松节油、松香水、苯、丁醇
4. 易燃固体、自燃物品、遇湿易燃物品		易燃固体：红磷、硫黄 自燃物品：白磷、三乙基铝 遇湿易燃物品：钠、钾
5. 氧化剂、有机过氧化物		氧化剂：过氧化钠、高锰酸钾 有机过氧化物：过氧化苯甲酰、过氧化甲乙酮

续表

危险品分类	危险品标志	典型危险品
6. 毒害品、感染性物品	剧毒品 6；有毒品 6；有害品（远离食品）6；感染性物品 6	毒害品：氰化钠、氰化钾、砷酸盐 感染性物品：含有细菌、病毒、真菌、寄生虫等病原体
7. 放射性物品	一级放射性物品 Ⅰ 7；二级放射性物品 Ⅱ 7；三级放射性物品 Ⅲ 7	夜光粉、发光剂、放射性同位素
8. 腐蚀品	腐蚀品 8	酸性腐蚀品，如硫酸、硝酸；盐酸碱性腐蚀品，如氢氧化钠、乙醇钠；其他腐蚀品，如亚氯酸钠溶液、氯化铜
9. 杂类	杂类 9	具有其他类别未包括的危险物质，如危害环境物质、高温物质等

1．爆炸品

爆炸品是指在外界作用下(如受热、撞击等)能发生剧烈化学反应，瞬时产生大量的气体和热量，使周围压力急骤上升，发生爆炸，对周围环境造成破坏的物品，也包括无整体爆炸危险，但有燃烧、抛射及较小爆炸危险，或仅产生热、光、音响或烟雾等一种或几种作用的烟火物品。

1) 爆炸品的特性

爆炸是指物质在受到一定条件的作用下而发生急剧的变化，并在极短的时间内释放大量能量的一种现象。爆炸反应的特征是：反应速度快，释放大量的热，产生大量气体。由于爆炸是在瞬间发生的变化，能使周围环境的温度很快升高，气体急剧膨胀，从而产生具有很大压力的气浪并形成冲击波，同时产生巨大的声响，高温能引起周围可燃物质的燃烧，所以爆炸具有很大的破坏作用。

2) 爆炸品对运输工作的安全要求

(1) 运输安全要求。

① 慎重选择运输工具。公路运输爆炸品货物禁止使用以柴油或煤气燃料的机动车，自卸车、三轮车、自行车以及畜力车同样不能运输爆炸物品。这是因为柴油车容易飞出火星，煤气车容易发火，三轮车和自行车容易翻倒，畜力车有时牲口受惊不易控制，这些对于安全运输爆炸品具有潜在危险性。

② 装车前应将货厢清扫干净，排除异物，装载量不得超过额定负荷。押运人应负责监装、监卸，数量点收点交清楚，所装货物高度超出部分不得超过货箱高的1/3；封闭式车厢货物总高度不得超过 1.5m；没有外包装的金属桶(一般装的是硝化棉或发射药)只能单层摆放，以免压力过大或撞击摩擦引起爆炸；在任何情况下，雷管和炸药都不得同车装运，或者两车在同一时、同一场所进行装卸。

③ 公路长途运输爆炸品时，其运输路线应事先报请当地公安部门批准，按公安部门指定的路线行驶，不得擅自改变行驶路线，以利于加强运行安全管理，万一发生事故也可及时采取措施处置。车上无押运人员不得单独行驶，押运人员必须熟悉所装货物的性能和作业注意事项等。车上严禁捎带无关人员和危及安全的其他物资。

④ 驾驶员必须集中精力，严格遵守交通法令和操作规程。行驶中注意观察，保持行车平稳。多辆车列队运输时，车与车之间至少保持50m以上的安全距离。一般情况下不得超车、强行会车，非特殊情况下不准紧急刹车。

⑤ 运输及装卸工作人员，都必须严格遵守保密规定，对有关弹药储运情况不准向无关人员泄露，同时遵守有关库、场的规章制度，听从现场指挥人员或随车押运人员指导。

(2) 装卸安全要求。

① 参与装卸的人员，都必须严格遵守保密规定，不准向无关人员泄露有关弹药储运情况。同时，必须严格遵守有关库、场的规章制度，听从现场指挥人员或随车押运人员的指导。

② 装卸时，必须轻拿轻放，严防跌落、摔碰、撞击、拖拉、翻滚、投掷、倒置等。爆炸品在受到强烈的震动、撞击、摩擦、跌落、拖拉、翻滚等作用时，容易发生严重后果，必须严加注意。

③ 装车时，应分清弹药箱的种类、批号，点清数量，防止差错。

④ 装车不得超高、超宽，堆放要稳固、紧凑、码平，非封闭式货厢的车辆装车后必须盖好苫布，苫布边缘必须压入栏板里面，再以大绳捆扎牢固。

2. 气体

气体是指常温常压条件下完全是气态的物质。包括压缩气体、液化气体、溶解气体、冷冻液化气体以及气体与其他类别物质蒸汽的混合物。

气体按性质可分为：①易燃气体，如甲烷、一氧化碳等；②非易燃无毒气体，如二氧化碳、氧气等；③毒性气体，如液氯、磷化氢等。

1) 气体货物的危险性

气体货物的危险性主要表现在：一是耐压容器破裂或爆炸的危险；二是气体物质化学性质引起的危险，如引起火灾、爆炸、中毒、灼伤、冻伤等危险事故。

2) 气体货物对运输工作的安全要求

(1) 运输安全要求。

① 夏季运输除另有限运规定外，车上还必须置有遮阳设施，防止曝晒。液化石油气槽车应有导静电拖地带。

② 运输可燃、有毒气体时，车上应备有相应的灭火和防毒器具。

③ 运输大型气瓶，行车途中应尽量避免紧急制动，以防止气瓶的巨大惯性冲出车厢平台而造成事故。运输一般气瓶在途中转弯时，车辆应减速，以防止急转弯或车速过快时，所装气瓶会因离心力作用而被抛出车厢外，尤其是市区短途运输没有二道防震橡皮圈的气瓶更应注意转弯时的车速。

(2) 装卸安全要求。

① 操作人员必须检查气瓶安全帽齐全旋紧。操作时，严格遵守操作规程；装卸时，必须轻装轻卸，严禁抛、滑或猛力撞击。

② 徒手操作搬运气瓶，不准脱手滚瓶、脱手传接。装车时，要注意保护气瓶头阀，防止撞坏。气瓶一般应横向放置平稳，妥善固定，气瓶头部应朝向一方，最上一层不准超过栏板

高度。小型货车装运气瓶，其车厢宽度不及气瓶高度时，气瓶可纵向摆放，但气瓶头部应紧靠前车厢栏板，不得竖装。

③ 可以竖装的气瓶，如低温液化气体的杜瓦瓶、大型液化石油气钢瓶，必须采取有效的捆扎措施。

④ 易燃气体不得与其他危险货物配载；不燃气体除爆炸品、酸性腐蚀品外，可以与其他危险货物配载；助燃气体(如空气、氧气及具有氧化性的有毒气体)不得与易燃、易爆物品及酸性腐蚀品配载；有毒气体不得与易燃、易爆物品氧化剂和有机过氧化物、酸性腐蚀物品配载，同是有毒气体的液氯、液氨亦不得配载。

3. 易燃液体

易燃液体是指易燃的液体、液体混合物或含有固体物质(如粉末沉积或悬浮物等)的液体(但不包括因其危险性已列入其他类别危险货物的液体)，如乙醇、苯、乙醚、二硫化碳、油漆类以及石油制品和含有机溶剂制品等，其主要危险是燃烧和爆炸。

1) 易燃液体货物的特性

(1) 易燃液体货物的物理性质表现为：高度挥发性、高度流动扩散性、蒸气压及受热膨胀性、静电电荷积聚性。

(2) 易燃液体货物的化学性质表现为：高度易燃性、蒸气易爆性、能与强酸和氧化剂剧烈反应、有毒性。

2) 易燃液体货物对运输工作的安全要求

(1) 运输安全要求。

① 运输易燃液体货物，车上人员不准吸烟，车辆不得接近明火及高温场所。装运易燃液体的罐(槽)车行驶时，导除静电装置应接地良好。

② 装运易燃液体的车辆，严禁搭乘无关人员，途中应经常检查车上货物的装载情况，如捆扎是否松动、包装件有否渗漏。发现异常时应及时采取有效措施。

③ 夏天高温季节，当天天气预报气温在 30℃以上时，应根据当地公安消防部门的限运规定按指定时间内进行运输，如公安部门无具体品名限制的，对一级易燃液体(即闪点低于 23℃)应安排在早、晚进行运输。如必须运输时，车上应具有有效的遮阳措施，封闭式车厢应保持通风良好。

④ 不溶于水的易燃液体货物原则上不能通过越江隧道，或按当地管理部门的规定运输。

(2) 装卸安全要求。

① 易燃液体受热后，常会发生容器膨胀或鼓桶现象，为此，作业人员在装车时应认真检查包装的(包括封口)完好情况，发现鼓桶破损或渗漏现象不能装运。

② 装卸作业严格遵守操作规程，轻装、轻卸，防止货物撞击，尤其是内容器为易碎容器(玻璃瓶)时，严禁摔损、重压、倒置，货物堆放时应使桶口、箱盖朝上，堆垛整齐、平稳。

③ 易燃液体不能与氧化剂或强酸等货物同车装运，更不能与爆炸品、气体以及易自燃物品拼车。能溶于水的或含水的易燃液体不得与遇湿易燃物品同车装运。

4. 易燃固体、自燃物品、遇湿易燃物品

易燃固体指燃点低，对热、撞击、摩擦敏感，易被外部火源点燃，燃烧迅速，并可能散出有毒烟雾或有毒气体的固体货物，如赤磷及磷的硫化物、硫黄、萘、硝化纤维塑料等。

自燃物品指燃点低，在空气中易于发生氧化反应，放出热量，而自行燃烧的物品，如黄磷和油浸的麻、棉、纸及其制品等。

遇湿易燃物品指遇水或受潮时，发生剧烈化学反应，放出大量易燃气体和热量的物品，有些不需明火，即能燃烧或爆炸，如钠、钾等碱金属，电石(碳化钙)等。

1) 易燃固体、自燃物品、遇湿易燃物品的特性

(1) 燃点低，易燃或自燃。

(2) 遇湿、遇水、遇酸、遇氧化物时，会发生剧烈化学反应。

(3) 易与氧化剂形成爆炸性混合，具爆炸性。

(4) 毒害性。

2) 易燃固体、自燃物品、遇湿易燃物品对运输工作的安全要求

(1) 运输安全要求。

① 行车时，要注意防止外来明火飞到货物中，要避开明火高温区域场所。

② 定时停车检查货物的堆码、捆扎和包装情况，尤其是要注意防止包装渗漏留有隐患。

(2) 装卸安全要求。

① 装卸时要轻装轻卸，不得翻滚。尤其是含有稳定剂的包装件或内包装是易碎容器的，应防止撞击、摩擦、摔落，致使包装损坏而造成事故。

② 严禁与氧化剂、强酸、强碱、爆炸性货物同车混装运输。

③ 堆码要整齐、靠紧、平稳，不得倒置，以防稳定剂的流失或易燃货物的撒漏。

5. 氧化剂、有机过氧化物

氧化剂指处于高氧化态，具有强氧化性，易分解并放出氧和热量的物质，包括含过氧基的无机物。这些物质本身不一定可燃，但能导致可燃物燃烧，与松软的粉末状可燃物能组成爆炸性混合物，对热、震动、摩擦较敏感，如硝酸钾、氯酸钾、过氧化钠、过氧化氢等。

有机过氧化物系指分子组成中含有过氧基的有机物，其本身易爆易燃、极易分解，对热、震动与摩擦极为敏感，如过氧化二苯甲酰及过氧化乙基甲基酮等。

1) 氧化剂、有机过氧化物的特性

(1) 氧化剂的危险特性。在遇酸、受热、受潮或接触有机物、还原剂后即可分解出原子氧和热量而引起燃烧和爆炸的危险。其危险性主要表现在：强氧化性、不稳定性、化学敏感性、吸水性。

(2) 有机过氧化物的危险特性主要是由于其化学组成中有过氧基所致，对振动、冲击、摩擦和遇热都极为敏感。其危险性主要表现在以下几个方面：

① 有机过氧化物比无机氧化剂更容易分解，其分解温度一般在150℃以下，有的甚至在常温时分解，故需保持低温运输。同时，有机过氧化物对杂质很敏感，遇少量的酸类、金属氧化物或胺类即会引起剧烈分解。由于分解温度低，有机过氧化物对摩擦、撞击等因素很敏感。

② 有机过氧化物绝大多数是可燃物质，有的甚至是易燃物质。分解时产生的氧往往能引起自燃。燃烧时放出热量又加速分解，循环往复极难扑救。

③ 有机过氧化物分解后的产物，几乎都是气体或易挥发的物质，再加上易燃性和自身氧化性，分解时易发生爆炸。

2) 氧化剂、有机过氧化物对运输工作的安全要求

(1) 运输安全要求。

① 根据所装货物的特性和道路情况，严格控制车速，防止货物剧烈震动、摩擦。

② 控温货物在运输途中应定时检查制冷设备的运转情况，发现故障应及时排除。

③ 中途停车时，也应远离热源、火种场所，临时停靠或途中住宿过夜，车辆应有专人看管，并注意周围环境是否安全。

④ 重载时发生车辆故障维修应严格控制明火作业，人不准离车，同样要注意周围环境是否安全，发现问题应及时采取措施。

(2) 装卸安全要求。

① 装卸场所应远离火种、热源，夜间应使用防爆灯具。对光敏感的物品要采取避光措施。

② 操作中不能使用易产生火花的工具，切忌撞击、震动、倒置，必须轻装、轻卸、捆扎牢固，包装件之间应妥贴整齐，防止移动摩擦，并严防受潮。

③ 用钢桶包装的强氧化剂不得堆码。必须堆码时，包装之间必须有安全衬垫措施。

④ 雨、雪天装卸遇水易分解的氧化剂(如过氧化钠、过氧化钾、漂粉精、保险粉等)，必须具备防水的条件下才能进行装卸作业。装车后，必须用苫布严密封盖，严防货物受潮。

⑤ 袋装的氧化剂操作中严禁使用手钩；使用手推车搬运时，不得从氧化剂撒漏物上面压辗，以防受压摩擦起火。

⑥ 氧化剂对其他货物的敏感性强，因此，与绝大多数有机过氧化物、有机物、可燃物、酸类货物等严禁同车装运。

6. 毒害品、感染性物品

毒害品是指进入肌体后，累积达一定的量，能与体液和组织发生生物化学作用或生物物理变化，扰乱或破坏肌体的正常生理功能，引起暂时性或持久性的病理状态，甚至危及生命的物品，也即人们平时所说的致病、致癌、致畸的"三致"物质，如四乙基铅、氢氰酸及其盐、苯胺、硫酸二甲酯、砷及其化合物以及生漆等。

感染性物品指含有致病的微生物，能引起病态甚至死亡的物质。

1) 毒害品的特性

毒害品按其化学性质又可分为有机毒害品和无机毒害品两大部分。而有机毒害品具有可燃性，遇明火、高温或与氧化剂接触会引起燃烧爆炸。毒害品燃烧时，一般都会放出有毒气体，又加剧了毒害品的危险性。

毒物的形态一般是固体、液体或气体，尤以气体、蒸气、雾、烟、粉尘等形态活跃于生产环境而污染空气，可经呼吸道、消化道、皮肤进入人体。

2) 毒害品对运输工作的安全要求

(1) 运输安全要求。

① 防止货物丢失，这是行车中要注意的最重要事项。如果丢失不能找回，毒品落到没有毒品知识的群众或犯罪分子手里，就可能酿成重大事故。万一丢失而又无法找回，必须紧急向当地公安部门报案。

② 平稳驾车，勤加瞭望，定时停车检查包装件的捆扎情况，谨防捆扎松动、货物丢失。

③ 行车要避开高温、明火场所；防止袋装、箱装毒害品淋雨受潮。

④ 用过的苫布，或被毒害品污染的工具及运输车辆，在未清洗消毒前不能继续使用，特别是装运过毒害品的车辆未清洗前严禁装运食品或活动物。

(2) 装卸安全要求。

① 作业人员必须穿戴好防护服装、手套、防毒口罩或面具。防护用品每次使用后必须清

洗，不能穿戴回家，应集中清洗，以防止发生意外事故。

② 装卸操作时，人尽量站立在上风处，不能在低洼处久待；搬运装卸时，应做到轻拿轻放，尤其是对易碎包装件或纸袋包装件不能摔损，避免损坏包装使毒物洒漏造成危害。

③ 堆码时，要注意包装件的图示标志，不能倒置，堆码要靠紧堆齐，桶口、箱口向上，袋口朝里。小件易失落货物，装车后必须用苫布严盖，并用大绳捆扎牢固。

④ 装卸操作人员不能在货物上坐卧、休息，特别是夏季衣衫汗湿，易沾染有毒粉尘，不能用衣袖在脸上擦汗，以免毒物经皮肤侵入中毒。如皮肤受到玷污，要立即用清水冲洗干净。作业结束后要换下防护服，洗手洗脸后才能进食饮水吸烟。

⑤ 要尽量减少与毒害品的接触时间，要加强对作业人员的关注，发现有呼吸困难、惊厥、昏迷要立即送医院抢救。

⑥ 无机毒害品除不得与酸性腐蚀品配载外，还不得与易感染性物品配装。有机毒害品不得与爆炸品、助燃气体、氧化剂、有机过氧化物等酸性腐蚀物品配载。

7. 放射性物品

一些元素和它们的化合物或制品，能够自原子核内部自行放出穿透力很强，而人的感觉器官不能察觉的粒子流(射线)，具有这种放射性的物质称为放射性物品，其中将放射性活度大于 7.4×10^4 Bq/kg 的物品归于危险货物中的放射性物品；而放射性活度小于 7.4×10^4 Bq/kg 的，因其放射性活度很小，不会对人体造成危害，可按普通货物运输办理。其中，Bq(贝可)是放射性活度单位。

1) 放射性物品的特性

(1) 放射性。放射性物品所放出的射线可分为 α 射线、β 射线、γ 射线，放射性强度越大，危险性也就越大。

(2) 易燃性。多数放射性物品具有易燃性，有的燃烧十分强烈，甚至引起爆炸，如金属钍、粉状金属铀等。

(3) 毒害性。许多放射性物品毒性很强，如 ^{22}Na、^{27}Co、^{90}S、^{131}I、^{210}Pb 等为高毒放射性物品。

(4) 不可抑制性。不能用化学方法中和、物理或其他方法使其不放出射线，只有通过放射性核素的自身衰变才能使放射性衰减到一定水平。

2) 放射性物品对运输工作的安全要求

(1) 运输安全要求。

① 运输放射性物品，应当使用专用的放射性物品运输包装容器。

② 托运人应当向承运人提交运输说明书、辐射检测报告、辐射事故应急指南、装卸作业方法、安全防护指南等。

③ 承运人应当认真查验、收存并了解托运人提交的文件。托运人提交文件不全的，承运人不得承运。

(2) 配载安全要求。

① 除特殊安排装运的货包外，不同种类的放射性货包(包括可裂变物质包)可以混合装运、储存，但必须遵守总指数和间隔距离的规定。

② 放射性物品不能与其他各种危险品配载或混合储存，以防危险货物发生事故，造成对放射性物品包装的破坏，也避免辐射诱发其他危险品发生事故。

③ 不受放射线影响的非危险货物可以与放射性物品混合配载。

8. 腐蚀品

凡从包装内渗漏出来后,接触人体或其他货物,在短时间内即会在被接触表面发生化学反应或电化学反应,造成明显破坏现象的物品,称为腐蚀品,如硝酸、硫酸、氯磺酸、盐酸、甲酸、溴乙酰、冰醋酸、氢氧化钠、肼和水合肼、甲醛等。

1) 腐蚀品的特性

(1) 强腐蚀性。腐蚀性是指腐蚀品具有的使被接触物质表面遭到破坏的能力。一是腐蚀人体:人体细胞受到破坏所形成化学灼伤;二是腐蚀金属:酸碱都能引起金属不同程度的腐蚀;三是腐蚀有机物:和布匹、木材、纸张、皮革等发生反应;四是腐蚀建筑物:腐蚀性蒸气对建筑物金属物料和库房结构的砖瓦石灰等,均能发生腐蚀破坏作用。

(2) 易燃性。许多有机腐蚀性物品,遇明火易燃烧,如甲酸、苯酚等。

(3) 氧化性。浓硝酸、浓硫酸、高氯酸等具有氧化性能,接触可燃物如木屑、纸张、纱布等,会发生氧化发热而引起燃烧。

(4) 毒性。多数腐蚀品有不同程度毒性,有的还是剧毒品,如氢氟酸、溴素、五溴化磷等。

有些危险货物,往往同时具有腐蚀、易燃、易爆、氧化和毒害性质中的几种,如果腐蚀性占了主要的地位,即把该物品划为腐蚀品,以便于运输储存管理,但不能因此而忽视其具有的其他危险性。

2) 腐蚀品对运输工作的安全要求

(1) 运输安全要求。

① 驾驶员要平稳驾驶车辆,特别在载有易碎容器包装的腐蚀品的情况下,路面条件差、颠簸震动大而不能确保易碎品完好时,不得冒险去通过。

② 每隔一定时间要停车检查车上货物情况,发现包装破漏要及时处理或丢弃,防止漏出物损坏其他包装酿成重大事故。

(2) 装卸安全要求。

① 酸性腐蚀品和碱性腐蚀品不能配载,无机酸性腐蚀品和有机酸性腐蚀品不能配载,无机酸性腐蚀品不得与可燃品配载,有机腐蚀品不得与氧化剂配载,硫酸不得与氧化剂配载,腐蚀品不得与普通货物配载,以免对普通货物造成损害。

② 装卸作业时要轻装轻卸,防止撞击、跌落,禁止肩扛、背负、揽抱、钩拖腐蚀品。酸坛外包装要用绳索套底搬动,以防脱底、酸坛摔落,发生事故。

③ 堆装时应注意指示标记,桶口、瓶口、箱盖朝上,不准横放倒置,堆码要整齐、靠紧、牢固,没有封盖的外包装不得堆码。

④ 装卸现场应视货物特性,备有清水、苏打水(对酸性能起中和作用)或稀酸(对碱性起中和作用),以应急时之需。

⑤ 需要丢弃时,要注意环境安全。

四、危险品托运人注意事项

(1) 必须向已取得道路危险货物运输经营资格的运输单位办理托运。

(2) 必须在托运单上填写危险货物品名、规格、件重、件数、包装方法、起运日期、收发货人详细地址及运输过程中的注意事项。

(3) 货物性质或灭火方法相抵触的危险货物，必须分别托运。

(4) 对有特殊要求或凭证运输的危险货物，须附相关单证，并在托运单备注栏内注明。

(5) 托运未列入《汽车运输危险货物品名表》的危险货物新品种，必须提交《危险货物鉴定表》。凡未按以上规定办理危险货物运输托运而发生的事故，由托运人承担全部责任。

五、危险品承运人注意事项

危险品具有特殊的物理、化学性能，运输中如防护不当，极易发生事故，且事故所造成的后果较一般车辆事故更加严重。因此，为确保安全，在危险运输中应注意以下 8 点要求。

1. 注意包装

危险品在装运前应根据其性质、运送路程、沿途路况等采用安全的方式包装好。包装必须牢固、严密，在包装上做好清晰、规范、易识别的标志。

2. 注意装卸

危险品装卸现场的道路、灯光、标志、消防设施等必须符合安全装卸的条件。装卸危险品时，汽车应在露天停放，装卸工人应注意自身防护，穿戴必需的防护用具。严格遵守操作规程，轻装、轻卸，严禁摔碰、撞击、滚翻、重压和倒置，怕潮湿的货物应用篷布遮盖，货物必须堆放整齐，捆扎牢固。不同性质危险品不能同车混装，如雷管、炸药切勿同装一车。

3. 注意用车

装运危险品必须选用合适的车辆，爆炸品、一级氧化剂、有机氧化物不得用全挂汽车列车、三轮机动车、摩托车、人力三轮车和自行车装运；爆炸器、一级氧化剂、有机过氧物、一级易燃品不得用拖拉机装运。除二级固定危险品外，其他危险品不得用自卸汽车装运。

4. 注意防火

危险品运输忌火，危险品在装卸时应使用不产生火花的工具，车厢内严禁吸烟，车辆不得接近明火、高温场所和太阳暴晒的地方。装运石油类的油罐车在停驶、装卸时应安装好地线，行驶时，应使地线触地，以防静电产生火灾。

5. 注意驾驶

装运危险品的车辆，应设置规定的标志。汽车运行必须严格遵守交通、消防、治安等法规，应控制车速，保持与前车的距离，遇有情况提前减速，避免紧急刹车，严禁违章超车。

6. 注意漏散

危险品在装运过程中出现漏散现象时，应根据危险品的不同性质，进行妥善处理。爆炸品散落时，应将其移至安全处，修理或更换包装，对漏散的爆炸品及时用水浸湿，请当地公安消防人员处理；储存压缩气体或液化气体的罐体出现泄漏时，应将其移至通风场地，向漏气钢瓶浇水降温；液氨漏气时，可浸入水中。其他剧毒气体应浸入石灰水中。易燃固体物品散落时，应迅速将散落包装移于安全处所，黄磷散落后应立即浸入水中，金属钠、钾等必须浸入盛有煤油或无水液体石蜡的铁桶中；易燃液体渗漏时，应及时将渗漏部位朝上，并及时移至安全通风场所修补或更换包装，渗漏物用黄砂、干土盖没后扫净。

7. 注意停放

装载危险品的车辆不得在学校、机关、集市、名胜古迹、风景游览区停放，如必须在上述地区进行装卸作业或临时停车时，应采取安全措施，并征得当地公安部门的同意。停车时要留人看守，闲杂人员不准接近车辆，做到车在人在，确保车辆安全。

8. 注意清厢

危险品卸车后应清扫车上残留物，被危险品污染过的车辆及工具必须洗刷清毒。未经彻底清毒，严禁装运食用、药用物品、饲料及动植物。

【任务安排】

(1) 角色安排：危险品托运人1人、货运员1人、调度员1人、理货员1人(监装、监卸)、押运员1人、收货人1人。
(2) 资料准备：危险货物托运单、准运证、货物说明书、货物标签、危险品运输证等。
(3) 器具准备：手推车、叉车、危险品运输车、货物等。
(4) 货运内容：由教师布置或由学生查询危险品货运信息网自行设计。
(5) 任务执行：以小组为单位，按流程以不同的角色模拟组织危险品货运业务。

【任务实施】

危险货物运输流程如图7.9所示。

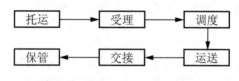

图7.9 危险货物运输流程

一、托运

危险货物托运人应当委托具有危险货物运输资质的企业承运，严格按照国家有关规定包装，并向承运人说明危险货物的品名、数量、危害、应急措施等情况。需要添加抑制剂或者稳定剂的，应当按照规定添加。托运危险化学品的还应提交与托运的危险化学品完全一致的安全技术说明书和安全标签。

二、受理

(1) 在受理前必须对货物名称、性能、防范方法、形态、包装、单件重量等情况进行详细了解并注明。
(2) 问清包装、规格和标志是否符合国家规定要求，必要时下现场进行了解。
(3) 新产品应检查随附的《技术鉴定书》是否有效。
(4) 按规定需要的"准运证件"是否齐全。

(5) 做好运输前准备工作,装卸环境要符合安全运输条件,必要时应赴现场勘察。

(6) 到达车站、码头的爆炸品、剧毒品、一级氧化剂、放射性物品(天然铀、钍类除外),在受理前应赴现场检查包装等情况,对不符合安全运输要求的,应请托运人改善后再受理。

三、调度、运送

(1) 详细审核托运单内容,发现问题要及时弄清情况,再安排运行作业。

(2) 必须按照货物性质和托运人的要求安排车班、车次,如无法按要求安排作业时,应及时与托运人联系进行协商处理。

(3) 遇有大批量烈性易燃、易爆、剧毒和放射性物质时,须作重点安排,必要时召开专门会议,制订运输方案。

(4) 安排大批量爆炸物品与剧毒物品跨省市运输时,应安排有关负责人员带队,指导装卸和运行,确保安全生产。

(5) 注意气象预报,掌握雨雪和气温的变化。遇有特殊注意事项,应在行车单上注明。

四、交接、保管

(1) 自货物交付承运起至运达止,承运单位及驾驶、装卸人员应负保管责任。托运人派有押运人员的应明确各自应负的责任。

(2) 严格货物交接,危险货物必须点收点交签证手续完善。

(3) 装货时发现包装不良或不符安全要求,应拒绝装运,待改善后再运。卸货时发生货损货差,收货人不得拒收,并应及时采取安全措施,以避免扩大损失,同时在运输单证上批注清楚。驾驶员、装卸工返回后,应及时汇报,及时处理。

(4) 因故不能及时卸货,在待卸期间行车人员应负责对所运危险货物的看管,同时应及时与托运人取得联系,恰当处理。

(5) 如所装货物危及安全时,承运人应立即报请当地运管部门会同有关部门进行处理。

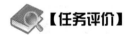【任务评价】

对完成任务情况进行测评。

学习测评表

组别/姓名			班级		学号	
测评地点			日期			
项目名称		特种货物运输				
任务名称		组织危险货物运输				
专业知识	准备工作	资料、道具准备齐全	5			
	随机提问	概念清楚,回答准确	10			
专业能力	托运	提供完整货物资料,运单填写具体、清楚、准确,无违规托运	10			
	受理	认真核对货物及包装,根据不同运输方式要求,确认是否承运	10			

续表

测评项目		优秀级评价标准	分值	本组评价 30%	他组评价 30%	教师评价 40%
专业能力	调度	安排合适的运输工具和驾驶员，确认运输路线和运输时间	10			
	装卸	装车方法正确，无漏装、错装及违规操作现象	10			
	运送	驾驶员按规定线路，慢速行驶；押运员履行押运职责无差错	10			
	交付	点收点交，签证手续完善	10			
	看管	因故未及时卸货，应看管好所运危险货物，及时与托运人联系处理	10			
专业素养	活动过程	工作态度	5			
		沟通能力	5			
		合作精神	5			
合　　　计			100			

任务三　组织超限货物运输

【知识要点】

一、超限货物的含义

超限货物是指货物外形尺寸和重量超过常规车辆、船舶装载规定的大型货物。货物只需满足超长、超宽、超重、超高4种条件之一，即可认为该货物是该运输方式中的超限货物。

超限货物的特点：车货总重量超过所经路线桥涵、地下通道的限载标准；货物宽度超过车辆界限；载货车辆最小转弯半径大于所经路线设计弯道半径；装载总高度超过5m；装载总高度超过立交桥、人行天桥桥下净空限制高度。

不同运输方式对超限货物的规定不一。货物只需满足表7-2所列的条件之一，即可认为该货物是该运输方式中的超限货物。

表7-2　超限货物应满足的条件

运输方式	应满足的条件
公路货物运输	长度在14m以上，或宽度在3.5m以上，或高度在3m以上的货物
	重量在2m以上的单体货物或不可解体的成组(捆)货物
铁路货物运输	单件货物装车后，在平直线路上停留时，货物的高度和宽度有任何部位超过机车车辆限界或特定区段装载限界
	在平直线路上停留虽不超限，但行经半径为300m的曲线线路时，货物的内侧或外侧的计算宽度(已经减去曲线水平加宽量36mm)仍然超限

二、超限货物的类型

1. 公路超限货物等级

超限货物是一个总称,包括不同种类,我国公路运输主管部门现行规定,公路超限货物按其外形尺寸和重量分成4级,见表7-3。

表7-3 超限物件分组表

大型物件级别	重量/t	长度/m	宽度/m	高度/m
一	40~(100)	14~(20)	3.5~(4.0)	3~(3.5)
二	100~(180)	20~(25)	4.0~(4.5)	3.5~(4.0)
三	180~(300)	25~(40)	4.5~(5.5)	4.0~(5.0)
四	300以上	40以上	5.5以上	5以上

注:(1)"括号数"表示该项参数不包括括号内的数值。
(2)货物的重量和外廓尺寸中,有一项达到表列参数,即为该级别的超限货物;货物同时在外廓尺寸和重量达到两种以上等级时,按高限级别确定超限等级。

超限货物重量指货物的毛重,即货物的净重加上包装和支撑材料后的总重,它是配备运输车辆的重要依据,一般以生产厂家提供的货物技术资料所标明的重量为参考数据。

2. 铁路超限货物等级

铁路超限货物涉及铁路运输的两个限界概念,即机车车辆限界和基本建筑限界。机车车辆限界是指机车车辆横断面的最大极限;而基本建筑限界是保证机车车辆安全通过所必需的横断面的最小尺寸,如图7.10所示。

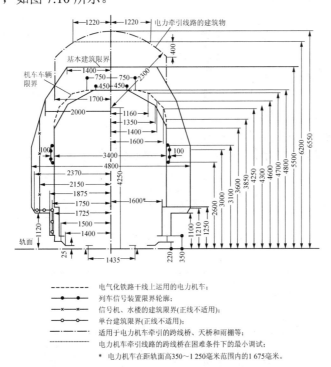

图7.10 铁路机车车辆限界与建筑接近限界

铁路超限货物以装车站列车运行方向为准,由线路中心线起分为左侧、右侧和两侧超限,并按其超限部位和超限程度划分为下列几个等级:

(1) 上部超限。由轨面起高度(以下简称高度)超过 3 600mm,有任何部位超限者,按其超限程度划分为一、二级和超级超限。

(2) 中部超限。高度自 1 250~3 600mm,有任何部位超限者,按其超限程度划分为一、二级和超级超限。

(3) 下部超限。高度自 150~1 250mm,有任何部位超限者,按其超限程度划分为一、二级和超级超限。

(4) 对超出特定区段装载限界,还没有超出一级超限限界的,按照一级超限办理;对超出一级超限限界的,应根据超出限界程度确定超限等级。

三、公路超限运输审批

1. 责任单位

市公路管理局路政科(负责省内超限运输车辆行驶公路的审核,本市辖区内的审批)。

2. 权限

超限运输车辆行驶公路审批实行省、市二级公路管理机构管理。超限运输车辆跨省运输的,由车辆经过省的省级公路管理机构批准。超限运输车辆跨设区的市、自治州运输的,由市公路管理机构受理和审核,报省公路管理机构审批。超限运输车辆行驶本市辖区内由市公路管理机构受理、审批。

3. 许可条件

(1) 运输的货物是不可解体的。
(2) 承运人具备运输能力。
(3) 经对选定运输线路上的公路、公路桥梁的承载能力进行勘测、计算,确定能够安全通行。
(4) 经过选定的运输线路上的公路、公路桥梁的承载能力进行勘测、计算,认为需要加固的,必须经加固、改建后方得通行。
(5) 四级公路、等外公路和技术状况低于三类的桥梁不得进行超限运输。
(6) 采取有效的安全防护措施。
(7) 按指定的时间、路线、时速行驶。
(8) 按照文件规定缴纳勘测、论证、加固费和公路赔补偿费、护送费。

4. 申请材料

(1) 行政许可申请书。超限运输车辆行驶公路申请表见表 7-4。

表 7-4 超限运输车辆行驶公路申请表

申请单位(公章):			申请时间:___年___月___日			
申请单位(个人)			单位(个人)地址			
经办人			电话			
车辆状况	车辆类型		车牌号			
	核定载质量		主车质量			
	拖挂或平板重量		轮胎数			
	轴型		轴距	前	中	后

续表

申请内容	装载情况	货物名称		载后总尺寸(长×宽×高)		
		货物重量		载后车货总重量		可否拆卸
	通行线路				通行时间	
	起点和终点地址			总车数		
	审批机关	收到申请时间: 年 月 日		审批意见	(公章)年 月 日	

(2) 承运人资质证书。如身份证、机构代码证、经营许可证等的原件和复印件。

(3) 车辆行驶证原件和复印件。车货总重超过 55t 的超限运输车辆还应提交使用说明书，包括运输车辆的厂牌型号、自载质量、轴载质量、轴距、轮数、轮胎单位压力、载货时总的外廓尺寸等有关资料。

(4) 驾驶人员驾驶证原件和复印件。

(5) 货单。包括货物名称、质量、外廓尺寸及必要的总体轮廓图。

(6) 运输危险化学品的车辆还应提交《道路危险货物运输安全卡》和《剧毒化学品、民用爆炸物品公路运输通行证》。

5. 申请时间

(1) 对于车货总重在 55t 以下，超长在 20m 以内，超宽在 3m 以内，超高在 4.3m 以内的超限运输车辆，承运人应在启运前 3 日内提出书面申请。

(2) 对于车货总重在 55t 以上(不含 55t)、100t 以下的，但其车货总高度、长度及宽度超过规定限值的超限运输车辆，承运人应在起运前 1 个月提出书面申请。

(3) 对于车货总重 100t 以上(不含 100t)的超限运输，承运人应在起运前 3 个月提出书面申请。

6. 办理程序和时限

1) 受理

受理通常需要 4 个工作日。

(1) 岗位责任人。市公路局路政科工作人员。

(2) 岗位职责及权限。对申请人提出的行政许可申请，应当根据下列情况分别做出处理：一是申请事项依法不需要取得行政许可的，应当及时做出不予受理；二是申请事项依法不属于本公路管理机构职权范围的，应当及时做出不予受理的决定，并告知申请人向有关行政机关申请；三是行政许可项目需要公路工程技术人员进行鉴定的，路政科需会同公路工程技术人员到现场实地勘查，并由公路工程技术人员提出鉴定意见；四是行政许可项目需要咨询论证的，必须委托具备相关资质的咨询评估机构进行评估论证；五是申请事项属于本公路管理机构职权范围，申请材料齐全，符合受理条件要求，或者申请人按照本公路管理机构的要求提交全部补正申请材料的，应当受理行政许可申请；六是受理或者不予受理行政许可申请，应当出具加盖本公路管理机构专用印章和注明日期的书面凭证。

2) 初审

初审通常需要 7 个工作日。

(1) 岗位责任人。市公路局路政科工作人员。

(2) 岗位职责及权限。一是按照许可条件对申请人提交的材料内容进行合法性、真实性审查，需要补正材料的，应在 5 个工作日内，由工作人员一次性告知需补正的全部内容；二是根据申请人提交的材料内容，审查超限运输车辆的技术状况和运输货物的基本情况，对需经路线进行勘测，选定运输路线，计算公路、桥梁承载能力，制定通行与加固方案；三是行政许可项目需要咨询论证的，必须委托具备相关资质的咨询评估机构进行评估论证；四是行政许可项目经复审同意后，报市局领导审定；五是发现行政许可事项直接关系他人重大利益的，应当告知该利害关系人，享有陈述、申辩和要求听证的权利；六是对符合条件的，由初审人员负责填写审批表，并提出初审意见交本科室负责人审核。

3) 复审

复审通常需要 3 个工作日。

(1) 岗位责任人。路政科负责人、市公路局领导。

(2) 岗位职责及权限。一是路政科负责人按照许可条件，对初审意见及实地勘查情况进行审核，并召集本科室有关人员集体讨论，对符合条件的，提出同意意见；对不符合条件的，提出不同意的意见及理由，将申办材料退回行政许可项目承办人员。二是凡行政许可需要报局领导审核或审定的，由局领导按照许可条件，对初审意见及实地勘查情况进行审核或审定，对符合条件的，提出同意意见；对不符合条件的，提出不同意的意见及理由，将审办材料退回行政许可项目承办人员。

(3) 说明事项。公路工程技术人员实地勘查、鉴定、桥梁加固及委托咨询评估所需时间不计算在规定的核准期限内。

4) 决定

复审通过后，通常需要 3 个工作日审批决定。

(1) 岗位责任人。市局路政科负责人。

(2) 岗位职责及权限。一是跨省运输的，由车辆经过省的省级公路管理局审批；二是省内跨地区运输的，由省公路局审批；三是在本市行政区域内运输的，由市公路局审批；四是符合许可条件经批准的，由省公路局委托市公路局签发许可决定；五是不符合许可条件的，不予签发许可决定，将其申请材料全部退回，由市局路政科以书面形式说明理由。

5) 告知与公示

通过审批决定的，工作人员应在 2 个工作日内告知申请人。

(1) 岗位责任人。行政许可项目承办人员。

(2) 岗位职责及权限。一是对批准同意申请人超限运输车辆行驶公路的，许可项目承办人通知申请人前来办理有关手续，即与申请人签订公路、桥涵加固方案及费用和护送运输方案及费用等有关协议，缴纳超限运输车辆行驶公路补偿费，颁发超限运输车辆通行证；二是未经批准同意的行政许可项目，许可项目承办人要告知申请人享有依法申请行政复议或提起行政诉讼的权利。

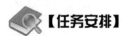【任务安排】

(1) 角色安排：托运人、承运人、理货员、现场调度员、验道员、挂车操作员、修理工、装卸工、工具材料员、技术人员、安全员、结算员等。

(2) 资料准备：超限货物运单、配装单、货物交接单、调度令登记簿、货物标签等。
(3) 器具准备：吊车、拖挂车、大件货物以及捆扎工具等。
(4) 货运内容：由教师布置或由学生查询货运信息网自行设计。
(5) 任务执行：以小组为单位，按流程以不同的角色模拟组织大件货运业务。

【任务实施】

超限货物运输流程如图 7.11 所示。

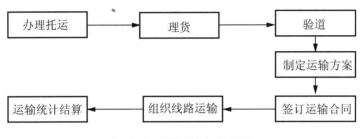

图 7.11　超限货物运输流程

一、组织公路超限货物运输

1．办理托运

由大型物件托运人(单位)向已取得大型物件运输经营资格的运输业户或其代理人办理托运，托运人必须在(托)运单上如实填写大型物件的名称、规格、件数、件重、起运日期、收发货人详细地址及运输过程中的注意事项。凡未按上述要求办理托运或运单填写不明确，由此发生运输事故的，由托运人承担全部责任。

2．理货

理货是大件运输企业对货物的几何形状、重量和重心位置事先进行了解，取得可靠数据和图纸资料的工作过程。通过理货工作分析，可为确定超限货物级别及运输形式、查验道路以及制定运输方案提供依据。

理货工作的主要内容包括调查大型物件的几何形状和重量、调查大型物件的重心位置和质量分布情况、查明货物承载位置及装卸方式、查看特殊大型物件的有关技术经济资料，以及完成书面形式的理货报告。

3．验道

验道工作的主要内容包括查验运输沿线全部道路的路面、路基、纵向坡度、横向坡度及弯道超高处的横坡坡度、道路的竖曲线半径、通道宽度及弯道半径，查验沿线桥梁涵洞、高空障碍，查看装卸货现场、倒载转运现场，了解沿线地理环境及气候情况。根据上述查验结果预测作业时间、编制运行路线图，完成验道报告。

4．制定运输方案

在充分研究、分析理货报告及验道报告基础上，制定安全可靠、可行的运输方案。其主要内容包括配备牵引车、挂车组及附件，配备动力机组及压载块，确定限定最高车速，制定运行技术措施，配备辅助车辆，制定货物装卸与捆扎加固方案，制定和验算运输技术方案，完成运输方案书面文件。

5. 签订运输合同

根据托运方填写的委托运输文件及承运方进行理货分析、验道、制定运输方案的结果，承托双方签订书面形式的运输合同，其主要内容包括明确托运与承运甲乙方、大型物件数据及运输车辆数据、运输起讫地点、运距与运输时间，明确合同生效时间、承托双方应负责任、有关法律手续及运费结算方式、付款方式等。

6. 组织线路运输

线路运输工作组织包括建立临时性的大件运输工作领导小组，负责实施运输方案、执行运输合同和相应外联系。领导小组下设行车、机务、安全、后勤生活、材料供应等工作小组及工作岗位，并组织相关工作岗位责任制，组织大型运输工作所需牵引车驾驶员、挂车操作员、修理工、装卸工、工具材料员、技术人员及安全员等依照运输工作岗位责任及整体要求认真操作、协调工作，保证大件运输工作全面、准确完成。

7. 运输统计与结算

运输统计指完成公路大型物件运输工作各项技术经济指标统计；运输结算即完成运输工作后按运输合同有关规定结算运费及相关费用。

二、组织铁路超限货物运输

1. 超限货物的承运和装车

(1) 发货人在托运超限货物时，应向发站提供有关资料：一是托运超限货物说明书、货物外形的三视图，并须以"＋"号标明货物重心位置；二是自轮运转的超限货物，应有自重、轴数、轴距、固定轴距、长度、转向架中心销间距离，制动机形式以及限制条件；三是必要时还应附有计划装载、加固计算根据的图纸和说明。

(2) 发站受理超限货物时，应对发货人提出的有关技术资料进行认真审查，必要时组织有关部门共同研究，对货物进行装车前的测量(按计划装载状态测量其长度、中心高度和侧高度、中心高度处的宽度和不同侧高处的宽度)。然后，以文电向上级请示装运办法，其中到站为自局管内的各级超限货物，向分局请示；到站为跨及三局的超限货物或各局间运输的一、二级超限货物，向铁路局请示；到站为跨及四局以上及通过电气化区段的超级超限货物，其装后的高度超过 5 150mm，或装后的高度虽在 5 150～50 000mm，但其左侧或右侧宽度超过 750mm 的超限货物，均应报送铁路局，审核后向铁路总公司请示。铁路总公司、铁路局或分局接到请示后，应向各有关单位指示装运办法。如需要安装检查架或临时改变建筑物、固定设备时，应在批示文电中详细指明。

(3) 超限货物装车前，铁路局、分局或车站应会同发货人共同研究，采取改变包装、拆解货体和改善装载方法等措施，尽可能降低超限程度。对不能拆解的特殊设备，为通过个别限制建筑限界，经铁路局确定，可将木制车底板部分拆下容纳货物的突出部分。

(4) 超限货物装车后，应按装载的实际状态，分别测量其长度(跨装时要测量支距的长度和两支点外方的长度；突出装载时，要测量突出车辆端梁外方的长度)、高度和宽度。

2. 超限车的挂运和检查

(1) 发站、中转站在挂运超限车以前，车站值班员应将批示命令号码、车种、车号、到站、超限等级报告调度所。跨及两个调度所的，需征得相邻调度所的同意后才能挂运。运行上有限制条件的超限车，除有特别指示外，禁止编入直达、直通列车。

(2) 调度所在挂运和接运超限车以前，应将管内的具体运行条件以调度命令下达有关站段。发站、中转站的车站值班员应将调度命令交给列车乘务员。无调度命令时禁止挂运。

(3) 安装检查架的车辆与超限车由同一列车挂运时，应挂在后部没照明灯机车的次位，并与超限车隔离10辆以上，或挂在同方向前一列车的后部。

(4) 超限列车或挂有超限车的列车应在《车站行车工作细则》内规定的线路上到发或通过。

(5) 挂有超限车的列车或超限列车的会车条件如下：

① 经过车站时，与邻线线路上车辆之间的最小距离不得小于350mm。

② 列车运行于双线、多线或并行的单线区间的直线地段时，两运行列车之间的最小距离：大于350mm时，不限速；在300～350mm时，速度不得超过30km/h；小于300mm时，禁止会车。在曲线地段要相应加宽。

③ 超限车在运行过程中，超限货物的任何超限部位与建筑限界之间的距离，在70～100mm时，速度不得超过15km/h；在100～150mm时，不得超过25km/h；不足70mm时，由分局规定运行办法。

(6) 超限车的发站或途径的区段站、编组站，指定的检查站，应对超限车的装载加固情况以及车辆技术状态进行认真检查，并将检查结果在《超限货物运输记录》上注明和签字。

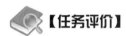
【任务评价】

对完成任务情况进行测评。

学习测评表

组别/姓名			班级		学号	
测评地点			日期			
项目名称		特种货物运输				
任务名称		组织超限货物运输				
测评项目		优秀级评价标准	分值	本组评价30%	他组评价30%	教师评价40%
专业知识	准备工作	资料、道具准备齐全	5			
	随机提问	概念清楚，回答准确	10			
专业能力	办理托运	正确填写大件货物的资料和起运日期、收发货人地址以及运输过程中的注意事项	10			
	理货	认真查看货物资料、承载位置及装卸方式等，完成理货报告	10			
	验道	认真查验道路情况、编制运行路线图，完成验道报告	10			
	制定运输方案	研究、分析理货报告及验道报告基础上，制定出安全可靠、可行的运输方案	10			

续表

测评项目		优秀级评价标准	分值	本组评价30%	他组评价30%	教师评价40%
专业能力	签订运输合同	承托双方商讨并签订合同	10			
	组织超限运输	建立大件运输工作领导小组，合理安排人员，认真组织运输	10			
	统计与结算	正确统计大件运输各项技术经济指标，按运输合同规定结算运费及相关费用	10			
专业素养	活动过程	工作态度	5			
		沟通能力	5			
		合作精神	5			
合　计			100			

任务四　组织鲜活易腐货物运输

【知识要点】

一、鲜活易腐货物的含义

凡在运输中需要采取特殊措施(冷藏、保温、加温等)，以防止腐烂变质或病残死亡的货物，均属鲜活易腐货物。

鲜活易腐货物分为易腐货物和活动物两大类，其中占比例最大的是易腐货物。易腐货物是指在一般条件下保管和运输时，极易受到外界气温及湿度的影响而腐坏变质的货物。

(1) 易腐货物主要包括肉、鱼、蛋、水果、蔬菜、冰鲜活植物等。

(2) 活动物主要包括禽、畜、兽、蜜蜂、活鱼、鱼苗等。

货物按其温度状况(即热状态)的不同，又可分为以下3类：

(1) 冻结货物。冻结货物指经过冷冻加工成为冻结状态的易腐货物。根据《铁路鲜活货物运输规则》规定，冻结货物的承运温度(除冰外)应在－10℃以下。

(2) 冷却货物。冷却货物指经过预冷处理后，货物温度达到承运温度范围之内的易腐货物。根据《铁路鲜活货物运输规则》规定，冷却货物的承运温度，除香蕉、菠萝为11～15℃外，其他冷却货物的承运温度为0～7℃。

(3) 未冷却货物。未冷却货物指未经过任何冷冻工艺处理，完全处于自然状态的易腐货物，如采收后以初始状态提交运输的瓜果、鲜蔬菜等。

按照热状态来划分易腐货物种类的目的是便于正确确定易腐货物的运输条件(如车种、车型的选用，装载方法的选取，以及运输方式、控温范围，冰盐比例、途中服务的确定等)，以合理制定运价，提高综合经济效益。

二、鲜活易腐货物的保藏方法

鲜活易腐货物运输中，除了少数部分确因途中照料或车辆不适造成死亡外，其中大多数都是因为发生腐烂所致。发生腐烂的原因，对于动物性食品来说，主要是微生物的作用。由于细菌、霉菌和酵母在食品内的繁殖，使蛋白质和脂肪分解，变成氨、游离氮、硫化醛、硫化酮、二氧化碳等简单物质，同时产生臭气和有毒物质。此外，还使维生素受到破坏，有机酸分解，使食物腐败变质不能食用。对于植物性食物来说，腐烂原因主要是呼吸作用。呼吸作用是一个氧化过程，能抵抗细菌入侵，但同时也不断地消耗体内的养分。随着体内各种养分的消耗，抗病性逐渐减弱，到了一定的程度，细菌就会乘虚而入，加速各种成分的分解，使水果、蔬菜很快腐烂。而水果蔬菜如被碰伤后，呼吸就会加强，也就加快了腐烂过程。

清楚了鲜活易腐货物腐烂变质的原因，就可以得出保藏这些货物的方法。凡是能用以抑制微生物的滋长，减缓呼吸作用的方法，均可达到延长鲜活易腐货物保鲜时间的目的。冷藏方法比较有效并常被采用，它的优点是：能很好地保持食物原有的品质，包括色、味、香、营养物质和维生素；保藏的时间长，运输量大。

冷藏货大致分为冷冻货和低温货两种。冷冻货是指货物在冻结状态下进行运输的货物，运输温度的范围一般在$-20\sim-10℃$。低温货是指货物在还未冻结或货物表面有一层薄薄的冻结层的状态下进行运输的货物，一般允许的温度调整范围在$-1\sim16℃$。货物要求低温运输的目的，主要是为了维持货物的呼吸以保持货物的鲜度。

冷藏货在运输过程中为了防止货物变质需要保持一定的温度。该温度一般称作运输温度，温度的大小应根据具体的货种而定，即使是同一货物，由于运输时间、冻结状态和货物成熟度的不同，对运输温度的要求也不一样。

用冷藏方法来保藏和运输鲜活易腐货物时，温度固然是主要的条件，但湿度的高低、通风的强弱和卫生条件的好坏对货物的质量也会产生直接的影响。而且温度、湿度、通风、卫生4个条件之间又有互相配合和互相矛盾的关系，只有充分了解其内部规律，妥善处理好它们相互之间的关系，才能保证鲜活易腐货物的运输质量。

现将一些具有代表性的冷冻货和低温货的运输温度介绍如下，见表7-5和表7-6。

表7-5 冷冻货物的运输温度

货 名	运输温度/℃	货 名	运输温度/℃
鱼	$-17.8\sim-15.0$	虾	$-17.8\sim-15.0$
肉	$-15.0\sim-13.3$	黄油	$-12.2\sim-11.1$
蛋	$-15.0\sim-13.3$	浓缩果汁	-20.0

表7-6 低温货物的运输温度

货 名	运输温度/℃	货 名	运输温度/℃
肉	$-1\sim-5$	葡萄	$6.0\sim8.0$
腊肠	$-1\sim-5$	菠萝	11.0以内
黄油	$-0.6\sim0.6$	橘子	$2.0\sim10.0$
带壳鸡蛋	$-1.7\sim15.0$	柚子	$8.0\sim15.0$
苹果	$-1.1\sim16.0$	红葱	$-1.0\sim15.0$
白兰瓜	$1.1\sim2.2$	土豆	$3.3\sim15.0$
梨	$0\sim5.0$		

三、冷藏运输的要求

由于食品的组织结构等方面的不同，不同食品都有一定的储藏温、湿度条件的要求。在冷藏运输过程中，必须控制载体内部的环境，使车内的环境尽量与所运输的食品的最佳要求一致，载体内部各处温度分布要均匀，并且在运输过程中尽量避免温度波动，降低温度波动幅度和减少波动持续时间。

1. 形成低温环境

易腐食品在进行低温运输前应将其温度降到其适宜的储藏温度，在冷藏运输过程中，载体内只是有效的平衡环境传入的热负荷，维持产品的温度不超过所要求保持的最高温度。为维持这一低温环境，运输载体上应当具有适当的冷源，如干冰、冰盐混合物、碎冰、液氮或机械制冷系统。例如，果蔬类在运输过程中，为防止车内温度上升，应及时排除呼吸热，而且要有合理的空气循环，使得冷量分布均匀，保证各点的温度均匀一致并保持稳定，最大温差不超过 3℃。有些食品怕冻，在寒冷季节里运输还需要用加温设备如电热器等，使车内保持高于外界气温的适当温度。

2. 有良好的隔热性能

冷藏运输工具应当具有良好的隔热性能，总的传热系数 K 要求小于 $0.4W/m^2 \cdot K$ [$W/m^2 \cdot K$ 是表示热导率的单位，即"瓦/(平方米·开尔文)"]，甚至小于 $0.2W/m^2 \cdot K$，能够有效地减少外界传入的热量，避免车内温度的波动和防止设备过早的老化。车辆或集装箱的隔热板外侧面应采用反射性材料，并应保持其表面的清洁，以降低对辐射热的吸收。在车辆或集装箱的整个使用期间应避免箱体结构部分的损坏，特别是箱体的边和角，以保持隔热层的气密性，并且应该定期对冷藏门的密封条、跨式制冷机组的密封、排水洞和其他空洞等进行检查，以防止因空气渗漏而影响隔热性能。

3. 可根据食品种类或环境变化进行温度调节

在长距离的冷藏运输过程中，食品可能会经过不同的环境外部温度，比如从南方运到北方的水果，因此，冷藏运输的载体内部空间内必须有温度检测和控制设备。温度检测仪必须能够准确连续地记录货物间的温度，温度控制器的精度要求高，为±0.25℃，以满足易腐食品在运输过程中的冷藏工艺要求，防止食品温度过分波动。

4. 制冷设备所占空间尽量小

在长途冷藏运输过程中，为了减小单位货物的运输成本，要求在尽可能的空间内装载尽可能多的货物，因此要求制冷设备所占空间小。

5. 车厢的卫生与安全

车厢内有可能接触食品的所有内壁必须采用对食品味道和气体无影响的安全材料。箱体内壁包括顶板和地板，必须光滑、防腐蚀、不受清洁剂影响，不渗漏、无腐烂；便于清洁和消毒。箱内设备不应有尖角和褶皱，使进出困难，脏物和水分不易清除。在使用中，车辆和集装箱内碎渣屑应及早清扫干净，防止异味污染货物并阻碍空气循环。对冷板采用的低温共熔液的成分及其在渗漏时的毒性程度，应予以足够的重视。

6. 良好的组织管理

冷藏运输的组织管理工作是一项复杂细致而又责任重大的工作，必须对各种冷藏运输工具的特性、易腐货物的冷藏条件、货源的组织、装车方法、调度工作等问题十分熟悉，加强运输过程中各个环节的管理工作，保证易腐货物高品质且又快速地到达目的地。

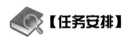【任务安排】

(1) 角色安排：托运人 1 人、货运员 1 人、押运员 1 人、理货员 1 人(监装、监卸)、收货人 1 人。
(2) 资料准备：托运单、检疫证明书、配装单、货物交接单等。
(3) 器具准备：叉车、冷藏车、冷藏箱、货物等。
(4) 货运内容：由教师布置或由学生查询货运信息网自行设计。
(5) 任务执行：以小组为单位，按流程以不同的角色模拟组织冷藏货运业务。

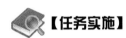【任务实施】

鲜活易腐货物运输流程如图 7.12 所示。

图 7.12 鲜活易腐货物运输流程

一、托运

托运鲜活易腐货物，先要填写货物运单。填写的到站应符合营业办理范围，收、发货人的名称及到、发地点要填写清楚、准确。此外，还要注意下列 4 点。

1. 填写货物的具体名称和热状态

物品温度是承运冷却和冻结货物的依据。

2. 写明易腐商品的容许运输期限

最大运输期限取决于货物的种类、性质、状态、产地、季节和运输工具等因素。

3. 填写所要求的运输方法

根据实际需要，注明"途中加冰""途中制冷""途中加温""不加冰运输"或"途中不加温"等字样。

4. 持有检疫证明书

托运需要检疫运输的禽畜产品和鲜活植物，要有《检疫证明书》(并在运单内注明)，对有运输期限的鲜活商品还需持有必要的运输证明文件。

二、受理

承运鲜活易腐货物时，车站货运员要对鲜活易腐货物的质量、包装和热状态进行检查。在承运时应注意鲜活易腐货物的运到期限和容许运送期限。容许运送期限是根据货物的品种、成熟度、热状态，在规定的运送条件下，能保持货物质量的期限。容许运送期限应由托运人提出，车站负责审查。

承运畜禽产品和鲜活植物时，应取得查验其兽医卫生机关的检疫证后才能承运。

对于货物质量、包装、温度等方面的检查结果应填写《冷藏车作业单》，每车填写一份，与货物运单一起随车递至到站保存备查，以便积累运输经验，同时作为分析处理货运事故的依据。

三、装车

装车前必须认真检查车辆及设备的完好状态，应注意清洗和消毒。装运易腐货物前，最好将其预冷到货物所要求的运输温度。实践经验证明，水果蔬菜发生腐烂事故，与未经预冷及装车后不能及时降温有关。

装车时应对货物的质量、包装和温度要求进行认真的检查。已开始腐烂或有可能腐烂变质的货物，应就地加工处理，必要时可会同交通部门抽查货物质量。包装要符合货物的性质，保证其质量完好，同时要便于装卸堆码。温度要适合所装运货物要求，货物在途要有必要的温控措施。

易腐货物运输的装车方法有两种：一种是紧密的堆垛方法，主要适用于冻结货物，这样冻结货物本身的冷量不易散失，有利于保持货物质量，并能提高装载能力；另一种是留有间隙的堆码方法，适用于冷却和未冷却的水果、蔬菜、鲜蛋等的运输，其目的是使车内空气顺利地流通，排除物品散发出来的热量，使车内温度比较均匀。此外，对不加包装的水果、蔬菜，可采用加搁板分层装载的方法；对比较坚实的瓜菜类物品，如萝卜、冬瓜等也可堆装运输。

四、运送

易腐货物的储运必须连续冷藏。因为微生物活动和呼吸作用都随着温度的升高而加强，若运送过程中某个环节不能保证连续冷藏的条件，那么货物就可能在这个环节开始腐烂变质。这就要求协调组织好物流的各个环节，为冷藏运输提供必要的物质条件。就运输环节来讲，应尽可能配备一定数量的冷藏车或保温车，尽量组织"门到门"的直达运输，提高运输速度，确保鲜活易腐货物的完好。

五、到达交付

收货人应根据到货预报通知，准备好冷藏仓库或冷藏车。需要过载时实行车车或车船直接过载，货不落地，直接运到冷库或销售部门。冷却货物一般按现状交付，不检查温度，如发现有腐烂变质情况，经检验后，确认腐损程度，作好货运记录。

六、货运记录

易腐货物在到站卸车时如有腐烂变质情况，车站应会同收货单位和商检部门共同检查确认腐烂程度，并编制货运记录，以作调查事故判定责任的根据。货运记录的内容必须包括下列各项资料：

(1) 货物卸车时的质量状态、温度、腐坏程度及性质。
(2) 货物包装状态。
(3) 货物在车内的装载方法和卸车时的状态。
(4) 车体的技术状态。
(5) 车内设备的状态及附加设备的情况。
(6) 货物的运送服务方法(冷藏、保温、防寒或加温)。
(7) 冷藏车冰箱内的存冰数量。

良好的运输组织工作,对保证鲜活易腐货物的质量十分重要。应根据货物的种类、运送季节、运送距离和运送目的地等确定相应的运输服务方法,协调好仓储、配载、运送各环节,及时地组织适宜车辆予以装运送达。

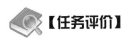【任务评价】

对完成任务情况进行测评。

学习测评表

组别/姓名			班级		学号	
测评地点			日期			
项目名称			特种货物运输			
任务名称			组织鲜活货物运输			
测评项目		优秀级评价标准	分值	本组评价30%	他组评价30%	教师评价40%
专业知识	准备工作	资料、道具准备齐全	5			
	随机提问	概念清楚,回答准确	10			
专业能力	托运	认真填写货物名称和热状态、运输要求及运输期限	10			
	受理	确认货物的状态、运输温度要求及运输时限	10			
	调度	确定合适的冷藏车、冷藏箱及驾驶员、运输时间等	10			
	装车	检查车辆和设备的完好状态,根据货物的特点,确定其装载方法	10			
	运送	组织运输,对冷藏机温度进行正确控制和记录	10			
	交付	收货人备好冷藏仓库或冷藏车,认真检查后接货	10			
	记录	正确编制货运记录	10			
专业素养	活动过程	工作态度	5			
		沟通能力	5			
		合作精神	5			
合　　计			100			

【练习与思考】

一、填空题

1. 危险货物是指具有_____等性质，在_____过程中，容易造成_____而需要_____的货物。
2. 各种运输方式在确认危险货物时，都采取了_____原则，危险货物必须是本运输方式_____所列明的，方予确认、运输。
3. 危险货物中的气体包括_____、_____、_____。
4. 放射性物品的射线对人体的照射有两种：一种是人体处在空间辐射场中所受到的_____；另一种是摄入放射性物质对人体或人体的某器官组织所形成的_____。
5. 毒害品进入人体的途径有_____、_____、_____。
6. 超限货物是指货物在_____或_____上超过常规车辆、船舶装载规定的大型货物。
7. 公路超限货物是指长度在_____以上，或宽度在_____以上，或高度在_____以上的货物，重量在_____以上的单体货物或不可解体的成组(捆)货物。
8. _____是指铁路机车车辆横断面的最大极限，_____是保证铁路机车车辆安全通过所必需的横断面的最小尺寸。
9. 易腐货物可分为：_____、_____、_____。
10. 对大多数易腐食品来说，冷却的温度范围为_____℃，冻结的温度范围为_____℃。

二、单选题

1. 危险货物的危险性主要是由物质的(　　)决定的。
   A. 物理性质　　　B. 化学性质　　　C. 易燃性质　　　D. 还原性质
2. 下列物品爆炸属于化学爆炸的是(　　)。
   A. 轮胎　　　　　B. 锅炉　　　　　C. 爆竹　　　　　D. 钢瓶
3. 根据爆炸极限范围，下列易燃气体或蒸气最危险的是(　　)。
   A. 甲烷 5.0%～15.0%　　　　　B. 乙醚 1.8%～63.5%
   C. 乙烯 2.7%～8.6%　　　　　D. 乙醇 3.97%～57.0%
4. 毒害品的毒害性常用(　　)指标衡量。
   A. 分散度　　　　　　　　　　B. 比活度
   C. 敏感度　　　　　　　　　　D. 半数致死重量或浓度
5. 黄磷属于危险货物中的(　　)。
   A. 易燃固体　　　　　　　　　B. 遇水易燃物品
   C. 自燃物品　　　　　　　　　D. 腐蚀性物品
6. 危险货物运输的托运人，应以在(　　)上签字的人为主要托运人。
   A. 托运单　　　　　　　　　　B. 货运单
   C. 报关单　　　　　　　　　　D. 危险货物运输托运证明书
7. 我国公路运输主管部门规定，公路超限货物按外型尺寸和重量分为(　　)。
   A. 一级　　　　　B. 二级　　　　　C. 三级　　　　　D. 四级

8. 铁路阔大件运输货物不包括( )。
   A. 超长货物　　　　B. 集重货物　　　　C. 集装箱　　　　D. 超限货物
9. 用冷藏方法保藏和运输鲜活易腐货物时，对货物质量产生影响的主要条件是( )。
   A. 温度　　　　　　B. 湿度　　　　　　C. 通风　　　　　　D. 卫生
10. 下列( )不属于鲜活易腐货物。
    A. 苗木　　　　　　B. 禽蛋　　　　　　C. 牲畜　　　　　　D. 瓜果

三、判断题

1. 如果没有专用车辆，可使用货车从事危险货物运输。　　　　　　　　　　( )
2. 罐式专用车辆或运输腐蚀性危险货物的专用车辆也可运输普通货物。　　( )
3. 液化天然气与皮肤接触不会造成严重灼伤。　　　　　　　　　　　　　　( )
4. 在通风不良的仓库内及封闭式货箱内易积聚产生易燃易爆的混合蒸气，造成危险隐患。　　　　　　　　　　　　　　　　　　　　　　　　　　　　　　　　　　( )
5. 盛装碳化钙的铁桶，除充氮气外，一般不能密封。　　　　　　　　　　　( )
6. 运输危险货物的车辆如在装卸作业区内坏了，应立即在现场维修。　　　( )
7. 严禁赤脚、穿背心短裤者和皮肤破伤者装卸毒害品。　　　　　　　　　( )
8. 腐蚀品火灾扑救时，应穿防护服，戴防毒面具，而且人应站在上风处。　( )
9. 超限货物是指货物重量超过常规车辆、船舶装载规定的大型货物。　　　( )
10. 铁路机车车辆限界是指机车车辆横断面的最大极限。　　　　　　　　　( )
11. 建筑接近限界是保证铁路机车车辆安全通过所必需的横断面的最大尺寸。( )
12. 鲜活易腐货物分为易腐货物和活动物两大类。　　　　　　　　　　　　( )
13. 货物按其温度状况(即热状态)的不同可分为冻结货物、冷却货物和未冷却货物。
　　　　　　　　　　　　　　　　　　　　　　　　　　　　　　　　　　　　( )
14. 易腐货物运输时应维持货物的温度不超过所要求保持的最高温度。　　( )
15. 运输鲜活易腐货物时，温度、湿度、通风、卫生条件都会对货物的质量产生影响。
　　　　　　　　　　　　　　　　　　　　　　　　　　　　　　　　　　　　( )

四、问答题

1. 危险货物的危险性主要有哪些？
2. 如何组织危险货物运输？
3. 超限与超载有何关系？
4. 如何组织超限货物运输？
5. 鲜活易腐货物如何分类？
6. 鲜活易腐货物运输通常需要哪些条件？

五、讨论题

查阅资料，讨论我国危险货物运输市场的发展现状与对策。

特种货运基础岗位

特种货运基础岗位见表 7-7。

表 7-7 特种货运基础岗位及职责

岗 位	职 责
危险品运输驾驶员	(1) 从事运输危险品的驾驶员必须具有高度的责任感和事业心,牢固树立对国家企业人民生命财产负责的责任性。 (2) 从事危险品运输的驾驶员须持有公安消防部门核发在有效期内的"危险运输证"。
危险品运输驾驶员	(3) 运输化学、危险物品要事先掌握了解货物的性能和消防、消毒等措施,对包装容器、工具和防护设备要认真检查,严禁危险品漏、散和车辆带病运行。 (4) 在运输、停靠危险区域时,不准吸烟和使用明火。 (5) 凡危险品的盛装容器,发现有渗漏、破损等现象,在未经改装和采取其他安全措施之前,易引起氧化分解、自燃或爆炸现象,应立即采取自救,向领导、厂方、当地消防部门报告,尽快妥善处理解决。 (6) 易燃危险品在炎热的季节应在 10:00 前或 15:00 后运输。 (7) 严禁将有抵触性能的危险物品混装在一起运输,各种机动车进入危险品库区、场地时,应在消声器上装卸阻火器后,方能进入。 (8) 装运危险物品的车辆不准停在人员稠密、集镇、交通要道、居住区等地方,不准将载有危险品的车辆停放在本单位车间、场内。如确因装卸不及、停车或过夜修理等,应向领导或负责值班人员报告,采取必要的防护措施。 (9) 危险物品运输的车辆,应及时进行清洗、消毒处理,在清洗、消毒时,应注意危险物品的性质,掌握清洗、消毒方法知识,防止污染、交叉反应或引起中毒等事故。 (10) 凡装运危险物品的车辆需过渡口时,应自觉报告渡口管理部门,遵守渡口管理规定,装运危险物品的车辆应严格遵守公安消防部门指定的路线行驶。 (11) 装运危险物品的车辆,应配备一定的消防器材、急救药品、黄色三角旗或危险品运输车辆标志等。 (12) 危险品运输驾驶员除遵守上述安全操作规程之外,还需遵守汽车驾驶员的安全操作规程
危险品运输押运员	一、工作职责 (1) 遵守劳动纪律,遵守各项规章制度,持证上岗。 (2) 必须掌握危险化学品运输的安全知识。 (3) 必须掌握所押运危险品性质、危害特性以及包装容器的使用特性。 (4) 运输危险化学品时,必须配备必要的应急处理器材和防护用品,掌握发生意外时的应急措施。 (5) 严格监管危险化学品的运输,坚决制止驾驶员将车辆驶入危险化学品车辆禁止通行的区域。 (6) 认真押运货物,特别是危险化学品,确保不发生货损、货差,做好交接工作。 (7) 配合督促驾驶员做好危险化学品及行车安全工作,安全到达目的地。 (8) 在危险化学品运输押运过程中,如发生交通事故或发生被盗、丢失、泄露等情况时,应及时向单位有关领导报告,同时向当地负责危险化学品安全监管部门和公安、环保、质检部门报告,并采取一切可能的警示措施。 二、操作流程 1. 出车前 (1) 会同驾驶人员领取并掌握当班作业单据,并听取管理人员的安全告知。 (2) 协助驾驶人员做好车辆例行保养。 (3) 领取安全防护用品;检查随车必备的消防用具是否齐全有效。 (4) 检查车辆标志的安装悬挂是否符合《道路运输危险货物车辆标志》的规定。 (5) 检查车辆、容器是否按照规定进行必要清洗消毒处理,罐体的装、卸阀门是否可靠关闭。 2. 装载时 (1) 联系客户,核对客户名称、货物品种、数量是否与"运单"相符。 (2) 检视装载作用区的安全情况。 (3) 检查车厢、栏板的固定、链接、锁扣装置是否完好,罐体的装、卸阀门是否完好。

续表

岗 位	职 责
危险品运输押运员	(4) 监督作用人员穿带好安全防护用品，按照《汽车运输、装卸危险货物作用规程》的规定装载货物。 (5) 检查装载危险货物的包装是否适合道路运输的要求，内、外包装是否完好无损，包装标志是否齐全、清晰，不符合包装的拒绝装载。 (6) 检查装载堆码是否符合所装危险货物的通风、间隙、隔离等特殊要求，捆扎、固定是否牢靠。 (7) 做好货物的点收点交及单据交接工作。 (8) 监督所装载危险货物质量必须在车辆核定载质量范围内，严禁超限超载。 3. 运输途中监督、检查 (1) 监督驾驶员的驾驶状态是否正常，是否按照规定的行车速度、路线和《驾驶人员安全行驶操作规程》行驶。 (2) 提醒驾驶人员按照规定时间或规定里程停车休息，协助驾驶人员检查车辆技术安全状况，并检查所载危险货物的状况是否正常、罐车有无泄漏。 (3) 监督驾驶人员连续驾驶时间不得超规定，车辆停靠应符合有关规定。 (4) 遇险时立即拨打110或道路运输危险货物安全卡上的紧急救助电话。 对事故情况和危险货物名称、特性等进行详细描述，并针对危险货物特性采取必要的应急处理措施，阻止无关人员和车辆的接近。 4. 卸载时的监督、检查 (1) 联系客户，核对客户单位、货物品种、数量是否与"运单"相符。 (2) 检视卸载作业区安全，监督作业人员穿戴安全防护用具。 (3) 监督装卸作业人员按照《汽车运输、装卸危险货物作业规程》的规定卸货作业。 (4) 检查卸载危险货物的包装是否完好无损，堆跺码放是否符合危险货物特性的要求。 (5) 做好货物的点交点收及单据交接工作。 (6) 检查车厢内是否有危险货物泄漏、残留，做好车辆清洁工作。 5. 回场后 (1) 协助驾驶员做好车辆保养。 (2) 协同驾驶员交清当班作业单据。 (3) 归还装卸工具及安全防护用品。 (4) 向管理人员报告运输作业过程中的有关客户、安全、质量方面的信息
超限货物运输主管	一、工作职责 (1) 参与运输计划的编制。 (2) 组织或参与讨论大件运输方案的讨论。 (3) 参加对公路的经常性巡查。 (4) 参与桥涵和公路加固方案、费用的讨论及委托合同的签订。 (5) 运输之前检查运输车辆的准备、落实情况。 (6) 注意收集气象和公路路况资料。 (7) 负责与公路管理、铁路管理部门的协调工作。 (8) 拟写大件运输简报。 (9) 参与设备采购招评标工作和设备出厂验收工作。 二、权力范围 对公路和桥涵加固费用具有建议权。 三、关系协调 (1) 内部。工程监理部、计划部、本部其他专业组。 (2) 外部。制造厂家、公路局、铁路局、运输公司

续表

岗 位	职 责
吊装及运输管理工程师	一、工作职责 (1) 从吊装运输角度审查专业设计文件。 (2) 编制招标策略和招标文件(技术角度)，参加有关合同谈判。 (3) 组织制定吊装规划，编制大件吊装管理规定，参与大件运输规划制定。 (4) 组织制定、论证、审查大件运输、吊装施工技术方案，并对现场提供专业技术支持。 (5) 确认大件运输、吊装条件，组织协调现场大件运输、吊装工作。 (6) 参与工程费用和安全管理。 (7) 参与工程施工计划的制订，审核施工计划。 二、任职资格 (1) 熟悉掌握大件运输、吊装技术。 (2) 能独立审核、制定大型、复杂吊装和运输方案。 (3) 对其他施工专业也有认识，对施工管控体系建设有一些经验，且有招投标经验。 (4) 会使用办公软件

参 考 文 献

[1] 姚新超. 国际贸易运输[M]. 2版. 北京：对外经济贸易大学出版社，2004.

[2] 张建伟. 物流运输业务管理模板[M]. 北京：中国经济出版社，2005.

[3] 朱仕兄. 物流运输管理实务[M]. 北京：北京交通大学出版社，2009.

[4] 储雪俭. 现代物流管理教程[M]. 上海：上海三联书店，2002.

[5] 刘敏文，范贵根. 危险货物运输管理教程[M]. 北京：人民交通出版社，2007.

[6] 中华人民共和国交通部. 汽车运输危险货物规则[M]. 北京：人民交通出版社，2005.

[7] 人力资源和社会保障部教材办公室. 国家职业技能标准——快递业务员[M]. 北京：中国劳动社会保障出版社，2010.

[8] 人力资源和社会保障部教材办公室. 国家职业标准——汽车货运理货员[M]. 北京：人民交通出版社，2009.

北京大学出版社第六事业部高职高专经管系列教材目录

书 名	书 号	主 编	定 价
ERP沙盘模拟实训教程	978-7-301-22697-1	钮立新	25.00
连锁经营与管理（第2版）	978-7-301-26213-9	宋之苓	39.00
连锁门店管理实务	978-7-301-23347-4	姜义平，等	36.00
连锁门店开发与设计	978-7-301-23770-0	马凤棋	34.00
连锁门店主管岗位操作实务	978-7-301-26640-3	吴 哲	35.00
连锁企业促销技巧	978-7-301-27350-0	李 英，等	25.00
秘书与人力资源管理	978-7-301-21298-1	肖云林，等	25.00
企业管理实务	978-7-301-20657-7	关善勇	28.00
企业经营ERP沙盘实训教程	978-7-301-21723-8	葛颖波，等	29.00
企业经营管理模拟训练（含记录手册）	978-7-301-21033-8	叶 萍，等	29.00
企业行政工作实训	978-7-301-23105-0	楼淑君	32.00
企业行政管理（第2版）	978-7-301-27962-5	张秋垫	31.00
商务沟通实务（第2版）（即将第3版）	978-7-301-25684-8	郑兰先，等	36.00
商务礼仪	978-7-5655-0176-0	金丽娟	29.00
商务统计实务（第2版）	978-7-301-30020-6	陈晔武	38.00
推销与洽谈	978-7-301-21278-3	岳贤平	25.00
现代企业管理（第3版）	978-7-301-30062-6	刘 磊	43.00
职场沟通实务（第2版）	978-7-301-27307-4	吕宏程，等	32.00
中小企业管理（第3版）	978-7-301-25016-7	吕宏程，等	38.00
采购管理实务（第3版）	978-7-301-30061-9	李方峻	36.00
采购实务（第2版）	978-7-301-27931-1	罗振华，等	36.00
采购与仓储管理实务（第2版）	978-7-301-28697-5	耿 波	37.00
采购与供应管理实务（第2版）	978-7-301-29293-8	熊 伟，等	37.00
采购作业与管理实务	978-7-301-22035-1	李陶然	30.00
仓储管理实务（第2版）	978-7-301-25328-1	李怀湘	37.00
仓储配送技术与实务	978-7-301-22673-5	张建奇	38.00
仓储与配送管理（第2版）	978-7-301-24598-9	吉 亮	36.00
仓储与配送管理实务（第2版）	978-7-301-24597-2	李陶然	37.00
仓储与配送管理实训教程（第2版）	978-7-301-24283-4	杨叶勇，等	35.00
仓储与配送管理项目式教程	978-7-301-20656-0	王 瑜	38.00
第三方物流综合运营（第2版）	978-7-301-27150-6	施学良，高晓英	33.00
电子商务物流基础与实训（第2版）	978-7-301-24034-2	邓之宏	33.00
供应链管理（第2版）	978-7-301-26290-0	李陶然	33.00
进出口商品通关	978-7-301-23079-4	王 巾，等	25.00
企业物流管理（第2版）	978-7-301-28569-5	傅莉萍	39.00
物流案例与实训（第3版）	978-7-301-30082-4	申纲领	42.00
物流成本管理	978-7-301-20880-9	傅莉萍，等	28.00
物流成本实务	978-7-301-27487-3	吉 亮	34.00
物流经济地理（即将第2版）	978-7-301-21963-8	葛颖波，等	29.00
物流商品养护技术（第2版）	978-7-301-27961-8	李燕东	30.00
物流设施与设备	978-7-301-22823-4	傅莉萍，等	28.00

物流市场营销	978-7-301-21249-3	张　勤	36.00
物流信息技术与应用（第3版）	978-7-301-30096-1	谢金龙	41.00
物流信息系统	978-7-81117-827-2	傅莉萍	40.00
物流营销管理	978-7-81117-949-1	李小叶	36.00
物流运输管理（第2版）	978-7-301-24971-0	申纲领	35.00
物流运输实务（第2版）	978-7-301-26165-1	黄　河	38.00
物流专业英语（第2版）	978-7-301-27881-9	仲　颖，等	34.00
现代生产运作管理实务（即将第2版）	978-7-301-17980-2	李陶然	39.00
现代物流管理（第2版）	978-7-301-26482-9	申纲领	38.00
现代物流概论	978-7-301-20922-6	钮立新	39.00
现代物流基础	978-7-301-23501-0	张建奇	32.00
物流基础理论与技能	978-7-301-25697-8	周晓利	33.00
新编仓储与配送实务	978-7-301-23594-2	傅莉萍	32.00
药品物流基础	978-7-301-22863-0	钟秀英	30.00
运输管理项目式教程（第2版）	978-7-301-24241-4	钮立新	32.00
运输组织与管理项目式教程	978-7-301-21946-1	苏玲利	26.00
运输管理实务	978-7-301-22824-1	黄友文	32.00
国际货运代理实务（第2版）	978-7-301-30178-4	张建奇	45.00
生产型企业物流运营实务	978-7-301-24159-2	陈鸿雁	38.00
电子商务实用教程	978-7-301-18513-1	卢忠敏，等	33.00
电子商务项目式教程	978-7-301-20976-9	胡　雷	25.00
电子商务英语（第2版）（即将第3版）	978-7-301-24585-9	陈晓鸣，等	27.00
广告实务	978-7-301-21207-3	夏美英	29.00
市场调查与统计（第2版）	978-7-301-28116-1	陈惠源	30.00
市场调查与预测	978-7-301-23505-8	王水清	34.00
市场调查与预测	978-7-301-19904-6	熊衍红	31.00
市场营销策划（即将第2版）	978-7-301-22384-0	冯志强	36.00
市场营销项目驱动教程	978-7-301-20750-5	肖　飞	34.00
市场营销学	978-7-301-22046-7	饶国霞，等	33.00
网络营销理论与实务	978-7-301-26257-3	纪幼玲	35.00
现代推销技术	978-7-301-20088-9	尤凤翔，等	32.00
消费心理与行为分析（第2版）	978-7-301-27781-2	王水清，等	36.00
营销策划（第2版）	978-7-301-25682-4	许建民	36.00
营销渠道开发与管理（第2版）	978-7-301-26403-4	王水清	38.00
创业实务	978-7-301-27293-0	施让龙	30.00

如您需要浏览更多专业教材，请扫下面的二维码，关注北京大学出版社第六事业部官方微信（微信号：pup6book），随时查询专业教材、浏览教材目录、内容简介等信息，并可在线申请纸质样书用于教学。

感谢您使用我们的教材，欢迎您随时与我们联系，我们将及时做好全方位的服务。联系方式：010-62750667，sywat716@126.com，pup_6@163.com，lihu80@163.com，欢迎来电来信。客户服务QQ号：1292552107，欢迎随时咨询。